荊楚文庫

〔同治〕黃鵠山志

〔清〕胡鳳丹 編纂

〔同治〕鸚鵡洲小志

〔清〕胡鳳丹 編纂

荊楚文庫編纂出版委員會
湖北人民出版社

荊楚文庫

〔同治〕黄鵠山志

TONGZHI HUANGHUSHAN ZHI

〔同治〕鸚鵡洲小志

TONGZHI YINGWUZHOU XIAOZHI

圖書在版編目（CIP）數據

〔同治〕黄鵠山志；〔同治〕鸚鵡洲小志 /（清）胡鳳丹編纂 .
武漢：湖北人民出版社，2022.12
ISBN 978-7-216-10447-0

Ⅰ . ①同…
Ⅱ . ①胡…
Ⅲ . ①山－地方志－武漢－清代；②武漢－地方志－清代
Ⅳ . ① K928.3 ② K296.31

中國版本圖書館 CIP 數據核字（2022）第 092987 號

責任編輯：陳　典
整體設計：范漢成　曾顯惠　思　蒙
美術編輯：董　昀
責任校對：范承勇
責任印製：王鐵兵
出版發行：湖北人民出版社（中國・武漢）
地址：武漢市雄楚大道 268 號
電話：(027)87679656　郵政編碼：430070
録排：武漢偉創偉業廣告有限公司
印刷：湖北新華印務有限公司
開本：787mm×1092mm　　1/16
印張：18
字數：245 千字
版次：2022 年 12 月第 1 版　2022 年 12 月第 1 次印刷
定價：99.00 元

ISBN 978-7-216-10447-0
9 787216 104470 >

出版説明

湖北乃九省通衢，北學南學交會融通之地，文明昌盛，歷代文獻豐厚。守望傳統，編纂荆楚文獻，湖北淵源有自。清同治年間設立官書局，以整理鄉邦文獻爲旨趣。光緒年間張之洞督鄂後，以崇文書局推進典籍集成，湖北鄉賢身體力行之，編纂《湖北文徵》，集元明清三代湖北先哲遺作，收兩千七百餘作者文八千餘篇，洋洋六百萬言。盧氏兄弟輯録湖北先賢之作而成《湖北先正遺書》。至當代，武漢多所大學、圖書館在鄉邦典籍整理方面亦多所用力。爲傳承和弘揚優秀傳統文化，湖北省委、省政府決定編纂大型歷史文獻叢書《荆楚文庫》。

《荆楚文庫》以『搶救、保護、整理、出版』湖北文獻爲宗旨，分三編集藏。

甲、文獻編。收録歷代鄂籍人士著述，長期寓居湖北人士著述，省外人士探究湖北著述。包括傳世文獻、出土文獻和民間文獻。

乙、方志編。收録歷代省志、府縣志等。

丙、研究編。收録今人研究評述荆楚人物、史地、風物的學術著作和工具書及圖册。

文獻編、方志編録籍以一九四九年爲下限。

研究編簡體横排，文獻編繁體横排，方志編影印或點校出版。

《荆楚文庫》編纂出版委員會

二〇一五年十一月

總目録

荆楚文库

〔同治〕黄鵠山志

〔清〕胡鳳丹 編纂

《荆楚文庫·方志編》編纂組

組　　長：賀定安　陽海清（執行）

副組長：劉傑民（執行）　王　濤　謝春枝　范志毅（執行）

參編人員（以姓氏筆畫爲序）：

王　濤　李云超　宋澤宇　范志毅　馬盛南　陳建勛

梅　琳　張文静　張雅俐　陽海清　彭余焕　彭筱瀓

賀定安　楊　萍　楊愛華　雷　静　劉傑民　謝春枝

編　　審：周　榮

顧　　問：沈乃文　李國慶　吴　格

前言

《（同治）黄鵠山志》十二卷，首一卷，清胡鳳丹編纂，清同治十三年（一八七四）刻本。牌記鐫『同治甲戌秋退補齋開雕』。

胡鳳丹，浙江永康（今屬浙江金華）人，清末著名刻書家和藏書家。咸豐六年（一八五六），胡鳳丹以貢生任兵部員外郎，同治五年（一八六六）仕湖北候補道。同治六年（一八六七），受湖廣總督兼湖北巡撫李瀚章之聘，主持湖北崇文書局。光緒元年（一八七五）署督糧道。光緒三年（一八七七）歸田，在杭州繼續運營退補齋書局，刊刻典籍，審校精良。

胡鳳丹綜理崇文書局期間，督校之暇，常游歷山水，初登黄鵠山，贊其『蜿蜒磅礴，拔地倚天』，爲一城諸山之主，乃鄂城形勝之境。既而詢諸邦士大夫與其故老遺民，知黄鵠山逸事、諸多名號及由來。繼參以圖經典籍，考『兹山今昔殊稱，真面遂晦』。又竭一月之力，搜羅群籍，凡涉兹山堪資考證者，悉加采録，延聘妙手繪圖簡端，編成十二卷，於同治甲戌（一八七四）秋九月付之剞劂。

此志卷首有序四篇，餘列總目、凡例、引用書目、黄鵠山圖六幅。正文凡十二卷，卷一至二曰名勝，卷三曰流寓、仙釋、祥異，卷四曰金石，餘爲藝文計八卷，篇幅宏富，據全志四之有三，載歷朝歷代咏記黄鵠山之各種文體，總其大成。全志考證嚴謹，引有所據，『名勝古蹟有邑志、郡志、通志可考者，每則下必注某書』。卷首詳載引用書目，竟達二百三十七种。『援引各書，旁參互校，頗有異同，其語涉兩岐者則畧附案語。藝文中於某字下一作某字，以資考證。』《黄鵠山志》與退補齋刊刻的《鸚鵡洲小志》《大别山志》並列爲武漢地區三大山水專志。

一九七二年，臺灣商務印書館出版的《續修四庫全書總目提要》著録是志。二〇〇一年海南出版社《故宫珍本叢刊》影印此志。二〇一六年武漢出版社點校出版是志。二〇一七年臺北成文出版社影印該志。

是志鐫工精雅，圖文俱佳，多館有藏。此次據清同治十三年刻本影印。

（楊愛華）

目録

黃鵠山志

同治甲戌秋
復通州開雕

藏板

序

李嵩奇崆峒山志徐日炅爛柯山志皆居里人作也朱諫雁山志楊循吉金山襍志皆歸田人作也鈞游所及時有品題固其宜已若夫宦於其地訪求名勝輯爲成書者則有柯願之蠙磯山志也韓作棟之七星巖志也徐嘉泰之天目山志也然或取材於舊本或冠名於簡端而不必果出其人之手惟宋人之溪蠻叢笑桂海虞衡獨以簿領餘閒搜羅古今繪畫造物爲天壤間不可少文字此胡月樵觀察黃鵠山志所由昉乎觀察浙人

也來仕吾楚綜理崇文書局局故在黃鵠山後所居圖書羅列督校之暇操觚染翰著作自娛拄笏看山則鶴樓西峙高冠東立浮嵐積翠隱隱飛落几席間嘗爲余言自有宇宙便有此山數千百年名區勝蹟所留遺遝客騷人所題詠未可湮滅不傳也今夏休沐之餘編纂成志十二卷脫槀授余讀之搜採極富而不失之挂漏凡例極嚴而不失之麗雜遇有傳寫之譌附會之謬必博稽羣書確有依據而悉衷於至當余黃鵠山人也遊嶠歸來滄桑嗟變故山猿鶴幾於數典而忘追溯宦游桂林山水甲天下所歷獨秀龍隱棲霞伏波諸巖洞遺詩詞雖未遑以一字紀游而觀察需次鄂垣入則有省討句稽之責出則極車馬冠蓋之煩乃能著成是書其精審爲生長是邦者所未逮旣服觀察之勤亦以益余之愧也然猶有望於觀察者古之人輶軒問俗事務周知周茂叔提刑廣東雖荒崖絕島人跡所不至必綏視徐按以澤民爲己任使觀察名位日隆見聞所及其將舉一省之風物土宜與夫吏治民事之有關法戒者筆之於書而不第爲一邱一壑紀勝而已則豈非山中人

日夕以竢所願濡毫而書其後者乎同治甲戌秋日江夏張凱嵩序

序

胡子月樵勇於任事而讀書則尤其所好也士大夫方亦通籍時往往輕議天下事及一旦身親其境輒逡巡畏縮而不能有所爲此無他平居不讀有用之書於古今得失事勢變遷與夫人物瑰奇山川形勝曾不措意故其胸中所有非沈溺於富貴卽醉心於佞諛偶有所考求人以爲是則亦是之人以爲非則亦非之使或出於貴人鉅公之言則尤不敢有異說羣從而和之於是貴人鉅公益堅其信且不難布之爲令筆之於書此天

下萬世承譌襲謬之所以日滋而月盛也月樵領湖北書局刊訂經史旁及諸子百家凡有舊本散佚人鮮家藏者悉竭力購求鋟之於木每一書成校勘精核有諸本不一者必加按語衷於一是蓋讀書任事未有若斯之勤者也暇則於書中隨手劄記大都有關於湖北山川人物者尤所留心輯而成編黃鵠山志其一也予生於是長於是黃鵠山日在目前或叩以山中所有十不能五對讀是編能無汗顏異日湖北省志之修非月樵不足以任之矣同治十三年歲次甲戌夏六月江夏彭

崧毓漁帆序

序

黄鵠山者鄂之神臯奥區也生洲遥控大别對峙棲石虹宛樓臨雲翁毛人故堞芳草接闠仙客廢壘鳴榔戰雨白雲在天舟壑荐移夕烽仍世金石爲燼致形勝之崖略徵藝文之淵微條貫縷辨證今援昔固非耳學所詳抑亦目論罕究矣況乎庭堅公琴遂古罔据翠嫣九疑在世斯昧尔疋詮詁但訓列嶽山經泛鶩奓誇荒外若乃練軼雞次彌闕檮杌茫茫荆墟縹忽百代湛湛江水目極千里月樵都轉瀵雪靈府棲靜神宅經笥韞曜

福地儲珍露初星晚廣搜博採勒爲成書齊軌邑乘後之攬者得以知世代沿革山川阨塞人物雅俗風會隆窳石碣波齧而陵谷可跡頭陀李湛而林麓在指豈宗懍荆楚流連歲時習氏襄陽勲拳耆舊始足標雋文苑擿華騷國哉至於揆張神仙騈羅幽怪荒邈傳訛義例滋累無裨記載轉紊宗旨譬之瀛嶠金闕縹緲在空但師丹黍瞬睫已幻徒爲觀省之娱殊有雅鄭之判爾同治十三年歲在閼逢奄茂南海張蔭桓序

自序

鄂城襟江帶湖爲東南一大都會城以內足供游覽者其山則有鳳凰有崇府有臙脂非弗幽秀矣而卒乏偉觀獨黄鵠蜿蜒磅礴拔地倚天聳翠如屏浮青滿郭實一城諸山之主自黄鵠俛瞰衆峯猶兒孫耳余以同治丙寅游鄂暇輒命屐登眺初意鶴樓所踞其首枕大江者此黄鵠也既而詢諸邦之士大夫與其故老遺民間復參以志乘之所紀圖記之所載始知一黄鵠也而或別之爲高冠或易之爲長春或目之爲石城至里俗所

稱則又因其形勢而統號以蛇山總之皆黄鵠山也顧城以內之黄鵠識者猶能辨之而黄鵠初阜則遠阻城外有若高人逸士跧伏鄉埜不求人知而人之知者亦尠蓋其名湮没久矣嘗攷江夏圖經有曰黄鵠山在縣東九里其山斷絶無連接又以知今之洪山實則黄鵠之初阜宋末始被今名非其朔也嗟乎自有宇宙便有茲山今昔殊稱眞面遂晦後有游者疇作導師余竊病焉用是竭一月之力蒐討羣籍凡涉茲山堪資考證者悉加采錄編成十二卷並倩妙手繪圖簡端春秋佳日

置諸座隅一邱一壑軒豁呈露少文臥遊意在斯乎謂余好事所不辭矣是書也主於志黃鶴故古蹟之隸茲山者均以類而附見焉若鳳凰若崇府若臙脂雖處會城概弗之及云同治甲戌夏四月胡鳳丹識於鄂垣之退補齋

黃鶴山志總目

凡例

一志名勝二卷自山而磯而城以及樓閣亭臺等處凡不隸於黃鵠山者概弗闌入

一志流寓仙釋祥異一卷

一志金石一卷凡碑刻第錄其目或撮要言之其全文則詳見藝文部省複也

一志藝文八卷文則先賦而以跋終焉詩後並登詞二闋以備一格其編列依名勝次第而作者姓氏仍按朝代以分先後

一名勝古蹟有邑志郡志通志可攷者每則下必注某書惟官胡二公祠曾文正公祠羅李三公祠係同治初元後新建江夏志所未載茲並列入以備後之修志者採焉

一古今名人題咏篇什甚夥茲僅就家藏各集量加選錄至於朋輩嘉章見聞所及亦登一二掛漏之譏知所不免覽者亮之

一援引各書旁參互校頗有異同其語涉兩岐者則畧附案語藝文中於某字下一作某字以資考證

一是志編纂帀月成帙抄錄者沔陽程濟時長沙陳炎詩與甥樓錫蕃子宗濂宗彥校對者溆浦舒立濬江夏錢桂林二廣文也急就之章不無魚豕尚冀博雅君子匡厥不逮

黃鵠山志引用書目

晉

吳志 陳壽　神仙傳 葛洪

劉宋

鮑參軍集 鮑照

梁

南齊書 蕭子顯　述異記 任昉

昭明文選 蕭統

後魏

水經注 酈道元

唐

梁書 姚思廉　南史 李延壽

括地志 魏王泰　荊州圖記 闕名

集異記 薛用弱　元和郡國志 李吉甫

錄異記 杜光庭　玉泉子 闕名

姓氏英賢錄 賈耽　王右丞集 王維

太白集 李白　華陽集 顧況

白氏長慶集 白居易　長江集 賈島

樊川集杜牧　舟中集錢珝
黎嶽集李頻　李遐叔集李華
宋
文苑英華李昉等　太平御覽同上
太平廣記同上　方輿勝覽祝穆
太平寰宇記樂史　括異志張師正
輿地紀勝王象之　一統肇基錄王鞏
皇朝類苑江少虞　皇宋書錄董史
困學紀聞王應麟　寶晉英光集米芾

宣和書譜闕名　寶刻類編闕名
聞見近錄邵博　默記王銍
入蜀記陸游　讀書志晁公武
吳船錄范成大　石湖集同上
晦菴集朱子　朱子大全私鈔同上
塵史王得臣　江夏辨疑同上
金石錄趙明誠　青箱雜記吳處厚
詩人玉屑魏慶之　容齋四筆洪邁
南遷錄張師顏　輿地廣記歐陽忞

乖崖集張詠　鈍齋文選楊濟
東坡集蘇軾　欒城集蘇轍
梅溪集王十朋　立雪稿劉清叟
雪坡小稿羅與之　端平詩雋周弼
清雋集鄭震　東堂集袁說友
南軒集張栻　悅齋集李壆
渭南集陸游　劍南集同上
白雲集張俞　山谷集黃庭堅
石屏集戴復古　雪山集王質

元
交州集陳孚　海粟集馮子振
青陽集余闕　海巢集丁鶴年
桂隱集劉詵　黃文獻集黃溍
郝文忠公集郝經　庶齋老學叢談盛如梓
夢觀集釋大圭
明
南宋書錢士升　元史宋濂等
明一統志李賢等　楚書陶晉英

圖書編 章潢
古今遊名山記 何鏜
楚小志 闕名
眉菴集 楊基
蚓竅集 管訥
楚寶 周聖楷
太函集 汪道昆
懷麓堂集 李東陽
黃離草 郭正域
潛確類書 陳仁錫
湧幢小品 朱國楨
南中紀聞 闕名
東皋集 陸淵之
桂洲集 夏言
陽湖集 王守仁
升菴集 楊慎
東里全集 楊士奇
遜志齋集 方孝孺

念菴集 羅洪先
太嶽集 張居正
玉堂遺稾 蕭良有
西原集 鄧原岳
袁中郎集 袁宏道
蔡忠烈公遺集 蔡道憲
雲龍閣集 任家相
榮木堂詩集 陶汝鼐
少泉集 王格
弇州山人稿 王世貞
春明稿 徐學謨
鬱儀樓集 鄒迪光
瀨園集 嚴首昇
珂雪齋集 袁中道
石臼集 邢昉
田閒集 錢澄之

國朝

全唐文 董誥等
讀史亭詩集 彭而述
蔦山樓集 許虬
山雨樓集 程封
熙朝雅頌集 鐵保等
與梅堂集 佟世恩
讀書堂文集 趙士麟
遂初堂集 潘耒
白茅堂集 顧景星
全唐詩 曹寅等
屺思堂集 劉子壯
冠松崖集 陶之典
林蕙堂集 吳綺
現果隨錄 釋戒顯
南堂詩鈔 施世恩
珠湖草堂詩鈔 阮玉堂
曝書亭集 朱彝尊
南游記 孫嘉淦

明文海 黃宗羲
國朝別裁集 沈德潛
漁洋詩話 王士禛
南華詩鈔 張鵬翀
臨沅集 王為壤
葦園詩集 舒峻極
瓿餘集 陳一揆
玉照亭詩鈔 陳大章
恒山集 桑調元
帶江堂集 簡能
歸愚集 同上
拙園詩草 崔應階
惜抱軒集 姚鼐
憺園集 徐乾學
蓉裳詩鈔 張家榘
疇嶽堂集 陳文炳
倚晴閣集 魏坤
衡山集 同上

守待錄 徐天相
愚山詩集 施閏章
鷗[illegible]集 汪文孫
午亭文編 陳廷敬
小倉山房詩鈔 袁枚
隨園詩話 同上
甌北詩鈔 趙翼
竹素齋遺詩 姚學塽
笙雅堂集 張九鐔
師竹齋集 李鼎元
臺山詩集 何人鶴
立厓詩鈔 蔣業晉
兼山堂詩鈔 沈梅
雪林集 馮廷櫆
露香書屋遺集 張映辰
信手拈詩文集 舒才博
居業齋集 金德嘉
花餘亭詩鈔 葉廷芳

淮海英靈集 阮元
續岡州遺稿 言良鈺
陶園詩集 張九鉞
存悔齋集 劉鳳誥
茸香詩草 釋覺慧
戛柯堂詩集 舒正增
竹根齋詩文集 舒正載
述學 汪中
白華前稿 吳省欽
杭郡詩續輯 吳振棫
二雲書屋詩集 張履信
雨福山房賸草 郭祖翼
古香園詩草 吳烱
鮒結軒集 洪亮吉
蘭言集 [illegible]
蘭言二集 同上
不易居齋集 宋湘
夢樓詩集 王文治

毅山詩草 王廷偉
沅湘耆舊集 鄧顯鶴
讀白華草堂詩鈔 黃釗
陶文毅公全集 陶澍
惕夫詩鈔 謝焚
銘心書屋詩鈔 蔡顯原
僅可齋詩鈔 張克諴
臥園詩話 潘煥龍
吳文節公遺集 吳文鎔
敦教堂詩鈔 官文
劉孟塗集 劉開
芴庵詩集 吳清鵬
春星閣詩鈔 楊季鸞
食古研齋詩鈔 陳瑞琳
怡志堂詩鈔 朱琦
躬恥齋詩鈔 宗稷辰
國朝正雅集 符葆森
漆室吟 王柏心

雲中集 劉湆
篤舊集 劉存仁
懷古田舍詩鈔 徐棻
五之草堂詩稿 樊雨
松心集 張維屏
二知軒詩鈔 方濬頤
松寥山人初集 張際亮
倚晴樓詩集 黃燮清
藤薇室詩文稿 徐瀛
石舫詩畧 楊澤闓
望雲閣詩集 徐儒楠
敦夙好齋詩集 葉名灃
求是齋詩存 彭崧毓
賜龍堂詩集 彭瑞毓
石[illegible]詩集 張開[illegible]
尊聞堂詩鈔 胡兆春
四照堂詩鈔 譚溥
思貽堂詩集 黃文琛

棲雲山房詩鈔 李樹瀛　同聲詩鈔 同上
[illegible]餘干詩鈔 車元春　小南海詩鈔 徐同善
彤雲閣遺詩 王家仕　曇華遺集 張杲
維周詩鈔 程之楨　鄂渚同聲集 胡鳳丹
退補齋詩存 同上

黄鵠山志卷首 終

黃鵠山圖

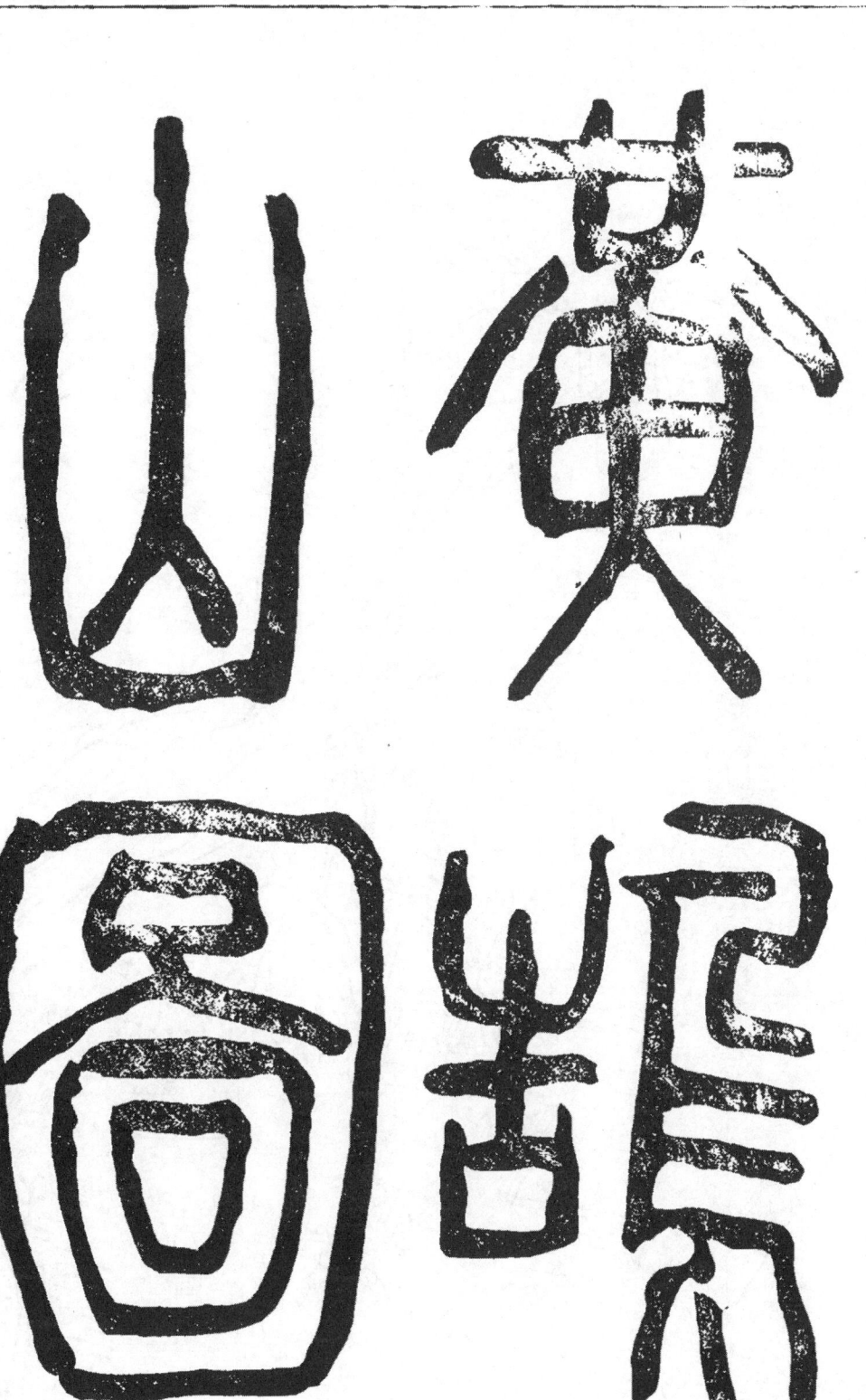

黃鵠山志 卷首 圖

藏板

皖江鄭珊謹繪

東陽洞
閲馬廠
賓陽門
演武廳

湖南會館
曾文正公祠

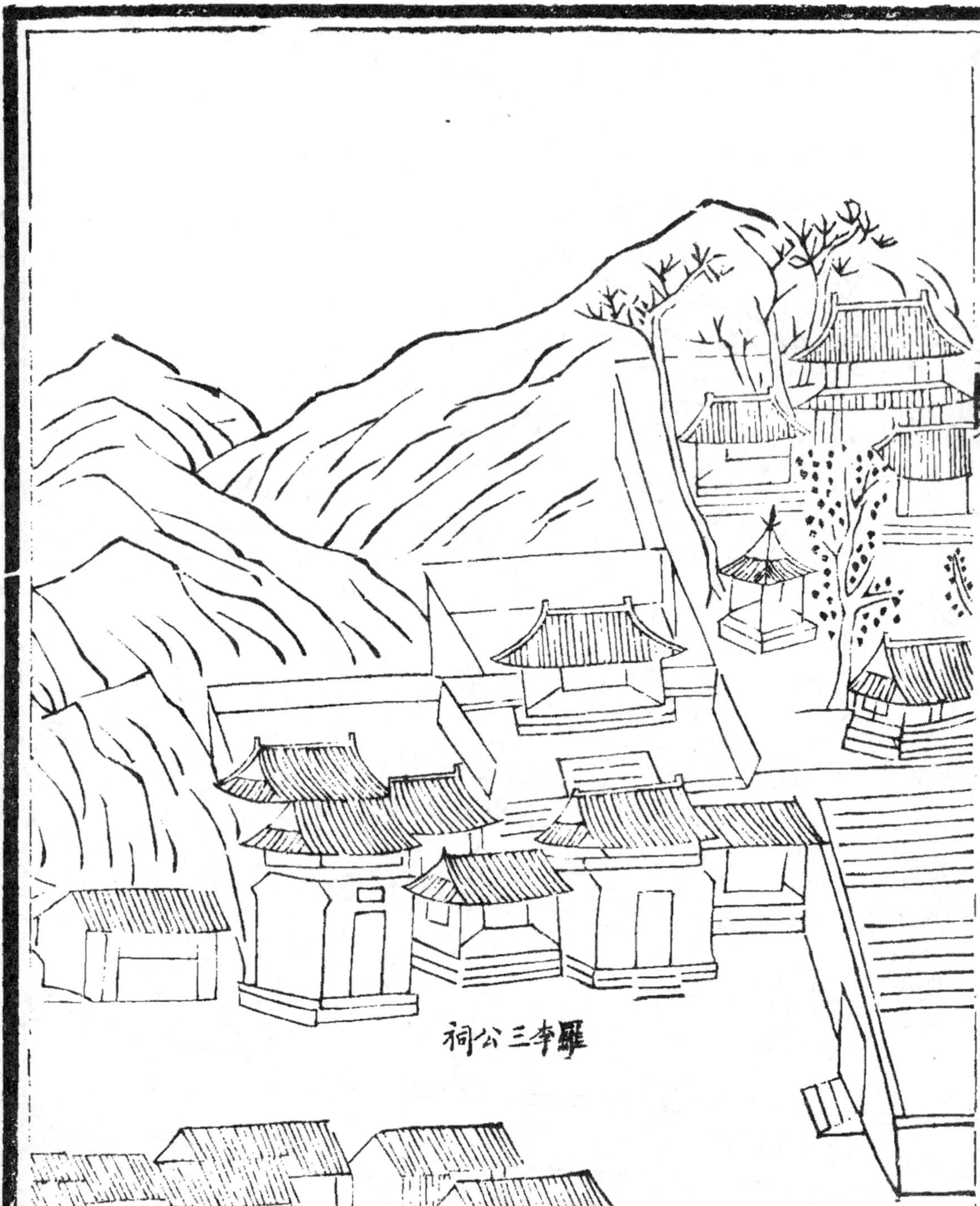
羅李三公祠

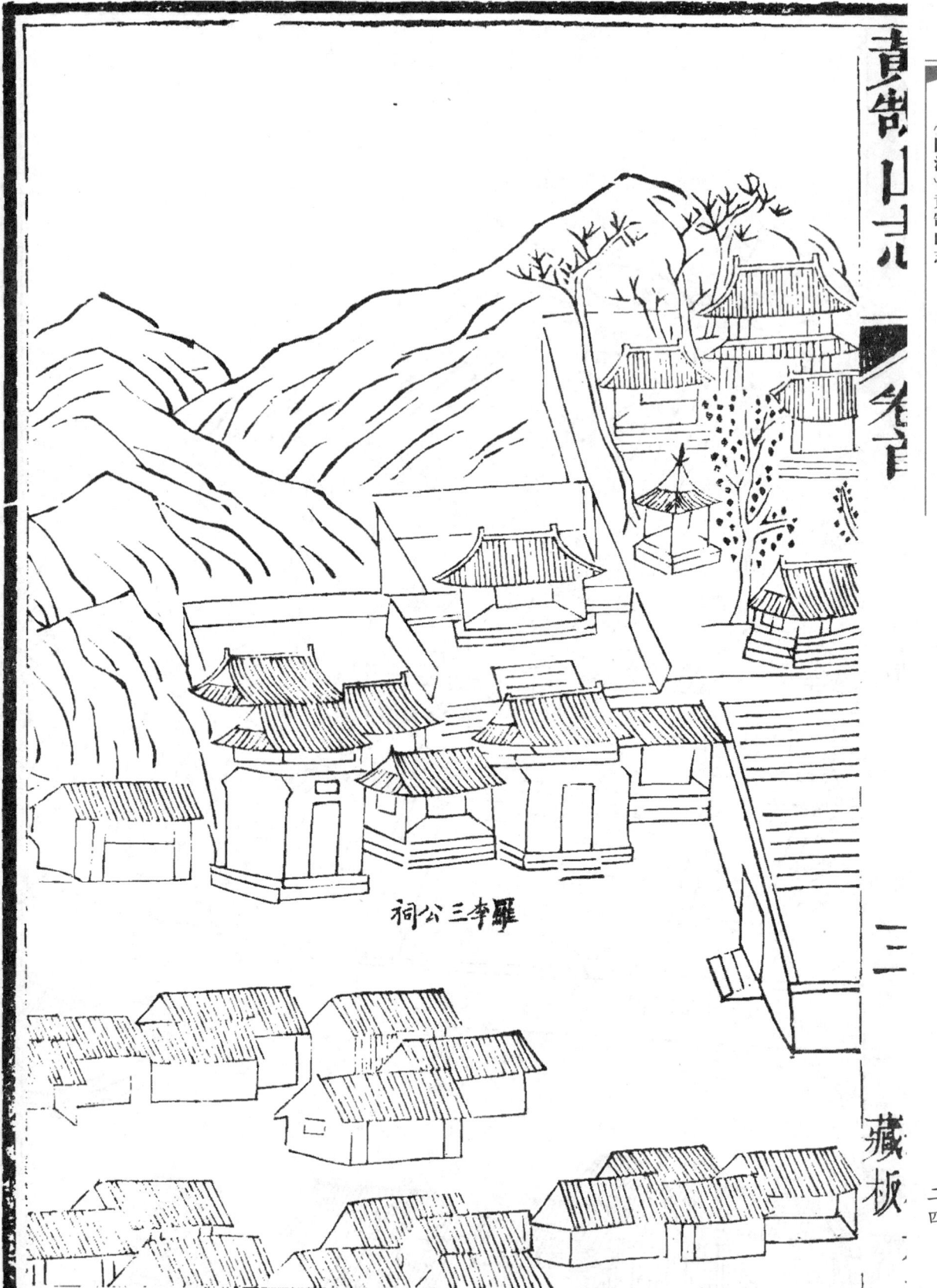

藩署照墻
南樓
黃龍寺

城隍廟
府學宮

黄鵠山志 卷首 圖 五 退補齋

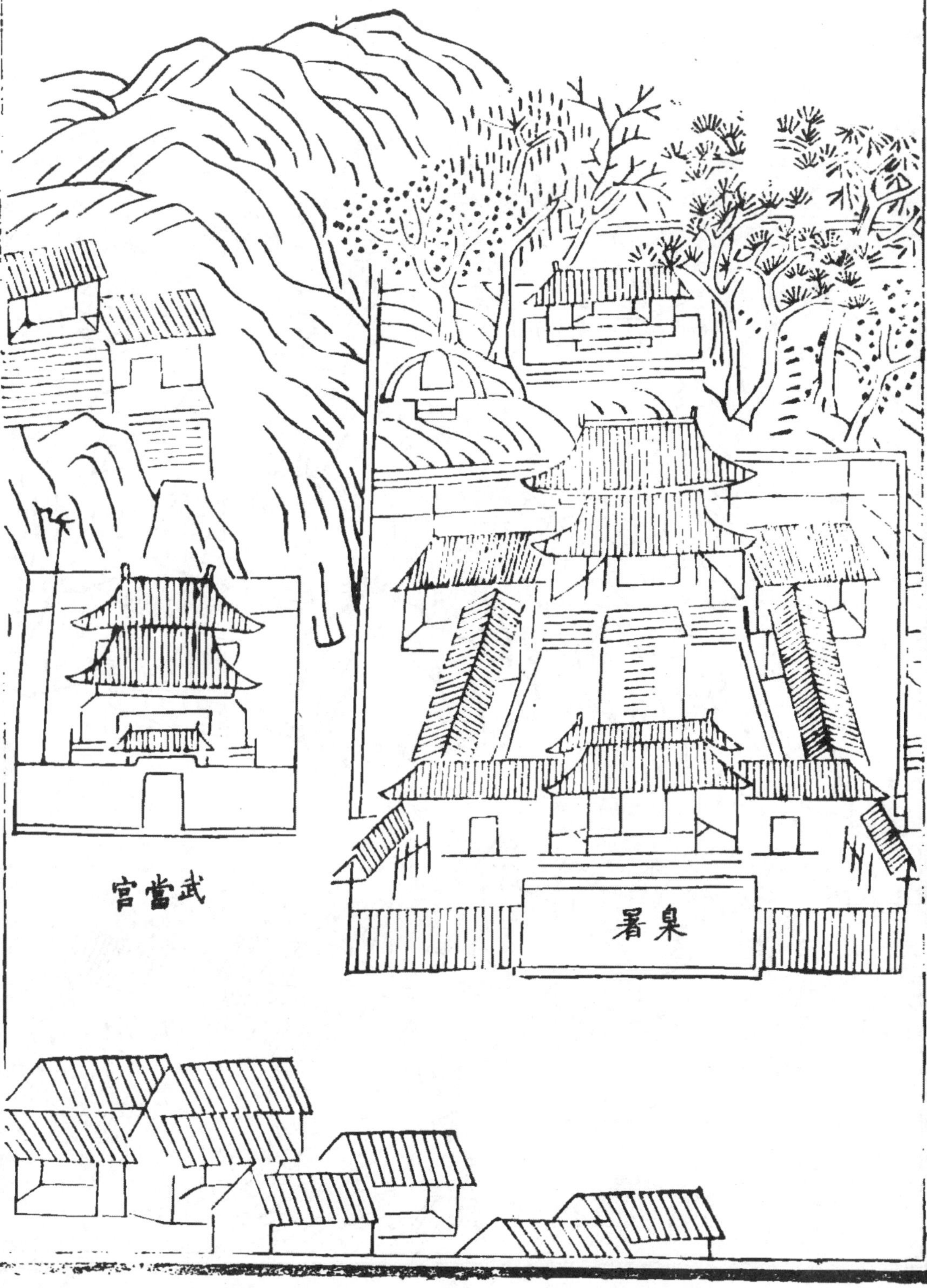

黃鵠山志 卷首

王

藏板

黄鵠山志　卷首

圖

七

退補齋

江城内外鄂渚東偏靈山十里虹斷雲連
黃鵠一舉起舞樓前遠控岳陽俯瞰晴川
紅塵不到羽客翩翩曰王曰費荀仙呂仙
梅花三弄響遏雲邊騷人韻士翰墨結緣
頭陀片石司勳短篇酒酣歌罷波定月圓
陵樂前古點綴江天滄桑屢易岸谷變遷
此山此樓終古巋然

藏板

黃鵠山志卷一目錄

名勝一　卷一

名勝二

黃鵠山志卷一

永康胡鳳丹月樵編纂

名勝一

酈道元云船官浦東即黃鵠山林澗甚美譙郡戴仲若野服居之山下謂之黃鵠岸岸下有灣目之爲黃鵠灣東北對夏口城魏黃初三年孫權所築也依山傍江開勢明遠憑墉藉阻高觀枕流上則游目流川下則激浪崎嶇實舟人之所艱也對岸則入沔津故城以夏口爲名亦沙羨縣治也水經注

黃鵠山東北對夏口城其城孫權所築終吳之世以爲要害括地志

黃鵠山在江夏縣東九里至縣西林澗甚美輿地紀勝

黃鵠山一名黃鶴山在城西南峭峙江口與大別對方輿紀要

江夏圖經曰縣東九里其山斷絕無連接舊傳云昔有仙人控黃鶴於山因以爲名故梁湘東王晉安寺碑云黃雀從天而夜響是也太平御覽

按黃鵠山在縣東九里蓋指東城外黃鵠山之初

阜而言故圖經曰其山斷絶無連接而輿地紀勝
亦云作淵甚美可以見此山之形勢矣
襄歲世祖皇帝六龍南巡渡江次鄂駐蹕于黄鵠山元林元大别山禹廟碑
黄鵠山在府城西南一名黄鶴山舊因山爲城即今萬
人敵及子城也明一統志
黄鵠大别對峙受二瀆之衝江自東南來沙羨當之漢
自西來鵠山以下當之明郭正域江岸記
黄鵠山在府城内西隅一名黄鶴山大清一統志

黄鵠山志　卷一　名勝　二　退補齋藏板

黄鵠山城内西南俗呼蛇山一名黄鶴昔仙人子安乘
黄鶴憩此志云黄鵠山蛇行而西吸於江其首隆然
黄鶴樓枕焉下有黄鵠磯石照亭在樓之西臨崖有
石如鏡西日照之炯然發光湖廣通志
黄鶴山曰高冠山西至於江其首隆然黄鶴樓枕焉武昌府志
湖廣武昌府山曰黄鵠在城西南圖書編
黄鵠山起城東而達於西南隅山形蜿蜒俗名蛇山接
山自咸甯南來入邑北行復折而西邐迤至城東綿
亙如長蛇奮躍瞰江其首隆然黄鶴樓枕焉楚會勝
概悉録於此即黄鵠磯地當頭陀寺後懸巖曲坳處
盛暑冷風沁骨故絶蚊蚋俗乃謂之仙塵拂去也山
舊名紫竹嶺以有黄鶴騰紫竹間得名故頭陀寺亦
稱竹林寺也江夏縣志
黄鶴山東西亙數里起伏蜿蜒俗稱蛇山其中峯岩嶨
曰高觀而磯西出於江白茅堂集
黄鵠山在府城西南俗呼蛇山一名黄鶴潛確類書
高冠山一名高觀山一名蛇山即黄鵠山支阜東有鳳

黄鵠山志　卷一　名勝　三　退補齋藏板

凰窩西有烏龍池清風明月二井大清一統志
高觀山爲蛇山中峯高可矚遠故名爲高冠以狀肖也
楚藩易名長春山山之陽即其故宫曰東山石城方
伯徐愋搆别墅僑居曰東山小隱詳顧景星記今廢
江夏縣志
洪山在江夏縣東十里舊名東山上有宋岳飛手植松
大清一統志
洪山在江夏舊名東山潛確類書
大洪山本鵠山宋末更名在江夏縣十五里湖北舊聞録

江夏春秋時謂之夏汭後世謂之夏口亦謂之魯口歷代皆爲重鎮有黃鵠山鸚鵡洲 輿地廣記

鄂州城之東十里許其最高聳而秀者是爲黃鵠山 江夏辨疑

鄂之城東有佛剎曰大洪山崇甯萬壽禪寺此黃鵠山也 黃文獻集○詳見藝文

洪山縣東十里一曰東山山下有寶通寺邑之巨觀山名曰堆雲曰翠屏曰獅子峯古有洪山賦鐫山石榛莽閉明楊士奇有記 湖廣通志

洪山在縣東十里舊名東山古有東山賦鐫山石上今剝落不可讀宋趙湇卽山勝處架爲閣榜曰東巖狀其石曰雲根雲扃凡十數峯山巔爲黃鵠亭又有怪石窪樽狀詳東山記宋末隨數被兵荆湖制置使孟珙遷大洪山衆奉釋慈忍斷足及洪山寺額並徙於此遂沿呼洪山按東山記勒塔後石壁已半漫漶康熙癸酉吳元俊揣摩得之詩紀其事明楊士奇亦有記 江夏縣志

按黃鵠山在江夏縣東九里洪山縣東十里蓋指縣治言之也江夏縣舊治在石子岡隋開皇中自塗口徙於焦度樓下唐貞觀中徙府城南宋紹興中仍還樓下元因之明洪武九年封建楚藩遷漢陽門內卽清軍察院舊署改建於鳳凰山下 國朝因之咸豐中以兵燹改建文昌門內鐵佛寺廟基自今日縣治視之則黃鵠山洪山又在縣東北矣

大洪山在隨州宋末隨州被兵土著流宂荆湖制置使孟珙遷其衆於武昌而洪山寺額并徙於此 白茅堂集○宂人勇反宂散也

在城東十里許者至宋末改名大洪山實則黃鵠山之初阜也詳見黃文獻公大洪山崇甯萬壽寺碑其伏而又起李太白望黃鶴山所謂中峯倚紅日是也今之長春觀倚之至再伏再起則東自賓陽門而至漢陽門以達於江所謂黃鵠磯是也其曰石城山曰高觀山曰蛇山皆時俗易名耳 湖北舊聞錄

黃鵠磯在鸚鵡洲之下尾 水經注

江夏郡所治其西南角因磯爲高墉枕流上則迴矚山

川下則激浪崎嶇是曰黃鵠磯荊州圖記

荊州圖經曰夏口城西南因磯爲墉枕江流而峙激浪噴震舟人恒危昔侯景沈鮑泉於此前有弱水一規每風濤恬息時試以木屑羽毛無不沈者湖廣通志

夏口城據黃鵠磯世傳仙人子安乘黃鶴過此上也邊江峻險樓櫓高危瞰臨沔漢應接司部宋孝武置州於此以分荊楚之勢南齊書

元世祖南巡駐蹕黃鵠山問磯何名呂公父老對曰唐有呂道人吹笛其山故名又問唐前何名對曰聞諸

古語是禹功磯後人訛稱上韙其言元林元大別山禹廟碑

黃鵠山在府城內西隅一名黃鶴山西北二里有黃鵠磯大清一統志

黃鵠磯卽黃鶴山麓一名汝南磯古稱禹功磯後訛爲呂公磯江夏縣志

梅花磯水激如梅花故名在觀音閣下又曰觀音磯江夏縣志

夏口城在縣西黃鵠山上吳主孫權所築吳志

按水經注黃鵠山東北對夏口城亦沙羨縣治蓋齊梁之魯山城今之漢陽軍其地所謂夏口也祝穆曰夏口一名魯口似指漢水之口然何尚之云夏口在荊江之中正對沔口而章懷太子亦謂夏口戍在鄂州故唐史皆指鄂州爲夏口蓋本在江北自孫權取對岸夏口之名以名之而江北之名始晦

郢城在黃鵠山劉宋郢州治此明一統志

萬人敵城在黃鵠山頂舊有城宋建炎間草寇犯城郡

守命其上以強弩射之寇退得名同上

武昌府城舊在黃鵠山孫吳赤烏中築謂之夏口城墉山塹江周二三里對岸爲沔津故以夏口名宋齊梁陳皆因之劉宋郢州治此更名郢城唐牛僧孺始陶甓甃之宋皇祐中知州李堯俞修又有古萬人敵城在黃鵠山頂據勝設險元因之明洪武四年江夏侯周德興增拓修築周十七里有奇計三千九十八丈湖廣通志

鄂州舊治在黃鵠山陰卽今府後江夏舊志

府學舊在黃鵠山前宋康定間建後廢爲營壘紹興間仍更爲學同上

江夏縣學在鳳凰山之陽按大觀學制宋初以縣附郭就州學別置一齋曰務本紹興以後悉附於州學元因之明洪武初教諭沈浩然拓創於黃鵠山北九年改楚府廣阜倉同上

名勝二　樓　臺　閣

黃鶴樓在黃鵠磯上仙人子安乘黃鶴過此南齊書

吳黃武二年城江夏以安屯戍其城西臨大江西角因磯爲樓名黃鶴樓元和郡縣志

黃鶴樓在縣西二百八十步昔費禕登仙每乘黃鶴於此憩駕故號爲黃鶴樓太平寰宇記

黃鶴樓在子城西南隅黃鵠山上自南朝已著因山得名鵠鶴古通用字輿地紀勝

黃鶴樓號爲天下絕景今樓已廢故址亦不復存問老吏云在石鏡亭南樓之間正對鸚鵡洲猶可想見其

地也入蜀記

入蜀記言石鏡在山麓而黃鶴樓在石鏡南樓之間則今之樓址視唐宋又移而西矣湖北通志

黃鶴樓以山得名唐圖經謂費文偉仙去駕鶴來憩於此閻伯瑾記中乃實其事或者又引梁任昉記謂駕鶴之賓乃荀叔偉非文偉也皆因黃鶴之名妄爲記之南軒集

黃鶴樓多以爲費禕昇仙之地故永泰初閻伯瑾爲之

記予按蜀志費禕爲魏降人郭循所害則禕固不得其終安有駕鶴而憩此者也梁任昉述異記雖有是說亦未嘗言禕也不知伯瑾何以爲據今自樓以西可六七步有磯焉卽庾子山賦所謂落帆黃鶴之浦也故魏彥淵注引荆州記曰江夏郡西大江有黃鶴磯後人建樓旣俯磯上故不更別名耳　江夏辨疑

漢江北爲蛇山黃鶴樓在其巓考碑記黃鶴樓辛氏故址辛氏係酒家一道士時來店中沽酒隨到隨應經年不索其值終始無倦色一日道士畫黃鶴於壁輒

解飛鳴道士跨之而去辛氏捨宅築樓以供蓋純陽呂師今規制崇宏係是後來宰官改闢蓋非其舊矣
南中記聞

黃鶴樓枕武昌西門一名黃鵠傳是費禕登仙事或稱王子安今俗稱呂公　楚小志

劉原父就省試時父立之爲湖北轉運使按部至鄂州與郡守王山民宴於黃鶴樓數日不發謂守曰吾且止此以候殿榜兒子决須魁天下守心不平且曰豈可預料立之曰縱使程試不得意亦須作第二人來

日殿榜到州原父果第二名　默記

明甲辰春三月陳理銜璧出降上入武昌城取陳氏所藏金花子銀花子賞士卒於黃鶴樓下至今人呼其處爲花子街　一統肇基錄

黃鶴樓唐宋圖經以爲費文偉仙蹟初未嘗以爲呂巖也至詩人咏歌則唐宋諸家亦但想像仙靈寄諸髣髴未有實指其人者自明以來乃易費而呂至於肖像奉之而著作家并以入詩過而存之亦足以覘風尙焉　湖北通志

黃鶴樓凡三層外圓內方中祀呂仙像角巾卉服橫笛製甚古　鈍齋文選

崇禎十六年張獻忠踞武昌嘗題詩黃鶴樓令其下屬和　綏寇紀畧

又云左營諸將進攻各門張其在焚黃鶴樓及宗人府第俱盡卒諸將開保安門西走　同上

黃鶴樓在武昌府城西南隅黃鵠磯上世傳費文偉乘黃鶴過此　淵鑑類函

明唐樞游赤壁郭桐岡問黃鶴岳陽二樓孰勝樞曰岳

陽勝覽黃鶴勝製洞庭湖至岳州府乃收口樓在西門城上距府不百武正挹湖勝其製三層四面突軒狀如十字面各二溜水省城黃鶴山樓制方而補四隅爲圓二頂三層高約五六丈每隅合九角每方四溜爲柱中外三起外二起四面各二十柱中一起四樓後接楹屋數閒後石鏡亭涵月臺仙棗亭觀音閣當其前閣畔黃鵠磯呂公洞古今游名山記

楚有四樓仲宣樓在當陽城上倚曲沮夾清漳今荆州城上樓乃五代高季興建望沙樓故址也宋陳堯咨更今名晴川樓南對黃鶴從武昌望之佳黃鶴以製勝如蓮瓣垂垂洲渚掩映岳陽以境勝八百里洞庭一髮君山眼界奇絕總之岳陽爲上黃鶴次之晴川仲宣又次之楚書

墉山爲城塹江爲池武昌城內包三山漢陽城內有兩湖黃鶴樓與晴川閣距兩城之上相望也南游記

時值深秋白雲紅葉翠柏黃花點綴巖岫天然圖畫岳陽黃鶴極江湖之浩渺靈隱少林盡山岳之奇麗經常入夢醒猶在目非筆舌所能傳也同上

聖楷按黃鵠山一名黃鶴山自南朝已著樓故因山得名矣記語嘉叔偉之芳塵引用梁任昉記所謂駕鶴之賓乃祜叔偉非文偉也楚寶

黃鶴樓順治十三年重建楚會存書

按胡夢發黃鶴樓賦序康熙甲辰災重建甲辰係康熙三年楚會存書云順治十三年相去八年未知孰是

黃鶴樓在黃鵠山南因磯爲樓又謂黃鶴樓以山得名而李邕岳麓碑題江夏黃仙鶴崔顥詩自注黃鶴人名今全唐詩崔注無之明嘉靖末燬於火隆慶五年都御史劉慤重建汪道昆爲之記崇禎癸未爲流賊張獻忠所燬　國朝順治中御史上官鉉重建康熙三年燬於火總督張長庚巡撫劉兆麟重建布政使劉顯貴監造甲申總督喻成龍巡撫劉殿衡修壬寅總督滿丕巡撫張連登布政使張金鏑督修乾隆四十四年

御書江漢仙蹤題額嘉慶十五年總督馬慧裕倡捐重修立有碑文咸豐六年火前總督官文倡修今署

總督郭柏蔭護巡撫何璟成之邑人彭崧毓有記江夏縣志

按咸豐間武昌省城三次淪陷六年黃鶴樓燬於賊前總督官文恭公倡捐未修同治七年署總督郭公護巡撫何公委武昌府黄守昌輔督工興修經始於戊辰九月告成於己巳三月計費白金三萬數千兩有奇糧道丁守存作碑記首序總督李公巡撫郭公者適斯樓已成而碑石後勒也

南樓在郡治正南黃鵠山頂中間嘗改爲白雲閣元祐

閒知州方澤重建復舊名記文以爲庾亮所登故基非也亮所登乃武昌縣安樂之端門也李巽巖壽作鄂州南樓記云吳孫氏更名漢鄂曰武昌今州東百八十里武昌縣是也今鄂州乃漢沙羡當晉咸康時沙羡未始有鄂及武昌之名庾亮安得從至此輿地紀勝

樓在郡儀門之南石城上一曰黃鶴山制度閎偉登望尤勝鄂州樓觀爲多而此獨得江山之要會山谷所謂江東湖北行畫圖鄂州南樓天下無是也下瞰南湖荷葉彌望中爲橋曰廣平其上皆列肆兩旁有水閣極佳入蜀記

南樓在州治前黃鶴山上輪奐高寒甲於湖北下臨南市邑屋鱗差南市在城外沿江數萬家廛閈甚盛列肆如櫛酒壚樓欄尤壯麗外郡未見其比蓋川廣荆襄淮浙貿遷之會貨物之至者無不售且不問多少一日可盡吳船錄

按南樓今不知所在陳本立黃鶴樓名勝記以爲斗姥閣即南樓也吳船錄言在黃鶴山上入蜀記

言下瞰南湖云云如今之南樓即古之譙樓明之楚觀樓也

白雲樓在縣城西黃鶴山頂一名南樓湖北通志

南樓在黃鵠山頂宋元祐中知州方澤重建自爲記建中靖國初再修乾道初重建嘉定中又修元中統又修貞元中又修明崇禎九年巡撫宋賢即其址建白雲閣後巡撫宋一鶴移補闕兵樓閣再燬國朝康熙甲申總督喻成龍巡撫劉殿衡重建更名白雲樓江夏縣志

按陸放翁記黃山谷詩似皆指黃鶴樓非今之南樓今南樓俗稱鼓樓卽古譙樓改名曰楚觀樓至乾隆間以南樓名乃畢尚書沅所改題也

楚觀樓在布政司署前卽今南樓也爲唐牛僧孺奇章堂故址詳陸放翁記　江夏縣志

楚觀樓舊爲譙樓明宏治己未重建布政使韓鎬改名曰楚觀李東陽撰記　國朝乾隆壬子總督畢沅改題南樓　同上

焦度樓在州治東南子城上南史度字文績沈攸之起

兵至夏口度於城樓上罵辱攸之攸之怒攻城度乃戰投以穢器賊不能冒後呼此樓爲焦度樓又城隍神亦以爲焦度之父諱明意者郡人爲其父子立廟耳　輿地紀勝

八極樓在江夏黃鶴山今廢　白茅堂集

辛氏樓詳見祥異

靜春臺在黃鶴山北摩崖方丈上刻靜春臺三字旁刻淳熙壬寅劉清之題　江夏舊志

龍湫臺一名鳳凰窩在高冠山第一峯下　同上

奇章臺蓋牛僧孺嘗登讌於此　輿地紀勝

湧月臺在黃鶴樓旁有石刻湧月二字相傳漢曹孟德遺筆　湖廣通志

湧月臺在黃鶴樓側宋黃清老書湧月二字後人摹刻於此而續以臺字　大清一統志

湧月臺三大字舊傳曹孟德書誤也　白茅堂集

按黃鶴磯東女牆旁有石碑高僅三尺寬二尺許上鐫雲路二字相傳爲曹孟德書疑亦如湧月臺之誤傳也

奇章閣知州汪叔彥夢前身爲奇章公因名　江夏縣志

白雲閣在郡治正南黃鶴山頂　輿地紀勝

斗姥閣

按舊志均未載閣何時建亦不存其名江夏新志載胡公祠在黃鶴樓後卽斗姥閣舊址云

留雲閣在黃鶴山南從石鏡亭數折而下最爲幽勝　江夏舊志

黃鶴山志卷一終　　溆浦舒立淦校字

黃鵠山志卷二目錄

名勝三

名勝四

黃鵠山志卷二

永康胡鳳丹月樵編纂

名勝三

奇章亭在州治東南一里子城上 輿地紀勝

黃鵠山有奇章亭奇章公牛僧孺也又名奇章閣一名奇章堂舊名楚觀樓是古址宋知州陳邦光建初名戲綵堂後知州汪叔詹夢前身爲奇章公改今名 明一統志

奇章亭在黃鵠山累瓦爲臺賀鑄慶湖集云唐牛僧孺登宴處 江夏縣志

仙棗亭故址在南樓西明景泰四年重建 輿地紀勝 詳見祥異

仙棗亭後有古祠祀呂仙像 鈍齋文選

仙棗亭在黃鶴山頂亭前有棗樹四株世傳未嘗結實云 江夏舊志 詳見祥異

呂仙亭在黃鵠山即仙棗亭遺址舊傳太守與倅弈有仙人忽至云太守弈敗果然仙於樓前吹笛隨笛聲至樓上跡之惟見石鏡題詩末書呂字故今名呂仙亭 湖廣通志

呂仙亭在黃鶴樓東江山形勢非神仙不足居此風清月白之夜時聞鐵笛之聲 眉庵集

石照亭在黃鶴樓臨崖有石如鏡石色蒼潤無異凡石每爲西日所照則炯然發光 輿地紀勝

石照亭在縣西黃鶴樓下有石光澈名曰石照 聞見近錄

石鏡亭一名石照亭在黃鶴樓西崇禎癸未石忽失亭亦毀廢 國朝康熙甲申總督喻成龍巡撫劉殿衡重建 江夏縣志

振衣亭在按察司堂後黃鵠山上明萬歷二年按察使王世貞建 同上

按同治九年漢黃德道署按察使鄭蘭復於廢址誅鋤荊棘建亭三間窗櫺四啟江山如畫實係宴集蓋極一時之盛云

一覽亭在縣西黃鶴山上王十朋有詩 湖北通志

一覽亭在太白堂左 江夏縣志

一覽亭在仙棗亭後 江夏舊志

西爽亭在湧月樓北下臨巖壁有唐時及慶歷間摩崖

題字 輿地紀勝

跨鶴亭在東漕衙黄鵠山之背 同上

壓雲亭在黄鵠山椒隸統制司又有雅歌堂 同上

憲宗己未八月己酉帝抵鄂屯兵教場壬子登城東北壓雲亭立望樓高可五丈望見城中出兵趣兵迎擊 元史

元成宗嗣位以黄鵠山乃黄屋臨御之地詔就壓雲亭故址創建大元興寺中書右丞相哈剌哈斯答剌罕時以平章政事開省湖廣承制鼎建不擾而辦 林元大別山禹廟碑

壓雲亭在江夏縣西黄鵠山上舊爲頭陀頂院元世祖至鄂嘗駐此觀覽形勝至正間建亭 明一統志

按袁說友同鄂州都統制司登壓雲亭賦詩王十朋有贈趙都護之作則此亭宋已有之明一統志謂至正間建亭非也

鄂州營昔皆茅舍今始易以瓦登壓雲亭則前後盡見周絡井井甚有條理將司中又有雅歌整暇二堂皆面江山登覽超勝 吳船錄

廣永在西漕衙黄鵠山之絕頂西近楚觀下視江漢故取其義云 輿地紀勝

按輿地紀勝未載廣永之爲亭爲臺後讀陳本立黄鶴樓名勝記始知其爲廣永亭也

萬壽亭在黄鵠山白雲樓後亭制六方内石碑二恭勒錮免錢糧 諭旨暨優䘏老人 江夏縣志

十間亭在仙棗亭西後爲萬壽亭 江夏舊志

御碑亭在黄鵠山專祠之前同治八年建有豐碑矗立其間官相國記詳見藝文 退補齋雜錄

十盤亭在黄鶴樓下刻石云東有亭西有菴路十盤而上故以十盤名今廢爲望江亭 江夏舊志

翼然亭在冠霞亭西中丞張連登建 同上

冠霞亭在高觀山第一峯中丞劉殿衡建 同上

覓亭在頭陀寺唐鄂州守何所建符載爲之序 同上

北榭在設廳後因山爲之與南樓對 輿地紀勝

北榭子城之巔 湖北通志

北榭嘉定十七年李皇重修有北榭記石刻今在黄鶴樓後斗姥閣西壁 湖北金石存佚考

鄂州諸樓榭皆在黃鶴山而以方向別之其在頭陀寺者或曰東樓見唐李華詩序在南者曰南樓范石湖所云下臨南市陸放翁所云下瞰南湖是也在西者曰黃鶴樓李太白詩黃鶴西樓月是也在北者曰北榭與南樓並稱而李公記外賦咏無傳焉今以黃鶴山爲綱而依次第列其源委興廢覽者當自得之 湖北舊聞錄

楚王故宮在高觀山下前臨大街左閱馬廠右長街宮廣二里袤倍之明末兵燹殿寢池館俱爲灰燼 江夏舊志

武當宮在黃鵠山麓置道紀司於內 湖廣通志

漢月堂在南樓黃鶴樓之間 輿地紀勝

奇章堂在布政司前即古楚觀舊址初名戲綵堂 明一統志

皮日休讀書堂在頭陀寺皮日休讀書於此 輿地紀勝

皮日休讀書堂在縣東皮日休少時曾讀書武昌頭陀寺今寺有讀書堂其遺址也 晁公武讀書志

東山書院在黃鵠山相傳東方朔讀書處今廢 縣志

李白讀書堂在頭陀寺見一統志 同上

按一統志惟載皮日休讀書堂在頭陀寺無李白讀書堂據輿地紀勝云李白讀書堂在江夏縣東三十里地名讀書林有祠堂在其側不審今縣志何以云在頭陀寺也

具美堂在黃鵠山頂官胡二公祠之東即斗姥閣東偏舊址同治八年建 退補齋雜錄

太白堂在黃鶴樓後邑令徐日久建今更爲亭 江夏舊志

按同治八年重修黃鶴樓并建斯堂仍改爲太白堂

狀元居在黃鶴樓南以黎淳讀書其中故名今額猶存 江夏縣志

黃鶴洲有二一在黃鶴樓江中一在縣北三十里俗名黃花洲 同上

摩崖方丈在黃鵠山北崖壁幽邃靜境可人 同上

鄂渚在江夏縣西黃鵠磯上三百步輿地記云雲夢之南是爲鄂渚其名於離騷見之又晏公類要云隋平

陳立鄂州以鄂渚爲名 輿地紀勝

鄂渚在縣西黃鵠磯上楚辭云乘鄂渚而返顧說苑云昔鄂君乘青翰之舟下鄂渚浮洞庭榜人擁楫而歌鄂君翕繡袂行而擁之舉繡被而覆之 湖北通志

費褘洞在黃鵠山後舊經費文偉昇仙處李宗孟有詩 明一統志

費褘洞在江夏縣東十里黃鵠山後舊經云費褘昇仙之後洞也 皇朝郡縣志

呂公洞在石鏡亭下黃鵠磯上初無洞穴但石跡隱然

如門叩之有聲世傳呂洞賓嘗題詩其上 明一統志

陸游與章冠之游仙洞石壁數尺皆直裂無洞穴之狀舊傳有仙人隱其中今鄂人謂之呂公洞 入蜀記

仙人洞舊傳鄂州黃鶴樓下有石光澈名曰石照其右巨石世傳以爲仙人洞也 聞見近錄

宋時因山爲城故石鏡亭雖在城中而石鏡及呂公洞實在山麓必出城而後至其地也至明始包入城內而楊眉庵呂仙祠詩序亦與今制爲合則樓址之移其元明之間歟 湖北通志

石照洞在黃鶴樓下 江夏縣志

東陽洞在高觀山龍華寺後大石崚嶒當腹一洞鐫東陽二字 同上

天鵞池在武當宫西 江夏縣志

白龍池在黃鶴樓左子城上明隆慶二年沿江居民苦火從形家言鑄鐵爲池於上城下晏然見楚會存書後設茶肆晝夜不絕火時城外復多災白官罷之乃不復災 同上

磨劍池在頭陀寺山頂相傳秦皇磨劍於此王得臣以

爲秦宗權之弟宗衡破岳鄂所至皆稱爲小秦王是池蓋指宗衡也 輿地紀勝

磨劍池二一在仙棗亭側一在頭陀寺 江夏縣志

按仙棗亭頭陀寺均在黃鵠山一地而有二池恐縣志所載不若輿地紀勝之得實也

江城別墅在黃鵠山麓同治初年邑人袁泰華建王子壽彭于蕃有詩 退補齋雜錄

名勝四

武安王廟在頭陀寺以祀關公 輿地紀勝
府城隍廟舊在縣東洪武中徙黃鵠山南祀晉車騎將
軍焦明景泰三年重建韓陽有記康熙三十二年知
府尢汶重修廟右有齋戒所 江夏舊志
楊公祠在高觀山下祀總督贈太子少保楊宗仁 同上
江漢神祠在漢陽門樓上宋淳熙間通判劉靖以江漢
在境內宜爲望祀即靈竹寺西爲坎以祭之今廢 同上
胡公祠在黃鶴樓後斗姥閣舊址祀巡撫胡文忠公 江夏縣志
案胡公諱林翼字詠芝益陽人官湖北巡撫贈太
子太保謚文忠咸豐間埽蕩沿江粵匪平定楚境
終於任所奉
旨勅建專祠
官胡二公祠同治十年奉
旨敕建
案官公諱文字秀峯謚文恭滿洲正白旂人由湖

廣總督入贊樞廷九年終於位士民德其有功於
楚籲請建祠時總督李公瀚章巡撫郭公柏蔭奏
請與胡公合祀爲官胡二公祠仍在黃鵠山上
曾公祠在黃鵠山中峯下同治十二年奉
旨敕建
案曾公諱國藩字滌生湘鄉人官兩江總督武英
殿大學士卒謚文正
羅李二公祠在黃鵠山中峯下同治十三年奉
旨敕建
案羅公諱澤南字仲嶽號羅山湘鄉人由訓導官
浙江寧紹台道加布政使銜未赴任轉戰湖南湖
北江西等省咸豐六年三月攻剿武昌受傷殞命
奉 詔加恩照巡撫陣亡例賜卹並著湖南本籍
及湖北江西地方建立專祠謚忠節
案李公諱續賓號迪菴湘鄉人官浙江布政使加
巡撫銜轉戰湖南湖北江西等省咸豐八年十二
月攻剿皖北廬郡賊衆兵寡從容赴義奉 詔加
恩追贈總督照總督陣亡例賜卹入祀照忠祠並

淮湖北江西安徽各省建立專祠謚忠武

案李公諱續宜號希庵湘鄉人由諸生官至湖北安徽巡撫轉戰湘鄂江皖數省克復多城同治二年十一月專辦皖北軍務旋因積勞溘逝奉　詔加恩照總督軍營病故例賜卹並准湖南湖北江西安徽各省建立專祠謚勇毅

頭陀寺在清遠門外黃鵠山上黃太史有詩 輿地紀勝

頭陀寺在江夏縣西北宋大明五年建在黃鵠山上自南齊王屮作寺碑遂爲古今名刹 方輿勝覽

頭陀寺在州城之東隅石城山寺燬於兵火汴僧舜廣住持三十年興葺略備自方丈西北躡支徑至絕頂舊有奇章亭今已廢四顧江山靡有遺者殿後有南齊王簡棲碑 入蜀記

頭陀寺在黃鵠磯卽今觀音閣一名竹林寺南齊王屮有記明末燬　國朝順治初邑人陳應魁重修 湖廣通志

白傅自江州赴忠州過江夏有與盧侍御於黃鶴樓宴罷同望詩曰白花浪濺頭陀寺紅葉林籠鸚鵡洲句則美矣然頭陀寺在郡城之東絕頂處西去大江最遠風濤雖惡何由及之或曰甚之之辭 塵史

寶通寺本崇甯萬壽寺宋末建元元統二年重建黃文獻溍有記云鄂之東城有佛刹曰大洪山崇甯萬壽禪寺此黃鵠山也 黃文獻集　詳見第五卷藝文

崇甯萬壽寺成化間改名寶通寺 湖北舊聞錄

寶通寺康熙十五年重修後燬乾隆五十五年重建 湖北通志

寶通寺大司馬三韓張公朝珍方伯石城徐公惺修於康熙丁巳戊午歲金碧洪麗爲武昌諸刹第一 白茅堂集

寶通寺在洪山下內有寶通塔唐寶厤中善信禪師開山宋制置使孟珙都統張順重修明楚昭王鎰擴舊制　國朝康熙十五年巡撫張朝珍左布政使司徐惺同捐貲倡修 湖廣通志

寶龍寺在江夏縣東六十步誨機禪師居之 輿地紀勝

觀音寺在黃鵠磯 湖廣通志

東巖寺在洪山唐大觀中建又額曰正心書院鄂國公

尉遲讀書處後石刻有幾處稻粱喧鳥雀數聲鐘磬起魚樵句 同上

小塔寺在洪山卽晉安寺有無影塔塔下有井名浪花井其脈通江 同上

古無影塔在黃鵠磯石上 同上

古無影塔在黃鵠磯石上高不三尺每日返照略不見影藏骨者不知誰何也 江夏縣志

寶像塔在黃鶴樓前元威順王太子墓王名寬徹普化墓用塔元制也塔高三丈石色潤白相傳下有千歲

燈天啓元年塔下牆裂寸許有烟騰出 同上

寶通塔在洪山相傳爲唐貞觀中尉遲鄂公監造 江夏縣志 詳見金石

靈濟塔在大洪山元建 湖北舊聞錄

按靈濟塔卽寶通塔湖北金石存佚考云洪山寺塔相傳唐鄂公建或謂寺建於宋末不應唐初先有是塔也得塔記足以證明矣元黃文獻公寶通寺碑記云大洪隨之名山自隨而鄂始作於元統二年訖工於至正某年湖北舊聞錄以爲元建或卽本此歟　國朝咸豐間羅忠節李忠武駐軍山上撤去其頂漸就傾圮同治癸酉邑紳募捐重修甲戌夏告成遊覽之勝遂復舊觀

威順王太子墓一名勝像寶塔在黃鶴樓前天啓元年塔下石牆裂寸許有烟騰出或云墓燈也 湖廣通志

陳友諒墓在城內臬司後黃鵠山或曰疑塚也 江夏縣志 詳見誌異

黃鵠山志卷二終

漵浦舒立濬校字

黃鵠山志卷三目錄

流寓

仙釋

祥異

黃鵠山志卷三

永康胡鳳丹月樵編纂

流寓

戴仲若譙郡人酈道元云黃鵠山林澗甚美仲若野服居之水經注

張山翁字君壽晉州人德祐元年爲荆湖宣撫司幹官鄂守張晏然議納款山翁以書讓之晏然旣降山翁被執軍前諭曰若降不失作顯官山翁酬對不屈行省官賈思貞義之貸不殺後居黃鵠山聚徒教授而終南宋書

皮日休嘗游江漢間時劉允章鎮江夏允章戚穆判官謂日休薄之允章數使酒一日方宴忽怒曰君何薄穆鸚鵡洲在此即黃祖沈禰衡所也日休雨涕而已玉泉子

西川韋相公皋昔游江夏止於姜使君之館姜氏孺子曰荆寶已習二經雖兄呼於韋公而恭事之禮如父叔也荆寶有小青衣曰玉簫年纔十歲嘗令祗侍於韋兄玉簫亦勤於應奉後二載姜使君入關求官而

家累不行乃易居頭陀寺 湖北舊聞錄

徐惺字子星號卽山江南江甯人由進士起家歷分守武昌道晉湖北布政使內艱不起僑居江夏闢高觀山爲東山小隱亭臺樓榭曲折匠心蘄州顧景星爲之記戊辰裁兵譁變夏逢龍以公負重望百計物色不可得及大師復會城公在高觀無恙也公居江夏前後十五年山川洞壑靡不經歷所至輒有題詠康熙丙子卒 江夏舊志

潘永祚字太邱號恕庵先世浙之上虞人父允隆以孝

廉宰南安之崇義卒於官會國變永祚奉母李及幼弟四人避亂黔中貧無以爲生賣字給朝夕後以永清拔貢除雲南瀰沙井提舉知滇事將變以給養歸僑居江夏築室高觀山麓與弟國祚詩文擅一時之勝所著恕庵集若干卷藏於家 同上

仙釋

仙人子安乘黃鶴過此又世傳費文偉登仙駕鶴憩此 南齊書

黃鶴仙或云費禕王得臣黃鶴樓詩以爲荀瓌字叔偉未知孰是 輿地紀勝

謝山人陳陶送謝山人歸江夏有黃鵠春風二千里山人佳期碧江水之句 輿地紀勝

羅公遠鄂州人 同上 見祥異

誨機禪師黃鵠山南黃龍寺住持有道行其行實載傳燈錄 同上

僧惠宗頭陀寺王簡棲碑文云頭陀寺僧惠宗所立 同上

呂洞賓世傳呂公洞在黃鵠磯上洞賓嘗題詩其上云

明一統志

俗傳有道士號於市曰肚裏飢後與孝子李機乘鶴而去以爲仙人呂巖也 白茅堂集

按呂仙人名巖字洞賓自稱回巖客又云回道人河中府人會昌中兩舉進士不第去游廬山遇異

人授劍術得長生不死之訣多游湘潭鄂岳間詳見岳陽風土記

翟乾祐雲安人也龎眉廣顙巨目方頤身長六尺手大尺餘每揖人手過胸前常於黃鶴山師事來天師盡得其道能行氣丹篆陸制虎豹水伏蛟龍卧常虛枕往往言將來之事言無不驗因入夔州市謂人曰今夜有八人過此宜善待之是夕火燒百餘家曉之者云八人乃火字也每入山羣虎隨之嘗於江上與十許人翫月或問曰月中竟何所有乾祐笑曰可隨我

手看之乃見月規半天瓊樓金闕滿焉良久乃隱雲安井自大江泝別派凡三十里近井十五里澄清如鏡舟楫無虞近江十五里皆灘石險惡難於沿泝乾祐念商旅之勞於漢城山上結壇考召追命羣龍凡二十四處皆化爲老人應召而至乾祐諭以灘波之險害物勞人使皆平之一夕之間風雷震擊一十四里盡爲平潭矣唯一灘仍舊龍亦不至乾祐復嚴敕神吏追之又三日有一女子至焉因責其不伏應召之意女子曰某所以不來者欲助天師廣濟物之功耳且富商大賈力皆有餘而傭力負運者力皆不足雲安之貧民自江口負財貨至近井潭以給衣食者衆矣今若輕舟利涉平江無虞即邑之貧民無傭負之所絕衣食之路所困者多矣余甯險灘波以贍傭負不可利舟楫以安富商吾不至者理在此也乾祐善其言因使諸龍各復其故風雷頃刻而長灘如舊唐天寶中詔赴上京恩遇隆厚歲餘還故山尋得道而去先是蜀有道士佯狂俗號爲灰袋即乾祐晚年弟子也乾祐每戒其徒曰勿欺此人吾所不及常大

雪中衣布裙入青城山暮投蘭若求僧寄宿僧曰貧僧一衲而已大寒此恐不能相活道者但云容一牀足矣至夜半雪深風起僧慮道者已死就視之去牀數尺氣蒸如爐流汗袒寢僧始知其異人未明不辭而去多住村落每住人愈信之嘗病口瘡不食數月狀若將死村人素神之因爲設道齋齋散忽起就枕謂衆人曰試窺吾口中有何物也乃張口如箕五臟悉露同類驚異作禮問之唯曰此足惡此足惡後不知所終 出酉陽雜俎

祥異

荀瓌字叔偉潛栖卻粒嘗東游憩江夏黃鶴樓上望西南有物飄然降自霄漢俄頃已至乃駕鶴之賓也鶴止戶側仙者就席羽衣虹裳賓主歡對已而辭去跨鶴騰空而滅 述異記

夏口常爲兵衝露骸積骨於黃鶴樓下安成王秀祭而埋之一夜夢數百人拜謝而去 梁書太祖五王傳

治平中武昌縣令鄭前覲覺腠理不甯晝寢曲室一老父古衣冠揖鄭曰君小疾煮地骨皮湯飲之卽愈鄭

曰素不奉展何故至此云我西漢時嘗與君聯局事君已爲二世人我尚留滯幽壤卽詢其名氏云前將軍何復或欲尋我可來費家園也臨別口占詩一絕云與子相逢西漢年半成枯骨半成煙欲知土室長眠處門有青松澗有泉鄭官滿之鄂州遊頭陀寺山下城小路見叢薄蔚然問寺僧乃費家園也道次有斷碑字已漫滅惟有何復字可辨塚前有澗水洎老松數株 括異志

梁武帝自襄陽起兵攻郢城夜見數百毛人踰堞且泣因投黃鵠磯蓋城之精也及巳城降 南史

鄂州黃鶴樓前江中云有羅眞人碑言是羅眞人曾於鄂州化見頭爲雙髻年可四十餘於民家傭力未嘗言語忽一日郡中大設於衆中叱責一人令其速去此人驚懼拜謝奔入樓下江中衆皆異之太守問其所以答云所叱者江中白龍也潛欲害此城池吾故叱之遣去太守疑其詐試請一見白龍驗其虛實此人與太守登樓以符投之俄而江上晦暝白龍卽見長數丈衆皆見之尋復遣去此人是羅眞人也今羅公遠眞人於蜀頗見多主水旱之事鄂州所見亦恐

是公遠耳 錄異記

羅公遠本鄂州人也刺史春設觀者傾郡有一白衣人長丈餘貌甚異隨衆而至門衞者皆怪之俄有小童傍過叱曰汝何故離本處驚怖官司耶不速去其人遂攝衣而走吏乃擒小童至讌所具白於刺史問其姓名云姓羅名公遠自幼好學道術適見守江龍上岸看某趣令回刺史不信曰須令我見本形曰請俟後日至期於水濱作一小坑深鑿一尺去岸丈餘

引水入刺史與郡人並看逡巡有魚白色長五六寸隨流而至騰躍漸大青烟如線起自坎中少頃黑氣滿空咫尺不辨公達曰可以上津亭矣未至電光注雨如瀉須臾見一大白龍於江心頭與雲連食頃方滅時元宗酷好仙術刺史具表其事以進 神仙傳

仙棗亭在南樓西舊傳亭前棗木未嘗實一歲忽有實如瓜太守命小吏採而進小吏輒啖之遂仙去 輿地紀勝

辛氏市酒山頭有道士數詣飲辛不索貲道士臨別取

橘皮畫鶴於壁曰客至拍手引之鶴當飛舞侑觴遂致富踰十年道士復至取所佩鐵笛數弄須臾白雲自空飛來鶴亦下舞道士乘鶴去辛氏即其地建樓曰辛氏樓 報恩錄

張舜民云近歲有軍巡於此夜逢二人衣冠甚偉遺之黃金數餅軍循攜以歸光發於屋上既而官收之皆化爲石其石在軍資庫 南遷錄

鄂州黃鶴樓下一守關老卒每晨興即拜洞下一夕月如晝見三道士自洞中出吟嘯久之將復入洞卒即從之乞富貴道士與一石促之出遂合明日視石黃金也鑿而貨之爲隊長所察執之以爲盗卒以實告就其家取石至郡則金化矣非金非玉非石非鉛至今藏於軍資庫中 聞見近錄

王欽若祖父郁仕鄂母李氏有娠就蓐之夕江水暴漲將壞廨舍亟遷黃鶴樓始免身生男即欽若也時隔岸漢陽居人遥望樓際若有火光 皇朝類苑

仙桃跡在黃鵠磯上相傳呂仙於此賣桃度人買皆遺子而無養親者呂感忿擲桃去其跡猶存後人依跡作呂仙亭亭前數百武無蚊蚋俗謂仙塵拂去 江夏志

萬厤十七年己丑黃鶴樓災延燒千餘家時磯邊民淘習井先後入二人不出更入一人前二人已死井底旁有穴穴有火光一絳袍方山冠人持刃逐之急撼繩鈴起備言監司欲塞之井一夕自滿 同上

黃鶴樓雄踞武昌萬厤二十五年丁酉一日無故自火延燒千家 湧幢小品

按黃鶴樓火據縣志係萬厤十七年湧幢小品作

萬厯二十五年未知孰是

陳友諒墓在城內臬司後黃鵠山或曰疑塚也明太祖屢祭手書八修天定四字於壙所萬厯末年陳瑺稅楚掘古墓至此風沙晝晦雷聲殷殷工散天始霽 江夏縣志

元稹登黃鶴樓望江邊有光芒若星使人就視得一鯉魚剖之腹有二鏡鏡大如錢背有雙龍旣磨瑩其光照澈人膽爲元擕去不知所終 江夏舊志

黃鶴樓太白堂北碑亭牆壁一日有客來此擘窠大書

字曰樓峯江帶舟蟻人潮字廣長徑數尺許勢甚蒼古而語亦奇絕晏大中丞聞之疾馳至忻賞之甚命跡其人偵得所寓已去不知所之中丞大驚懊怏怏去已合誤謂公惡之旋命刮去無存 同上

萬厯末天獄星見武昌因曾星曜盜殺理刑孫有祿於黃鶴樓 同上

崇禎八年寶通塔霞光如火樹是年賀逢聖入相 同上

崇禎十五年秋七月夕洪山栖鳥驚噪飛而復匝者三及曉巢盡折 同上

康熙三年甲辰三月十七日黃鶴樓及譙樓災城幾赭死傷甚衆 同上

康熙二十年春天欃星見是年雷震黃鶴樓朱方旦碑 同上

李東白京山人工詩隱於衣工李本甯兄弟皆與之游登黃鶴樓作詩後舟過雲夢哦詩船頭一笑赴水死 漁洋詩話。詩見藝文

楊齋賢右丞夙病眉瘤初至館樓上夢仙拭面而瘤脫旣覺往謁呂仙亭物色如所見平章忽剌觧夫人禿

滿倫氏患頭風日夜望仙禱祈已而聞笛聲皆曰仙笛也公曰仙有靈當再聞及夜笛聲起牆外自是夫人起居如初 元鄭壁呂仙亭記見湖廣通志

元相國鎭江夏嘗秋登黃鶴樓望沅江之湄有光若燄星焉使人往覘之掉小舟直至光所詢漁者云適獲一鯉擕歸剖之腹中得古鏡二如古錢大一面相合背則隱起雙龍旣磨瑩遂常有光輝公寶之納巾箱中及相國薨鏡亦亡去 江行雜錄

黃可久嘗避暑黃鶴樓夜臥初醒江月照樓中見兩道

人弈一道人旁觀碁子大如礫樓空子落其聲砰砰然私念夜麥登樓時守者已鎖門去道人何自入且肤貌殊異急起披衣就之將近遽不見湖廣通志

貞元中湘潭尉鄭德璘家居長沙有親表居江夏每歲一往省焉中間涉洞庭歷湘潭多遇老叟棹舟而鬻菱芡雖白髮而有少容德璘與語多及玄解詰曰舟無糗糧何以爲食叟曰菱芡耳德璘好酒長挈松醪春過江夏遇叟無不飲之叟飲亦不甚媿荷德璘抵江夏將返長沙駐舟於黃鶴樓下傍有鹺賈韋生者乘巨舟亦抵於湘潭其夜與鄰舟告別飲酒韋生有女居於舟之柂艣鄰女亦來訪別二女同處笑語夜將半聞江中有秀才吟詩曰物觸輕舟心自知風恬浪靜月光微夜深江上解愁思捨得紅蕖香惹衣鄰舟女善筆札因覩韋氏妝奩中有紅箋一幅取而題所聞之句亦吟哦良久然莫曉誰人所製也及旦東西而去太平廣記

湖北省城東門外長春觀大殿階前青石內有貓宛然如生水澆石面則鬚毛畢現相傳貓聽經入神而化殆所謂精誠貫金石歟蕉餘偶筆

按江夏志貓石在東門內龍華寺大雄殿月臺石級上非長春觀也詢之土人亦云在龍華寺

黃鶴山志卷三終

江夏錢桂林校字

黃鵠山志卷四目錄

金石

黃鵠山志卷四

永康胡鳳丹月樵編纂

金石

太宗御書崔顥黃鶴樓詩石刻在州治 輿地紀勝

按崔顥係中宗睿宗元宗時人太宗無由書其黃鶴樓詩太字恐誤俟考

黃鶴樓記在黃鶴樓唐永泰中閻伯瑾撰魏萬成書李陽冰篆額 同上

黃鶴樓記閻伯瑾撰魏萬理行書 金石錄

按閻伯瑾唐永泰時人輿地紀勝湖北通志瑾作理楚寶作理淵鑑類函作里據全唐文應作伯瑾輿地紀勝魏萬成書金石錄湖廣通志均作魏萬理

閻伯瑾黃鶴樓記碑石無存 湖廣通志

黃鶴樓銘湖廣總督畢沅撰碑石無存文載江都汪中述學集中蓋中客楚時爲畢代作耳 同上

黃鶴樓銘江都汪中代畢尚書撰歙程孝廉方正瑤田書石嘉定錢州判坫篆額時人以爲三絕 述學

呂炎近錄云伯莊此詩膾炙人口游默齋九言嘗書置南樓游受齋漕湖北日復爲之刻石 詩人玉屑

按游儀字伯莊作黃鶴樓詩詳見藝文

顧東橋撫楚三司請游黃鶴樓先磨一石飲後乞公留題東橋在輿中已得雲荒赤壁周瑜壘江繞青山夏禹祠一聯遂援筆書石三司歎服洗盞更酌 湖北舊聞錄 詩見藝文

樓未起時先有鶴筆從擱後更無詩曾大令衍東題黃鶴樓太白堂楹帖也超妙之作足冠斯樓阮太傅總制楚中命去之然早已膾炙人口矣 蕉餘偶筆

香光謂呂仙東老詩類張長史題黃鶴樓似李北海仙書尚以名家爲師云 同上

鄂州南樓摩崖記洪邁云慶元元年鄂州修南樓剗土有大石露於外奇崛可觀郡守吳琚見而愛之命洗剔出圭角即而諦觀乃摩崖二碑其一刻兩字上曰柳徑二尺四寸筆勢清勁下若翻書其八字唯存天腳不可復辨或以爲符或以爲花押邪人至標飾至神堂香火供事或云道州學側虞帝廟內亦有之云

柳君應辰是唐末五代時湖北人也其一高一丈二尺濶如其高而加五寸刻大字八十五凡爲九行其文曰乾正元年荆襄寇亂大將出陳武昌詔太守楊公出鎭後云荆江京漢推忠輔國侍衛將軍居中記　容齋四筆

按五代史十國世家年譜云唐明宗天成二年丁亥楊溥僭帝號改元乾貞一作乾正

鄂州雜詩碑在黃鶴樓後斗姥閣熙甯二年六月碑界作五層共錄詩三十九首謝朓宋之問崔顥賈至各

一首王維二首顧況一首李白十一首孟浩然四首前二首碑作李白詩武元衡韓愈各一首杜牧四首白居易二首賈島李羣玉各一首賈詩今不在集中又一首名氏不可辨劉禹錫王貞白羅隱皮日休各二首羅皮二首檢本集未得沈如筠盧郢各一首如筠句容人橫陽主簿武昌府志采如筠詩以爲元人非也　湖北金石存佚考

鄂州雜咏行書在黃鶴樓巖觀有詩　湖北金石詩　詩見藝文

馬紹基案石碑題江夏黃鶴樓雜詩是行之下題熙甯二年六月□日立額篆鄂州雜詩四字碑高五尺九寸寬三尺二寸界五橫刻齊唐人諸體詩行書謝朓和伏武昌登孫權故城一首宋之問漢口宴別一首崔顥黃鶴樓一首賈至送夏□子之江夏一首王維送康太守又送人歸江夏二首顧況黃鶴樓歌送獨孤助一首李白與史郎中欽聽黃鶴樓吹笛又鸚鵡洲又江夏使君叔席上贈史郎中又□漢陽輔錄事又江夏贈韋南陵冰又望漢陽柳色寄王宰又江夏

寄漢陽輔錄事又送儲邕之武昌又江上送友人又送孟浩然之廣陵又題江夏修靜寺又送王九遊江左又送元公歸鄂渚十三首孟浩然江夏送客又□□□□二首武元衡送田端□還鄂渚使府一首韓愈除官赴闕至江州寄鄂岳李大夫一首王楧送侍御赴夏口一首杜牧寄牛相公一首白居易赴黃鶴樓崔侍御宴又上江夏主人二首賈島黃鶴樓一首李羣玉黃鶴樓一首劉禹錫武昌老人說笛一首王貞白□泊漢陽渡一首沈如筠□黃鶴山張君一首

盧口黃鶴樓一首其姓氏莫辨者夏口及送張判官謁鄂州大夫二首又在沈如筠之前一首姓字與詩皆失共十九人共詩三十七首字跡蘚蝕者半殆不著書人姓名爲可惜今在江夏縣黃鶴樓 湖北金石詩案語

鄂州重修北榭記碑在黃鶴樓後斗姥閣嘉定十七年三月李皐撰 湖北通志 記見藝文

鄂州重修北榭記李皐撰正書嘉定十七年三月立石江夏嚴觀有詩 湖北金石詩

馬紹基案右碑今在黃鶴樓後斗姥閣下高五尺六寸五分寬三尺二寸額篆鄂州重修北榭之記嘉定甲申三月丙午眉山李皐記共二十五行行四十二字按陳述知楚會存書云郡署之右巍然峻起者北榭也建自宋元祐時爲漢陳友諒鼓鑄之所北堂居民鱗集郡守莅政之暇偶一登臨見拮据之斯民惕然省刑減賦黃魯直有詩張安國有扁李燾復建有碑今北榭雖焚前人可念碑云鄂渚之勝以南樓北榭並稱南樓由元祐改作元符末修水黃魯直嘗見於題咏惟北榭冠子城之顛在郡公堂之後不知自何時建立乾道中于湖張安國爲大書扁牓厥後達官名人稍有爲賦詩者碑立於嘉定閒當時已不知何時建立所謂元祐改作及黃魯直詩俱指南樓述知所云當是因碑文而誤也李燾碑今亦不見疑是李皐之訛又案攷工記摶埴之工二說文埴從土直黏土也皐卽埴字之俗錢辛楣先生云李皐燾之子 湖北金石詩案語

靜春臺在黃鶴山北摩崖方丈上刻靜春臺三字旁刻

淳熙壬寅劉清之題 江夏志

重建觀音閣記碑康熙三年國子監祭酒熊伯龍記在江夏縣 江夏志

重建武當宮記碑康熙十二年無撰人名氏 湖北通志

賈公祠記碑乾隆三十二年湖北按察使大興朱珪撰在黃鶴樓仙棗亭 同上 記見藝文

湧月臺在太白堂左相傳爲曹孟德書按一統志漢陽鳳栖山有湧月臺宋黃清老建石上有湧月二字陸游入蜀記盡述鄂城古跡獨不及楳書其爲倣清老

亭舊刻無疑明末譚友夏劉敷仁得之山背草蕪中白邑令徐子卿植太白堂左譚係以詩康熙時移置堂後西夾側今復故處累石爲臺僅湧月二字存今二字移砌斗姥閣牆下 同上

爛柯石刻在高觀山之陽上刻爛柯二字下雕綦枰俗傳樵叟覩弈忘歸如王質事蓋附會之也 同上

洞賓仙跡一在縣西南黃鶴磯石壁上有遺像一在縣東北二里紫荊山西石壁上有卧跡今山北石刻洞賓仙跡四字尚存 同上

仙桃跡在黃鵠磯上 同上 詳見祥異

西夾石刻在黃鶴樓後石壁明直指宋公得之巉崖中石巨不能移乃摹二字於碑碑今廢北巖故事猶存 江夏縣志

張烈女祠堂記碑湻熙十一年二月甲戌朝奉郎權發遣軍州事新安羅願端良撰文其文曰張氏鄂州江夏縣人嫁爲民妻里中少年有謝師乞者過其家欲通之脅以白刃張氏大罵曰庸奴我甯死豈從汝耶師乞劃其咽未即死猶捽師乞以告事聞有是命後百餘年願來爲州訪問故所表烈女處中更兵火吏民無知者距城東十里有黃鶴山州人之葬多在焉歲時拜埽必至所謂勝緣僧舍者乃與通判劉君謀立祠其中以稱明詔之遺意 江夏志

按鄂州小集張烈女祠堂記碑撰文者羅端良書石者奉議郎權通判軍州事臨江劉清之子澄書

吳琚工扁膀鄂渚有壓雲二大字極工嘗見壓雲二字搨本初疑爲張于湖得意書大略下與寶晉琴臺字比 皇宋書錄

勝像寶塔四大字在黃鶴樓至正中威順王太子建 湖北通志

勝像寶塔石坊題云威順王太子至正年建考王有四子不知塔屬何人在黃鶴樓下 湖北金石詩

馬紹基案勝像寶塔四大字匾額字徑六寸首行題威順王太子建六字末行題大元至正四字在黃鶴樓前石牌坊上按元史列傳寬徹普化世祖之孫鎮南脫歡子也泰定三年封威順王鎮武昌有子四報恩奴接待奴佛家奴和尚報恩奴三人俱死徐壽輝之

難和尚封義王今匾題太子而不著名未知孰爲威順王嫡子史傳及宗室世係表俱無明文 湖北金石詩案語

頭陀寺碑在鄂州題曰齊國錄事參軍瑯琊王巾製 姓氏英賢錄 文見藝文

頭陀寺碑文按巾字簡栖瑯琊臨沂人也有學業爲頭陀寺碑文詞巧麗爲世所重起家郢州從事征南記室天監四年卒 湖北通志

王巾作頭陀寺碑說文通釋以爲王屮 困學紀聞

頭陀寺碑齊王簡栖所撰錄於文選唐殷令名書 寶晉英光集

陸柬之書頭陀寺碑最聞於時 宣和書譜

頭陀寺碑王簡栖撰黃門侍郎宋州刺史張庭珪八分書開元六年南唐重刻在鄂州 寶刻類編

頭陀寺藏殿後有齊王簡栖碑唐開元六年建蘇州刺史張庭珪溫玉書韓熙載撰碑陰徐鍇題額最後云唐歲在己巳武昌軍節度觀察留後知軍州事揚守忠重立前鄂州唐年縣主簿祕書省正字韓夔書碑陰云乃命猶子夔正其舊本而刻寫之以是知夔爲熙載兄弟之子也碑字前後一手又作溫字不全蓋南唐尊徐溫爲義祖而避其名則此碑蓋夔重書也碑陰又云皇上鼎新文物教被華夷如來妙旨悉已偏窮百代文章罔不備舉是故寺之碑不言而興 入蜀記

頭陀寺碑舊碑乃瑯琊王簡栖文唐開元六年張庭珪書今亡新碑乃江南徐鍇篆額韓熙載撰碑陰今新碑在寺 輿地紀勝

頭陀寺故址近人以爲卽今漢陽門外濱江觀音寺考唐符載鄂州何大夫創製夏亭序云郡中寺曰頭陀登臨鍾萃大雲氣色下瞰礫石乃緣後殿穿窈窕出乎蒼莽之巔又送崔副使歸洪州幕府序云江夏郡東有黃鶴山山中頭陀寺大雲精舍顥師竹院惟一師茶圃又有東城石壁壁前有桃李樹千株又李頻鄂州頭陀寺上方詩高寺上方無不見天涯行客思迢迢李涉發頭陀寺寄院中詩紅樓金剎倚晴岡雨雪初收望漢陽參以入蜀記所云在石城山可以想其

遺跡矣　湖北金石存佚考

武當宮鐘康熙十二年造在江夏縣　湖廣通志

禹碑在黃鶴樓斗姥閣後牆壁同治三年官秀峰督部出雲密峯舊搨屬工鉤勒楊慎釋文附後湘中唐訓方有記見藝文　退補齋雜錄

按輿地紀勝云神禹碑在衡山岣嶁峯又傳在密雲峯宋嘉定中蜀士因樵者引至其所以紙打碑凡七十二字刻之夔門中一摹刻於長沙嶽麓書院皆蝌蚪文余考楊慎沈鎰釋文凡七十七字多

五字在岣嶁者不可復覩在嶽麓者亦不易得順治庚子毘陵毛會建子霞赴湘手自摹勒攜歸武昌刻石於大別山禹廟前同治三年官秀峯督部又刻於黃鵠山上疊遭兵燹至今猶存

雲路碑在黃鶴樓下女牆東世傳曹孟德書恐以訛傳訛也俟考　退補齋雜錄

鵞字石刻在黃鶴樓斗姥閣東牆壁腕力遒勁筆勢飛舞其署欵曰遼陽海門鎭國澹人氏自識　同上

畢秋帆督部像勒石於斗姥閣牆壁歷今百餘載辛未磨滅　同上

書黃鶴樓壁石刻在斗姥閣後牆乾隆間南滙吳省欽任湖北學政撰文泐石今存　同上　見藝文

書黃鵠磯觀音寺壁石刻在黃鵠山下城外觀音寺南滙吳省欽撰文　同上　見藝文

胡文忠公祠記碑同治三年總督官相國撰文巡撫嚴樹森書石　同上　見藝文

重修黃鶴樓記碑同治八年湖北督糧道丁守存撰文候補道何國琛書石　同上　見藝文

鄂州社稷壇記碑湻熙十一年朱子撰　同上　見藝文

洪山有趙湻模刻壽字幷跋嘉慶己巳縣人劉自堂爲訪東巖閣記因幷得此　湖北金石存佚考　跋見藝文

崇甯萬壽寺洪武癸亥楚昭王奏以高僧如海居之成化乙巳更額寶通楚府長史王綖撰碑陰記　白茅堂集

洪山摩崖慶元元年趙湻識康熙癸酉邑人王以甯登眺洪山浣剔積蘚得之　湖北通志　見藝文

洪山寺塔記按洪山寺塔里俗相傳以爲唐鄂公尉遲

敬德建至形諸篇什陳大章洪山四詠亦沿其說予向疑其誤以爲寺建於宋末不應唐初先有是塔也得塔記足以證明矣 湖北金石存佚考

武昌大洪山崇甯萬壽寺記碑至正口年黄溍撰 湖北通志 見藝文

塔凡七層内有石記八通自大德丁未至延祐乙卯具載施鈔人姓氏其文殊不足存而里俗訛傳以爲唐鄂公尉遲敬德建耳食者從而信之至有形諸篇什者姑節錄以爲證云 湖北金石存佚考

武昌路大洪山崇甯萬壽禪師伏承本路錄事司南城右隅花藥門堤上居住奉佛信士程應雷同室楊氏二孺人同男程朝瑞家眷等喜捨中統寶鈔一千貫文入於本寺命工匠結砌諸佛舍利靈濟寶塔乙保家居清吉百事如意大德十一年五月十一日謹題宣授住持建塔玉崖釋普應立石 凡八行

黄州黄岡縣慕義鄉姜家洲居黄蘄光六等郡水陸都主會悟慧眞人汪覺龍同室劉氏妙堅先炙捨塔一層後爲摧毀今重建再施中統鈔一千二百五十貫文入於本寺助緣所集殊勳仰報佛恩世世生生佛慧增崇者大德十一年五月日山門謹題 凡八行

岳州巴陵縣呂仙亭土橋生長寓船居武昌花藥門沙岸信士黄彦文偕室中陳氏妙道家眷等謹施中統寶鈔二千貫文入寺建塔此世來生福足慧足者大德十一年五月初九日山門謹題 凡七行

四聖無相菴住持智福施中統鈔三百貫文入寺燒造甎瓦添助重建寶塔用度願智福世世生生福足慧足大德十一年十月山門題 凡七行

武昌路江夏縣伏龍橋西蓮社弟子陳覺富同室嚴氏妙悟家眷等與佛有因緣遇佛牙舍利瑞應寒廬一門慶幸伏覩洪山建塔捨入永鎮乾坤人天瞻仰釋教綿遠萬古長新覺富等世世生生親承佛會者丁未大德十一年九月山門謹題 凡七行

洪山寺伏承武昌南城右隅長街好禮坊居奉佛信女賀氏二娘法名道慶同男戴鏗家眷等伏爲夫主戴公了菴居士存日發心喜捨中統鈔一千五百貫入於本寺添造舍利塔不期戴公了菴居士幻質告終

所裒殊善乞伸超度仍黄家門清吉長幼康甯世世生生常親佛會者至大元年五月日謹題 凡十一行

山門□□武昌路江夏縣踏白橋居女善人□□妙全發心喜施中統鈔□百五十貫文入於大洪山禪□□爲添助諸佛舍利靈濟寶塔用度所冀此世他生福足慧足常親佛會者延祐元年十月日題 凡十行

作頭張國可昨自覽到洪山寺諸佛舍利靈濟寶塔一座計七層自下至上甃砌結蓋一總完全二六時中仰荷佛祖龍天護祐始終清泰無魔私無報德遂捨

力蓋覆第二層以報洪庥默願國可世世生生常親佛會者延祐二年十月山門題 凡十行

右大德十一年塔記五通至大元年延祐元年延祐二年各一通 湖北通志

黄鵠山志卷四終　江夏錢桂林校字

黄鵠山志卷五目錄

藝文

賦

說

序

碑文

黃鵠山志卷五

永康胡鳳丹月樵編纂

藝文

明 周炳靈 字公含江夏人泰昌元年選貢第一天啟辛酉中北闈副榜任光化訓導升興縣令卒於官所撰詩文盡燬於兵見江夏志文苑

洪山賦

洪山古東山也自迎臨濟禪師雙足於隨之洪山建塔其上因亦名洪山蓋若別墅矣依山而寺者故名崇甯萬壽今名寶通寺而小塔雲巖修靜東西菴務本菴翼之山以古德靈寺以山重而壯麗之觀備焉

其辭曰

何山川之不淫鬻兮乃遙自蜿蜒於東郭鬱百折以盤紆兮勢若前而復卻壁或若峭復若禿兮標靈境於磊硌既屹巘而岩嶙兮亦岝峉而磪磈苟潛廬之不闊兮盍巀岫蓮崖之相絡犖研以翠巒兮委化工於鬼鑿雖驟來未越乎步武兮乃鬱起已階夫丈尺方幻出之多端兮復磅礴之如直爾其襟湖背江井別隧分曲巒平江倚伏如雲陽臨廣街（一作衢）車輿殷殷陰接平疇不黍

芸芸修林長薄松區蘚門茫茫芊路覆以石麟圓沼碧荷方塘青菱堳塢別墅漏景巵岑顧靈泉其若祖兮又高冠之殿其末距九峯其末遼兮忽崱屴而超越右若望大別以少遜兮尚欲吞洪流於滲瀉錯千壤以東鋪橫萬雉而西括指市廛兮問之盼衢里兮六達若夫柰苑金田慈林惠海飛甍鱗次交疏錯綺藻棟蕙櫺藥房蘭卮前軌相軫宏規大起證所高明崇霄是以奉乃生融居慈德士晝響揵椎宵下揩節三緣（一作元）何有四諦皆空六塵不入五蘊成陰象迹蜂歌（一作窩）玉路金繩源

兮未涸山兮不童紺殿獅座名爲大雄龕以花映地以金供丹堊重棼垣幄四封香臺積廚煙霧濛濛龍湫之窟鬱以珉玒飛沙成塔聚寶爲宮鴿怖鴈迴體勢穹窿梵唄鐘聲朝夕其中宛如鹿苑鷲嶺茲山因之而增崇乃其纓靈躓步廣陌抉虛竅蔭疎樾從遙（一作淫）徑而捫蘿攀風磴而著屐山椒雖霄崢其窅寥夷巉豈棧巘而不可索則見舟車舉川原竭樓臺緲煙霧絕探巖碑堆雲扶魏武之雄文排駮蘚萬壽隱晉士之荒碣白鶴背指而翟哉黃鵠入目而勃崒或閃閃而流虹或鑃鑃而

送雨或夜杅之初停或朝暾之半吐鵁鶄鸛鶴鷺鵠鳧鷖出沒遠浦麕麚麢麖獐麂猿猱叫嘯別嶼仙禽衆鳥奏迦陵之音靈苗異卉映薝蔔之宇逸氣吹香以不斷兮衆芽油油以徐膴登斯山也采秀搴芳於河之滸矯矯遠心以今以古櫂響灘聲牧歌社鼓緬風壤之沖融兮寄勝概於覼縷乃若春光明媚繡林如赭或攜士女或集文雅或修上冢或騁遊冶莫不遵青陸鶩芳甸而憩乎其下履綦雜遝流連杯斝歌管聲聞喧天灊野間一躡浮屠凌翠巘陟上方瞰方夏彼塵市之渟溶何域

戀之難捨亦有貴遊仕客青衿學子或經途而停蓋或綺年而隱几匪林巒之靈異孰盤桓而戾止又奚問夫北海故宅頭陀遺址懷西柳之必識兮悼南樓之已圮又有淹客陳人清期爽旦瀹茗消渴落紙飛翰懷蘆葦之在頤美青蒼之入翫於是殫枯腸引素腕錦瓊瑤青玉案弔靈娥於禹山詠逸妃於廣漢大音和以樂兮小音浮以縵色若助以躍如兮光渤渤兮其未亂又奚必申芊子之荒淫兮鼓湘纍之哀怨亂曰溫液點翠兮蕭以颯勢欲飛起兮凌天闔前者雙阜兮還相夾緩以智

鼓兮日韡韡湖鏡江練兮靡不納雉城拂肘兮市聲雜
上腴開兮善氣集山靈閟兮古所合倚杖歌之山響答
江夏志

明 何孟春 字子元郴州人宏治六年進士授兵部主事歷郎中出補河南參政入爲太僕卿以僉都御史巡撫河南世宗即位召爲吏部右侍郎進左侍郎署尚書事以議大禮左遷南京工部左侍郎六年引疾久之卒於家隆慶初贈禮部尚書謚文簡

黃鶴樓賦

山川大會古今英稱洵偉觀之莫最惟元氣之所凝感雲中之法駕來葬表之仙禽秀發武昌之郡靈鍾鄂渚之陰何殊洞府不愧神京子安於是以留跡文偉曾茲而寄情悵當年之倘恍聞往事之峥嶸則樓之所宜作而扁之所自名也地窺雉堞材取鄧林規模日觀架步

房心爲一時之鉅麗表千古之幽沈挹遺風其可慕示吾人以永欽山節藻棁繡闥雕甍繞虹蜺於梁棟挂斗柄於簷楹功成瑰異高壓崚嶒超紅塵之百尺入丹霄而幾層椽角迴旋有類乎螺髻之湧觚稜奮起可方乎鵬翼之騰爾其突立乎危磯橫吞乎巨浸遠拾金沙斜欹玉枕撫錦繡名山之濃芳披漢陽之清蔭獲多景之不貲雖甚貪而無禁砥石江夏浴池洞庭朝暾金碧暮雨丹青飾則華而弗侈勢已峻而通靈低梁城其若岔慨吳址之既坰羣宮卻伏萬宇仰承心悸俯瞰足酸上登

目生花而欲眩脅附翼而解昇神實遊於沆瀣身爲苦於炎蒸忘憂匪萱適意匪琴繞芝蘭之郁烈雜松檜以陰森冠楚中之結搆冠郢上之謳吟非一方之夸美實四海之賞音擺脫氛昏坐當風景夏日煙輕湘波霜冷背市語之易囂向鳥聲之難靜眺虛空以自怡攬精華而獨騁停驂脫勒若爲天馬之奇淡抹濃妝如靚女容之靚涼飆薦爽片翳開晴軟浪微動浮塵不生鄰武當而晝掩互焦度以秋橫渺光陰之浩蕩更物色之淒清東東丁丁時集佩環之韻啞啞軋軋每聞舟櫓之聲消

遣乘時登臨適興水石可娛闌干堪凭極瞻矚之莫窮竟有無而如暝惟艮晤之不乖庶芳辰之始稱苟有弔於古人奚容忘於名勝動客情乎殊域歸遊志乎故鄉尋春暉之爛漫開眼界之混茫曳以煙霞之履敷以重錦之裳偕以憑虛之士飲以無事之觴枰敲落日纓濯滄浪結盟鷗鳥敢望廟堂寄遐思於庾月發孤嘯於許牀聽呂巖之鐵笛懷宋玉之高唐留吳雲而楚駐送北雁以南翔指顧不忘乎魏闕笑談相近於天閶到此無詩自信謫仙之讓登高有作誰推王粲之長嗟夫草草歲華茫茫天壤天壤難周歲華易往八極神遊三生夢想我亦無聊君何不廣任處所以敷陳表平生之謳賞彼黃鵠兮何存尚茲樓兮可仰　湖南文徵

國朝胡夢發字卜子大冶人康熙乙酉舉人

黃鶴樓賦并序

鄂渚黃鶴樓志稱費文偉乘黃鶴憩此相傳王子安回道人亦曾駐鶴江山盤鬱棲眞隱靈其信然耶或謂樓踞黃鵠磯上鵠鶴字音義相類故名抑何與前說戾也要創始江左以前觀任昉述異記所載荀瓌事可見爰自癸未刦灰飛蕩後則小搆僅存今茲閼逢執徐之歲復災督府中丞奮興率作擴而新之巍巍翼翼恢舊觀矣家大人聞而歎曰有能爲王子山乎賦魯靈光使中郎輟筆矣夢發唯唯遂率狂瞽著賦其辭曰

洪惟井絡含精雲漢流英溶溶沄沄交帶合襟通志刪此二句縈三楚之都會表鄂渚之豐城聳天地之奇峭峙夾岸之嵔崚束洪淵於峻閾象元武之威神通志刪此二句爾乃當山之首面漢之陽鏟崇岡而繕堞冠隆阜而高驤石餘怒以水飲磯黃鵠於中央越茲樓之肇啓溯靈蹟其彌長通志刪此四句羽客會經稅其雲馭高人則又覿一作接夫虹裳惟詭異紛其可悅故列眞從而徜徉或探橘懷中或落梅城畔或結棗如瓜或擲桃若嵌或石鏡留書或異香不散日至月遊風臻霧渙於是搆茲閎館基峻俯深景以地勝地以仙靈鉅觀旣燬草創徒存魯共之制蔑睹楚望之實匪稱蜚廉尠而祝融作柏梁災而建章營時則督府張公中丞劉公九州作牧萬邦爲憲英聲震乎窮谷仁恩霑乎春甸叔子謝其忠公士行慚其機鑒迺萃賓寮維藩維翰相與覽焉感而再建爾其庀材也荆山杞梓蜀道楠樟下衡湘歷岷江以聚乎郭門之旁千夫吁嗅而後作五丁屭贔而始行削之旋紋簇錦屑

之郁烈芬薌莫不直將仞度圍假尋量其鳩工也梓人之長都料之匠斧斤非任引墨是尚審曲面勢具巧呈象橅小圖大以規鼎創匠石輟技而咨嗟后倕含指而惆悵排修楹而特起幷幹鬱以崇躋陋觚稜之恆制造員嶠之殊儀通志自於是搆茲閎館至造員嶠之殊儀均刪極嵯峨以上銳宇紘紆而閃施擢蓮臺與仙掌象華蓋之葳蕤游芬亙其龍矯浮棟宛以虹綏侏儒踆居而拱負蚴蟉蟠結而欒栖罘罳被綺而交帶藻井垂葩而倒披顧兔摩輪於鎖闥翔烏拂羽於璇題枅櫨欒疊榱桷截業修掞曲挍繇

比密接盤虛鴐迴繁芒亂澤雕栖文楣動卽囘惑蹁躚黃羽盈壁繪列豈鑿㲯毾招之可得躧層梯以百尺把危欄而上征行周流於複道啓朱鳥之窗槅負重檐乎閣一作櫺外中寥廓而輪囷逼中天之麗彩來萬里之空青疏八風以洞達勢隨搖而匪甯玩神明於峻極疇縹緲而虞傾通志刪此二句於是萬井煙生九衢塵驚金馬一作羊入市刀龜作布居比鱻聯行同螘顧人分馬寸諠闐擊互通志刪此二句一往一來孰知其故國門蕩蕩目無遺遺渺眾山其已卑一作畢彼陁陂焉足數可以推大別蹴晴川

淩八極傲一作軼三山盪心胸生羽翰御風行善泠然一作泠然善釋人寰之顯頓挹灝氣而孤鶱若夫江流浩浩終古不息一望金沙兩辨赤壁夏浦對崢嶸之洲白虎連鳳鳴之潋無風猶浪觸石逾激驟江妃與水母馳川后與淵客沈冥晝晦磕磅霹靂孟婆怒吼澎湃浡潏玉馬駿奔白鷺竦立凭欄一作檻睋射膽魄怵慄悲賈客之顛危訶舟師之利疾固已吞雲夢於胸中不必觀廣陵之秋汐是以樓惟三上登有千緒物與時遷情因景會至若光風駘蕩杜若蘭蕙芳洲草綠不爲王孫嗟爾生之

才調意何有乎眾賓詎倜儻之致各擅一賦而流聲衣沾鸚鵡路指鳳凰江山清壯臺觀琳瑯霞景滅沒於丹楯雲物蒙繞於華璫憑高極遠載陰載陽斜輝鴉背而低度餘煙木末而悠颺汰蠛蠓之游氛希鸞鵠之驂翔及夫璧月流天金波滉砌瑤星逾邇銀河乍溢半空飄鈴鐸之聲隔浦響漁舟之笛將神曠乎塵外抑事符於天際足使仲宣罷登岳陽辭記寂瑤臺之笙鶴咽秦樓之鳳吹於斯時也墨妙筆精之士吳吟郢調之徒懷紫霞之逸志侶白雲以遨遊方乘興而勝賞遂遠目以銷

憂攜雅朋而酌醴攬勝槪而揚謳始淋漓於四壁終輘轢夫千秋喚一作緊青蓮之閣筆何崔顥之難儔雄氣畢廣心裁幽逕邐翠微來金容禮紫關開黃粱炊而欲寤玉笛杳而還猜瞻遺象之髣髴聞步虛乎嘽諧庶其旦暮遇之而曰棄妻子如敝屣哉阻蓬萊於弱水想崑崙之五城諒斯城之無讓故數鶴夫胎禽雖神明其必眷候人謀而始興所以二公之經營也時既豐矣民既穌矣於焉大作孰不悅喜賫徒取夫祿糈役無騷乎閭里旣飈合而雷奔亦山集而川委材不露而加衮樸不示

而感鏤愜人情以改爲曾何傷乎倏靡通志自風蓬萊於弱水至何傷乎倏靡均刪蓋三湘七澤之稱首五方名勝之觀止是故望之若雲垂仰之如霞起熊熊光耀紛不可理罔象懾而潛形奇相讋而順軌洵憑墉之鉅鎭扼江漢而爲紀張楚國之雄風扇諸侯之盛美王勃賦而騁才吉甫燕而受祉並霄壤兮齊終奮弱管兮聯擬亂曰元氣溟濛方外遐蹤有丹邱兮仙飛鶴舞朝唫夕酤於此樓兮邦君孔嘉修廢增華爀風猷兮雀鬼龍拔天臨地涌與神謀兮金碧焜煌激景江光眩曷瘳兮穿穹上出瞵眴恍惚

紛相繆兮養素含精吐納元英迺許遊兮曠懷高寄四海無匹儼清都兮隱隱眞眞靜正羣生猗君侯兮矗乎閎峙奠我大國永無憂兮通志自王勃賦而騁才至永無憂兮均刪蓋三湘七澤之稱首而五方名勝之觀止也二句接入扇諸侯之盛美爲結尾

國朝張希良字石虹黄安人康熙乙丑進士官至翰林院侍讀學士著有春秋大義寶宸堂集

東山小隱賦有序

東山小隱者石城徐公之所築也既以艱難盤錯衽席吾楚而乃心不忘邱壑於治內高觀山之陽搆小園有輿獨往時時招諸名流觴詠康熙壬戌秋稍加展擴增置亭臺竹樹遂移家焉顏其堂曰東山小隱有終焉之意或曰公非隱者也太傳東山蒼生望之矣公笑而不答人多詩以美之而門下士希良爲之賦其辭曰

夫惟高人之懷抱常迴出乎塵埃塗軒冕而不顧侶鷗鷺而無猜既以其身爲天下乃心獨慕乎山喂移魏闕兮江湖寓經濟兮亭臺雪鴻泥爪偶然留過眼之跡素琴羽鶴有分結忘形之儕睠彼觀園實爲舊築枕帶城闉掩映林麓幻煙霞於四時渺乾坤於一矚姑射綽約而近人輞水淪漣而起陸其左則有拜郊之壇卓刀之瀆窣堵拔地以湧峰岳松干霄而競秀東山彷彿謝公墩北海猶傳李邕屋其南則有六老之山伍渡之洲帆隨二水以曲折水分八字而交流鸚鵡雖沈吳江之影

猶絲黃鶴一去汀洲之跡乃留江中有黃鶴洲其右則有吹笛之樓擱筆之堂劍池橫壓雲之氣石鏡分湧月之光指鳳檣於夏口睇樹色於漢陽魚龍曉夕而百變煙波咫尺而異鄉其北則有梁武之城石子之岡霜染臙脂日麗鳳凰白陽餘電臺之址青山為僑治之疆武湖煙迷源帶黃龍之古寺俯元城之舊門白蓮匝池而銷憂紅於古戍雄樓風敞乎大王其間則有鳳集之窩鹿跑之樹攢巒而長春既地靈兮天寶亦時和兮景繁公於是升高四望懷古中存飛逸興躡天根憑意匠闢小園卽

山為樓洗石成軒名葩不逕而分塢修竹帶聲而交垣曲房幽榭綺閣平臺雲迷出入月定去來簾捲則湖山入座天迴則江漢盈杯招小山之叢桂起仲蔚於蒿萊酒人非趙李辭客有鄒枚或巡簷以索笑或擊鉢以成吟賦瀟湘於一夕聯石鼎於深更宦情總對滄洲盡詩思偏逢險韻生方其洱海揚塵潢池弄兵八公皆鶴唳四面盡雞鳴當斯時也山中之人不震不驚月羽朝飛閣鈴夜警髯枯仰屋之籌目忘所乘之牝當斯時也山中之人以暇以整天河洗甲武庫包戈李廣爰封侯之部曲河汾為將相之網羅當斯時也寵辱無加視此庭柯驃騎日貴魏其日陵門有張羅之雀庭無慰藉之蠅當斯時也升沈不改彼山則冰乃知慕羶者雖終南亦捷徑勇退者卽市隱亦吾廬笑捉鼻於彈冠厭生耳於懸車闕朝權之榮華感木葉之蕭疎得失任看塞上馬依棲且食武昌魚江夏志

國朝張杲字子曙江夏人諸生粵卿尚書之弟九歲應童子試學使者見詩文重器之欲置弟子員曰是宜老其才年十八始入學甫冠卽逝著有曇華遺藁

黃鶴樓賦

登窅隥以眺八極兮忽目駭而心恫繄茲樓之鉅觀屹軼類而超衆寶雲拂而東溟寒灝氣淩而南斗控籠二儀於仰俛嬗千載於郵送神鬼效靈於鳩僝泉石呈質於磨礱侈琳臺與璿闕卑銅陵兮鐵甕於是川停青舸陸馳紫鞚盈矚沙羡塵眄雲曹諏費荀之遺躅渺唐晉其如夢謫仙人之不來撫長遂而一弄魂悅悅於飛閣

眂曖曖於危棟橫踞黃鵠側蔽丹鳳楚客感焉極繪繢而莫罄發揚麗於吟諷周章乎光景之鎬鑠震讋乎體象之鴻洞若夫三楚綿延井壤爛然峙荆衡以鎮坤輝翼軫而應躔經緯九陽鼓蕩八埏既道沱潛遂闞郢鄂晥粵閩吳枕豫背燕靈怪之所窟宅元化之所斡旋苟璀璨之無覩亦榛狉而不鮮昔者神人譙氏儕松佀佺嬉戲溷濁或忘歲年憩舍於此畫鶴而翾煌煌斯樓實惟輿權則使羲和筮辰吉日潔蠲張華草圖門戶萬千摽乎漢皐之堞達乎石城之巔抗乎璇碧之霄側乎霯霐之淵鞞鞛陟降於原巘圭表測相於隰泉雖草創而屢易期規模之不愆方位旣宜址基乃宣然後工師雜進爭奇鬭妍操繩矩兮運斤斸藏神明於法先兀蜀山而庀材竭梫檟與枏楩摩雲漢而蔽日緣石棧以梯天其爲狀也則滈滈澌澌鍔鍔列列煥乎若天闔地門之屼嶭鴻紛瓌傅波詭雲譎赫乎若皇居燾界而桔桀順陰陽以開闔脫埃𡏖而嚴潔又髣髴駁娑兮詣追漢廉而相埒方其程雲梁建水臬規高下一凹凸時則有殽函隴阪之石梁州蔡蒙之鐵漳河銅臺之縹瓦魯國靈

光之雲窣烏集鱗萃輪用不竭革陋飾美尚巧除拙洎乎地軸固天柱設瑰異窮造化泄王爾投鉤而倕墨離婁卻顧而瞍矯欐比欑集瓊構瑤結邇燿靈乎楚甸遐震燿乎禹穴無荒陬與渤澥盈千里而一閱山河變態於牖戶星雲吐輝於楣闑羌濯濩而燐亂曾不可乎區別乃其形勢也託喬基於增崖超磴道於崎嶔三重複疊九隅脩整金鋪流離玉題彪炳隆崛岉乎岌業飈蕭條以清冷過抑風路蔽虧日景通天眇以竦峙曾不敢翹首而引領其體製也拓延袤於尋仞判密疎於千頃

金樽與玉碣承采鏤檻與文槐交影雕甍比麗於桂殿繡楣競華於蘭省榱桷轇轕而高驤棼橑布翼而驕逞脩梁天蟜而虹指曲枅環句而雲靜欒栱戢脊而錯出枝棠陸離而相併奐不纖縟紛敷熠爚光冏其華飾也雙枚重桴圜淵方井楣列蘭茝梲羅藻荇銀黃碧丹塗點明靚五色之蚪振采九苞之鳳延頸青龍蹲而居乙朱雀翔而位丙圖寫萬殊勢若飛騁堂哉皇哉斯寰宇之大觀元都之靈境爾乃拾級上升趦趄流連將攀躋而未半倏裴褢而欲還胡愕眙以失度若惟恐乎墜顛

高閣天語萬象在前招搖會於上界句陳絡於中邊帶潢津於斜側驥虛危於隅偏縱目冥杳頫察市廛閭舍櫳屬城垌聯綿巨鼇懾伏於荒垠潛蚪環舞於長川九闠蕩蕩四表平平東望武昌浩淼風煙挹樊口之朝爽簹溪鱗而膾鮮西顧漢陽大別娟娟酌郎官之綺觴感湘波兮淪漣南則巴陵岳陽恍惚而變遷蘅浦瀟湘之渡柚橘洞庭之船遲旅人兮不至知歸途之迍邅北則烏林赤壁巖巒嶔崟而潺湲訪霸圖而已空疇橫槊以張筵慘公瑾之一顧哦眉山之二篇登斯樓也窮品類之盛括區域之全倘適志於粱濮憺忘情於管絃緣扶搖而直上被羽衣而高騫瞻翠嶠之縹眇吾亦何羨乎飛仙若乃探奇躡屐奇險頓闢鬱煙樹於蔚紫蕩島嶼於環碧倏忽變幻隱現几席前淩乎寶相之塔後印乎鏡亭之石左亙雲閣瓏玲百丈右麗城闕蜿蟺山脊亭端覓石棗之圖磯上餘賣桃之迹涌華月於臺椒澄西爽於碣隙馳道飛宇斷岸遙磧環集樓下奔赴絡繹覽江流之湯湯駛不舍夫晝夕撫膺搔首有懷在昔辛氏酒香崔家詩格煙花寄詠於鹿門彩毫罷拈於太白江

州擒思於長慶伯理作記於典冊襄美啟讀書之堂曼倩卜流寓之宅莫不滄桑廢興人往時隔憑危闌而一覽賸遺韻於山澤念六合之悠悠渺予懷兮脈脈感黃鶴之不返惜光景兮過客而惟茲樓也崱屴乎遐表崢嶸乎水涯百代未改千尋不移閱今古之荏苒極游觀於四時春風微和靈辰良期挈侶而至銜觴賦詩夏無溽暑飄飄涼飀清簟若水丁丁彈棋高秋既昏明月如規躋丹梯而步影結清談而麈麾冬宜密雪瑤華紛披疑廣寒兮清虛瞻玉龍之下垂朝納若木之晴靄暮宿

崦嵫之薄曦陽光融萃於觚棱陰霾隱翳於罘罳俄頃百變端倪莫追巧思者不能殫其制善狀者無以盡其奇獨不見阿房燼灰結綺塵緇吳苑棲烏蘇臺走麋故斯樓之特立恆巋然而在茲蓋惟眞仙來往山靈典司鍾宇宙之神秀孕萬有而靡遺故其上蟠下際永奠厥基豐厰侈度瓌麗博施極敷陳之美盛終不竭乎曼詞釋筆札而罷賦心悅惘而迷離乃爲詞曰翕赫曶霍紛龐鴻兮嵯峨巋嵬高寵崇兮香霧晻靄旭曈曨兮乃召般倕咨共工兮作於楚宮絛椅桐兮構櫨根楔厥用充

兮菁英宏富羅其中兮經之營之畢茂功兮飛欄軒翥橫彩虹兮峻侔山嶽呼華嵩兮天牕綺疏旁交通兮拱向五辰從八風兮朱紫雕鏤贍而豐兮文彩麟麟光熊熊兮顧盼遼廓昭發矇兮鈞天帝樂聞甚聰兮長揖浮邱鄰壺公兮鶴兮歸來返鴻濛兮千奕萬禩靡有終兮跨越紫宸軼絳宮兮　曇華遺藁

宋　張栻　字敬夫廣漢人浚子以蔭補官孝宗朝歷左司員外郎除祕閣修撰歷知江陵府荆湖北路安撫使嘉定中謚曰宣從祀孔子廟庭著有南軒集

黃鶴樓說

予過武昌登郡城南樓步黃鶴故址覽觀山川慨然有感蓋黃鶴名樓以山得名也黃鶴之山逶迤起伏橫亙郡城屬於江滸見於前人文字間若浦若磯亦皆以山名也而唐圖經何自而爲怪說謂費文偉仙去駕鶴來憩於此閻伯珵一作瑆記中乃實其事而或者又引梁任昉所記謂駕鶴之賓乃荀叔偉所遇非文偉也此因黃

鶴之名而世之喜事者妄爲之說後來者旣不之察又從而並緣增飾之樓旁有石照亭不知何妄男子題詩窗間遽相傳曰此唐仙人呂洞賓所書也文人才士又爲之夸大其事而蘇子瞻亦載馮當世之說有羽衣著屐之詩嗟乎甯有是理哉甚矣世俗之好怪也雖搢紳大夫之賢者有不免焉此無他不明理之故也使其知始終消息之故有無虛實皆究其所以然則豈得而惑之哉而世之惑者往往曰天地之間其何所不有是或有之未可知也爲是說者其病不可復藥蓋旣習之若

昧恍惚或有或無之域則不復致思以窮其有無之實其惑終身而已矣予嘗愛漢儒之言曰明于天地之性者不可惑以神怪知萬物之情者不可罔以非類斯言必有所授非漢之儒者所能自言也嗟乎異端之惑人蓋有盛烈於斯類者斯固不足深辨予獨有感以警吾黨之士庶幾知窮理之爲要而窮理則有道蓋不可以不講也南軒集

唐 李華 字遐叔贊皇人開元中第進士擢宏詞科累官監察御史右補闕以受安祿山僞署貶杭州司戸上元中召爲左補闕司封員外郎華稱疾不拜李峴領選江南表置幕府擢檢校吏部員外郎苦風痺去官客隱山陽勸弟子力農安於窮槁大厤初卒著有李遐叔文集

登頭陀寺東樓詩序

侍御韋公延安威清江漢舅氏員外象名高天下賓主相得一作持賢乎哉王師雷行北舉幽朔太尉公分麾下之旅付帷幄之賓與前相張洪州夾攻海寇方收東越夏首地當郵置吉語日聞喜氣塡塞於江湖生人鼓舞於王澤頭陀古寺簡栖遺文境勝可以澡濯心靈詞高可以繼聲金石二大夫會臺寺之賢攜京華之舊十有餘人燦如瓊華輝動江甸陟金地登朱樓吾無住心酒亦隨盡一作淨將以斗擻煩襟觀身齊物日照元氣天清太空無有遠近皆如掌內辨衡巫於點黛指洞庭於片白古今橫前江下茂樹萬里春雲一色曰屈平宋玉其文宏而靡則知楚都物象有以佐之舅氏謂華老於文德忘其瑣劣使爲諸公敘事不敢煩也詞達而已矣文苑英華

鄂州何大夫創製夏亭詩序

唐符載 字厚之，蜀人。初隱盧山，後辟四川掌書記，加授監察御史。著有集十四卷

豐州有神劍，非司空無以發沇塞揚光彩，爲天下之重一作大寶。江夏有善政一作地，非亞相無以起雄峙。作亭榭爲天下之至勝。虛極必盈，晦極必明，開物之務繫於賢者，此自然之理也。先是郡中寺曰頭陀，名與碑並。登臨鍾萃，大雲氣色，下配礫石。公政教既備，游心佛寺，慨此頽落，乃沛然而張之。聳阿閣，矗長檻，嚴像設，熾臺塔，凡所相好，皆鼎新也。方務鵾伐，用採勝會，一時景與値甘

心眾入意，謂粹絕，余將獲之。迺緣後殿，穿窈窕，出乎蒼莽之巔，果有實境待我而啟。萬古不偶，今爲知音，通塞之際，若有感也。觀夫經營之初也，鏟巉嶕，堙坎窞，斬榛楛，掘株枿，翳薈掃盡，天形巍一作巋然，山川雲氣，一朝噴泄。公智動於內，形象於外，口疏手指，煥然成亭。傍儉無過，因歸於中。於是延賓介，洎郡之士君子，相與開襟而登之。殊解乎陵，泱漭駕崢嶸，壓夏口，撐大別，開井閈於砌下，擁城闉於宇後。倚檻凝立，在青冥中，連山積水，悠悠渺渺，長想一去，周流物表，何如宇宙於此爲細。由是言之，固知公宏遹可以拔幽陋，材智可以陶品彙，應用不測，與造物者爲徒乎。崇崇夏籍，南峴何羊祜之事，齊芳永久。夫詩者，比興而詠志也。凡我登臨盛美，倘傲無述，豈文士之意乎。況主人唱首韻，鏗金石，得不搜思上承獻酬，請咸繼大夫之後，賦六韻之作耳。文苑英華

明　楊士奇　名寓以字行泰和人洪武初爲學官以失印避罪至武昌建文時以辟召入翰林永樂初改編修歷禮部侍郎兼華蓋殿大學士官少師贈太師謚文貞著有東里集

武昌十景圖詩序

武昌郡在禹貢荆州之域春秋爲楚夏汭漢爲鄂縣孫權徙治之始更名武昌吳以後沿爲郡起武昌城西臨江有山屹然而高者爲黃鶴山郡志稱黃鵠山山之陽有黃鶴樓因山以名或云仙人費文偉嘗乘黃鶴於此黃鶴樓之東有庾元規南樓樓之西有石鏡亭其北二里所有鳳凰山皆以形似名之又南去庾樓二里有祠

祀孟孝子宗祠前有竹數十挺相傳當時哭筍之處皆在郡城中由黃鶴之西越江爲漢陽郡大別山在郡之北與黃鶴山夾江而峙江漢二水合流其下起黃鶴樓東去十里所謂洪山山半有釋迦氏浮圖而飛樓疊閣聯絡其下城南有鸚鵡洲在江之中洲之上有禰正平墓又有吳將黃蓋所屯黃金之浦與鸚鵡洲相接又有屈原所稱南浦在洲之東皆紀於載籍以爲是邦之勝四方聞之者咸願身造而目覽過之者必不以事而廢遊也然其地接雍汴連廣蜀襟喉江淮統會湘漢又密邇夷獠冥頑不馴之境故累代皆宿重兵鎭之而士之任於是者職務之煩寢食不暇凡前所謂是邦之勝常曠歲不能一造豈其志弗尙乎此哉大同蕭秉文官武昌左衛幕六年衛之政無大小輕重一由於幕故其勞勩視衛之他官爲甚而是邦之勝六年之間或一二至焉或過之不遠數十步不能一至焉或徒得于遠望焉間求善畫者圖爲十景又求善賦者分詠之又求余序之將於退食之暇時自覽適余聞張弛者文武之道也張而不弛文武不能則剸繁理劇之餘其有所適於性

情也誠宜而士君子於一視一聽必有所監者又非獨以自適也秉文從容公退展圖與思如睹大別則思大禹之勞勤乎民睹南浦則思屈原之忠藎乎君睹黃蓋故壘則思立功者當思博採衆長睹禰氏之邱墓則思用人之才貴乎有容用己之才貴自重也以至睹靈竹則思惇乎孝誠睹庾樓傾址則思淸談不掩于塵汙如睹形似之假託則思冒虛名者非有所益睹仙佛之說則思聖人之教於民生實用爲何如也凡游目之頃有動乎中無非爲己則所存所思事上馭下之道豈不尙

有裨益哉豈特性情之適而已 湖北舊聞錄

明 方孝孺 字希直一字希古號正學天台人以薦召授漢中府學教授建文中官至翰林侍講學士改文學博士燕王篡位抗節死 國朝乾隆間賜謚忠文著有遜志齋集

黃鶴樓詩卷序

奇偉絕特之觀固無與於人事然於其廢興可以知時之治亂焉夫黃鶴樓以壯麗稱江湘間當天下盛時舟車旗蓋之來遊者鐘鼓肆管絃燕會於其上者踵相接也元末諸雄之相持武昌莽爲盜區屠傷殺戮至於雞犬求尺木寸垣於頹城敗壘間而不可得天下之亂極矣大統既一海內建親王鎮楚以其地爲國都旄頭屢車往來乎其上者四時不絕盛世之美殆將稍稍復覩余恨不獲見之茲焉覩其狀甚悉雲濤烟樹咫尺千里夏口漢陽蒼蒼如目睫展卷而臥閱之恍然如乘扁舟出入洞庭彭蠡之上而與李白崔顥輩同遊也今四方日就治平而江湘尤余所願遊者他日苟或再登爲之賦詠以追蹤於古之作者或者其始諸此乎 本集

國朝　顧景星字黃公蘄州人康熙己未薦舉博學鴻詞著有白茅堂集

黃鶴樓詩集序

武昌城中有山蜿蜒而長古名黃鵠俗名蛇山按黃鵠卽黃鶴括地志云因黃鵠磯作黃鶴樓唐圖經云費文偉仙去駕黃鶴憩此閻伯瑾作記遂實其事或云任彥升稱駕鶴之賓乃荀叔偉非費文偉也世俗流傳謂仙人呂巖畫橘瀋化鶴一統志又云黃鶴山在通城縣葛洪遺跡舉不足信惟括地志近是唐前不甚著名崔司勳題作七言律未有激賞者李白天才俊放見題咏擱筆去至金陵鳳凰臺擬其體然後題詩名而樓益著山川之重文人乎文人之重山川也古往今來此樓題詠不可勝謄大都不足夯玄覽之壁暇日集諸家詩剔彼俚穢表厥風華命曰黃鶴樓詩集亦猶王專之集釣臺李庚之集天台田孳之集桃花源也武昌山川雄悍控搤黔蜀鎖鑰吳楚自古用武之地孰使吾得陶咏光景優游文墨有如是者邪讀茲集者可慨然歎念太平之樂矣康熙十二年秋八月本集

國朝　顧景星見前

洪山寺詩文集序

江夏治東一十五里有山曰大洪按大洪山在隨州此則其僑焉者也元江夏郡公金華黃溍有武昌大洪山崇甯萬壽寺碑記唐寶曆二年釋善信至洪山維時大旱鄉人張武陵禱於龍湫將用羊豕釋戒勿殺以三昧定力入諸龍宮三晨大澍斷足餉龍白液滂流儼然入滅既聞於朝賜號建寺宋末隨州被兵土著流冗荆湖制置使孟珙遷其衆於武昌而洪山寺額並徙於是然則今之洪山名非昔有故曰此其僑焉者也一統志大洪山慈忍慮尊者道場有斷足巖其記仙釋則云寶曆二年釋法信自五臺山禮曼殊師利太和二年在應城壽甯寺引刀截膝其說皆與碑異楚府右長史王綎撰碑陰記稱黃鵠山崇甯萬壽寺於洪武癸亥楚昭王奏以高僧如海居之成化己巳更額寶通是則以今洪山卽古黃鵠山考黃鵠山亦云黃鶴今城內之蛇山也括地志謂因黃鶴磯作黃鶴樓輿地志通城有黃鶴山葛洪遺蹟此又名同地異而王長史指今之洪山爲黃鵠

殆非歟洪山在古既不詳何名而磯名黃鵠亦不審其故意者舉其形似如鸚鵡之洲龜蛇之峯抑或偶因翔集如落雁之浦鳳凰之臺而任彥升稱荀瓌駕鶴唐圖經謂費禕登仙寰宇志以爲王子安晴俗流傳又云呂巖曲說詭談不足辨矣陵谷易位名稱不同其故又奚能勝識哉大清康熙上章孟陬玉華山翁滇洱水飛時則大司馬玉如張公執鉞湖北方伯即山徐公是過是截迫夫洞庭內洑襄陽泥到惟我內地樊籬莫瞯兩公以清燕來游茲山翦巘鬄施上起臺榭可登高明可遠

眺望易燧櫓而浮屠借眾擎以手搏蓋其經綸權巧如此而大洪之山自茲以往可不曰太傅之峴僕射之陂哉潛沱朱生爰裒眾作若賦若詩登楮授工刀板在手顧謂不肖君其敘諸因敘其端末後之志山川者或有考正焉 白茅堂集

南齊 王屮 字簡棲瑯琊臨沂人齊朝起家郢州從事後爲輔國錄事參軍 按屮文選注作巾說文通釋作屮又作中詳見第六卷吳白華先生書觀音寺壁跋文

頭陀寺碑文

蓋聞挹朝夕之池者無以測其淺深仰蒼蒼之色者不足知其遠近況視聽之外若存若亡心行之表不生不滅者哉是以掩室摩竭用啟息言之津杜口毗邪以通得意之路然語彝倫者必求宗於九疇談陰陽者亦研幾於六位是故三才既辨識妙物之功萬象已陳悟太極之致言之不可以已其在茲乎然爻繫所筌窮於此

域則稱謂所絕形乎彼岸矣彼岸者引之於有則高謝四流推之於無則俯宏六度名言不得其性相隨迎不見其終始不可以學地知不可以意生及其涅槃之蘊也夫幽谷無私有至斯響洪鐘虛受無來不應況法身圓對規矩冥立一音稱物宮商潛運是以如來利見迦維託生王室憑五衍之軾拯溺逝川開八正之門大庇交喪於是元關幽鍵感而遂通遙源濬波酌而不竭行不捨之檀而施洽羣有唱無緣之慈而澤周萬物演勿照之明而鑒窮沙界導亡機之權而功濟塵劫時義遠

矣能事畢矣然後拂衣雙樹脫屣金沙惟恍惟惚不皦不昧莫繫於去來復歸於無物因斯而談則棲遑大千無為之寂不撓荧燎堅林不盡之靈無歇大矣哉正法旣沒象教陵夷穿鑿異端者以違方為得一順非辯僞者比微言於目論於是馬鳴幽讚龍樹虛求並振頹綱俱維絕紐蔭法雲於眞際則火宅晨涼曜慧日於康衢則重昏夜曉故能使三十七品有樽俎之師七十六種無藩籬之固旣而方廣東被教肆南移周魯二莊親昭夜景之鑒漢晉兩明並勒丹青之飾然後移文間出列

刹相望澄什結轍於西山林遠肩隨乎江左矣頭陀寺者沙門釋慧宗之所立也南則大川浩汗雲霞之所沃蕩北則層峯削成日月之所迴薄西眺城邑百雉紆餘東望平皐千里超忽信楚都之勝地也宗法師行潔珪璧擁錫來遊以為宅生者緣業空則緣廢存軀者惑理勝則惑亡遂欲捨百齡於中身殉肌膚於猛鷙班荊蔭松者久之宋大明五年始立方丈茅茨以庇經象後軍長史江夏內史會稽孔府君諱覬為之薙草開林置經行之室安西將軍郢州刺史江安伯濟陽蔡使君諱興

宗復為崇基表刹立禪誦之堂焉以法師景行大迦葉故以頭陀為稱首後有僧勤法師貞節苦心求仁養志纂修堂宇未就而沒高軌難追藏舟易遠僧徒闃其無人榱椽毀而莫構可為長太息矣惟齊繼五帝洪名紐三王絕業祖武宗文之德昭升嚴配格天光表之功宏啟復興是以惟新舊物康濟多難步中雅頌驟合韶濩炎區九譯沙場一候粵在於建武焉乃詔西中郎將郢州刺史江夏王觀政藩籬樹風江漢擇方城之令典酌龜蒙之故實政肅刑清於是乎在甯遠將軍長史江夏

內史行事彭城劉府君諱諠智刃所遊日新月故道勝之韻虛往實歸以此寺業廢於已安功墜於幾立慨深覆簣悲同棄井因百姓之有餘閒天下之無事庀徒揆日各有司存於是民以悅來工以心競亙邱被陵因高就遠層軒延袤上出雲霓飛閣逶迤下臨無地夕露為珠網朝霞為丹雘九衢之草千計四照之花萬品崖谷共清風泉相渙金姿寶相永藉閒安息心了義終焉遊集法師釋曇珍業行淳修理懷淵遠今屈知事任永奉神居夫民勞事功旣鏤文於鐘鼎言皆稱伐亦樹碑於

宗廟世彌積而功宣身愈遠而名劭敢寓言於雕篆庶
髣髴乎眾妙其辭曰
質判玄黃氣分清濁涉器千名含靈萬族淯源上派澆
風下黷愛流成海情塵爲岳皇矣能仁撫期命世乃睠
中土聿來迦衞奄有大千遂荒三界殷鑒四門幽求六
歲亦既成德妙盡無爲帝獻方石天開淥池祥河輟水
寶樹低枝通莊九折安步三危川靜波澄龍翔雲起耆
山廣運給園多士金粟來儀文殊戾止應乾動寂順民
終始法本不然今則無滅象正雖闕希夷未缺於昭有

齊式揚洪烈釋網更維元津重枻惟此名區禪慧攸託
倚據崇巖臨倪通壑溝池湘漢堆阜衡霍膴膴亭皋幽
幽林薄媚茲邦后洪流是挹氣茂三明情超六入眷言
靈宇載懷興葺丹刻暈飛輪奐離立象設既闢睟容已
安桂深冬燠松疏夏寒神足游息靈心往還勝幡西振
貞石南刊　昭明文選

國朝劉國香　字堯丞沔陽人咸豐辛酉拔貢候選訓導

重建黃鶴樓上梁文　有序

後魏溫子昇閶闔門上梁祝文云惟王建國配彼太微
大君有命高門啓扉良辰是簡枚卜無違雕梁乃架綺
翼斯飛八龍杳杳九重巍巍居宸納祐就日垂衣一人
有慶四海爰歸此上梁文之始也書傳所見上梁文每
發號必呼兒郎偉樓大防常辯之本朝尤侗有廣寒宮
上梁文茲用其體
夫古來珠浦無往而不返之期天上瓊樓是高不勝寒
之處三百年與此樂勿令風月笑人一千歲始來歸還
是神仙作主鄂有黃鶴樓者王子安之所盤桓酈道元
於焉肇記踞江漢雙流之地得月最先插荊襄半壁之
天與雲直上元龍百尺洵快湖海之豪情白鷺二分實
占江城之勝迹也乃者攸攸狒狒忽逢青犢之災出出
譆譆竟墮紅羊之劫毛人踰堞而遁羽客翀宵而昇玉
笛不吹金罇空對自從鶴背載歸麴糵之仙遂令樓頭
擱起梅花之弄矣今欲銀蟾宮闕七寶修原金爵觚稜
三層依舊消受乎山間明月江上清風招邀乎天半氣

霞雲中白鶴雖有題詩之崔顥已在上頭恐無餉墨之公輸難爲下手乃有斧工脩月斤果運風文杏亙其虹申靈芝輸其龍甲譬彼山巃六鰲水晶殿撐起珊瑚非徒海燕雙棲鬱金堂琢成玳瑁用仿廣寒上梁之例詔列仙班以居請從閶闔上梁之文呼兒郎偉則諾

兒郎偉鶴樓東梁指扶桑海日紅製就蘭苕巢翡翠雕成梓木鎮蛟龍

兒郎偉鶴樓西梁窺嶺月桂輪低太甲前除紅韉韎長庚右界白玻璃

兒郎偉鶴樓南雕梁遠引水波藍秋風寶瑟湘妃浦夜月明珠柳毅潭

兒郎偉鶴樓北畫梁高拱斗杓埒閶闔撲地萬魚鱗京闕朝天雙鳳翼

兒郎偉上梁中鶴棲耿耿天門通古佛重開極樂國眞人別建大羅宮

伏冀四阿承露八柱擎天黃道迓其祥輝紫宮扶其昌運人山人海共此翹瞻仙嶠仙壺方斯接搆翬飛鳥革麗長天雲水之光鳳跱鸞蹲壯大地山河之色在碧漢無邊之境挹此高秋問黃唐以上之人依然古月人天大歡喜歸來萬古羽毛我輩復登臨飛下九霄咳唾從今安穩赤壁待鶴以遊歷世邈緜白雲和樓長在千載呵護倘邀靈於荀家仙費家仙一篇祝釐儻附載於齊史傳梁史傳

黃鵠山志卷五終

江夏錢桂林校字

黃鵠山志卷六目錄

藝文

記

銘

跋

書後

黃鵠山志卷六

永康胡鳳丹月樵編纂

藝文

宋　閻伯瑾 永泰時人詳見金石

黃鶴樓記

州城西南隅有黃鶴樓者，圖經云費禕登仙嘗駕黃鶴返憩於此，遂以名樓。事列神仙之傳，迹存述異之志。觀其聳構巍峨，高標巃嵸，上倚河漢，下臨江流，重簷翼舒，四闥一作閣霞敞，坐窺井邑，俯拍雲烟，亦荊吳形勝之最

也。何必瀨鄉九柱全唐文作柱非、東陽八詠乃可賞觀時物、會集靈仙者哉。刺史兼侍御史、淮西租庸使、荊岳沔等州都團練使河南穆公名寧，下車而亂繩皆理，發號而庶政其凝。或逶迤退公，或登車送遠，遊必於是，宴必於是。極長沙一作川之浩浩，見眾山之纍纍。王室載懷，思仲宣之能賦；仙蹤可挹一作揖，嘉叔偉之芳塵。迺喟然歎一本無歎字曰：黃鶴來時，歌城郭之並是；浮雲一去，惜人世之俱非。有命抽毫，紀茲貞石。時皇唐永泰九年，歲次大荒落，月孟夏，日庚寅也。文苑英華　全唐文

趙　淯 字清老河陽人宋慶元時官荊鄂都統制

洪山東巖閣記摩崖

山固多木，由翦伐無時，使不得蓄息。以軍營視此實爲主山，乃禁樵採，封植培護，則大者挺然干霄，小者叢生攢立矣。因即山之陽，得勝處，偶拾餘材，架木爲閣，榜曰東巖，取其石秀而木茂者。又得數所，曰雲根、雲扃、伏仙、飛雪、棲霞、半霄、清歗、爽塏、巉巖、翠屏、堆雲、獅子峯，此又狀其石而名之也。奕局、琴几、石鼓、筆牀，因其天成，粗加斲削。循山之巔至黃鵠亭，仍夾道蒔松，俾異時交柯結

蔭，與東巖相爲表裏。後之來者，愿不以人廢。閣成於慶元初載重午日。將右軍河陽趙淯清老謹識。湖北通志

宋

朱子 諱熹字元晦一字仲晦世爲徽州婺源人父韋齋先生松官游建陽之考亭遂家焉紹興十八年中王佐榜進士甯宗朝歷官寶文閣待制僞學禁起落職奉祠卒累贈寶謨閣直學士謚曰文理宗朝贈太師追封徽國公從祀孔子廟庭號晦菴又號雲谷老人更號滄洲病叟後因筮遇遯之同人更名遯翁著有晦菴文集

鄂州社稷壇記

淳熙十年春朝奉郎知鄂州事新安羅侯願以書來曰吾州社稷之壇始在中軍寨去年秋通守清江劉君清之至而往謁焉視其地褊迫洿下燎瘞無所不稱藩國欽崇命祀之意且念比年郡多水旱札瘥之變意其咎或在是則言於州請得度地更置如律令已而劉君行州事遂以屬錄事參軍周明仲行視得城東黃鵠山下廢營地一區東西十丈南北倍差按政和五禮（縣志誤作釐）畫爲四壇而屬其役事（縣志缺事字）於兵馬監押趙伯烜作治未半而願適承乏又屬都監王椿董之以速其成焉某月壇成東社西稷居前東風伯西雨師雷師居後少御壇皆三成有壝壝四門前二壇趾皆方二丈五尺崇尺二寸後二壇趾皆方一丈六尺五寸崇八寸其再成方面皆殺尺崇四分而去一（縣志作殺其七分而崇四尺今據朱子全集更正）

三成方殺如之而崇不後（縣志作復誤）殺前二壝皆方四丈二尺門六尺閒丈五尺後三壝皆方二丈八尺門五尺閒四丈九尺其崇皆四尺社有主崇二尺五寸方尺剡其上倍其下半石也南五丈爲門三間北二丈有奇（縣志自五寸至有奇止缺二十五字）爲齋廬五間繚以重垣甃以堅甓（縣志作石）而植以三代之所宜木亦既揀時日屬寮吏修祀號以告於神而妥之矣則又與劉君謀以吾子之嘗學於禮也是以願請文以記之俾後人之勿壞也熹按社實山林川澤丘陵墳衍原隰五土之祇而后土句龍氏其配也稷則專爲原隰之祇能生五穀者而后稷周棄氏其配也風師箕也雨師畢也是皆著於周禮領於大宗伯之官唯社稷自天子之都至於國里通得祭而風雨之神則自唐以來諸郡始得祀焉至於雷神則又唐制所與雨師同壇共牲而祀者也國朝禮文大抵多襲唐故事今郡國祀典自先聖先師之外唯是五者蓋以爲二氣之良能天地之功用流行於覆載之間以育萬物而民生賴焉者其德惟此爲尤盛是以於其壇壝時日之制牲幣器服之品降登饋奠之節莫不參訂討論著之

禮象頒下郡國藏於禮官有司歲舉行之而部刺史又當以時循行察（縣志作正）其不如法者蓋有國家者所以昭事明神祈以降祥錫福於下其勤如此顧今之爲吏者所知不過簿書期會之間否則觴豆舞歌相與放焉而不知反其所敬畏崇飾而神事之者非老子釋氏之祠則妖妄淫昏之鬼而已其於先王之制國家之典所以治人事神者曷嘗有慨於其心哉嗚呼人心之不正風俗之不厚年穀之不登民生之不遂其不亦以此歟今羅侯之與劉君乃能相汲汲乎此非其學古愛民之志

卓然有見乎流俗見聞之表其孰能之顧雖不文不足以記事實垂久遠然二君子過以爲嘗從俎豆之事不遠千里而屬筆焉其得辭之乎因爲書之使以刻於麗牲之石後有君子得以覽焉羅侯方與劉君相率勸學劭農甚力劉君又嘗請於前守李侯械禁境內無得奉大洪山淫祠者其於教民善俗之事力所可爲無有不盡其心也十一年春正月甲辰具位新安朱熹記（本集）

宋　范成大（字致能石湖居士吳郡人紹興二十四年進士孝宗時累官權吏部尚書拜參知政事進資政殿學士提舉洞霄宮卒謚文穆著有石湖集）

出蜀記

湻熙丁酉歲八月壬午予至鄂渚泊鸚鵡洲前南市堤下南市在城外沿江數萬家廛閈甚盛列肆如櫛酒壚樓欄尤壯麗外郡未見其比蓋川廣荊襄淮浙貿遷之會貨物之至者無不售且不問多少一日可盡其盛壯如此監司帥守劉邦翰子宣而下皆來相見邀飯皆曰未敢定日及欲移具舟次余笑曰若定日則莫若中秋

張具則莫若南樓衆亦笑許晚遂集南樓樓在州治前黃鶴山上輪奐高寒甲於湖水下臨南市邑屋鱗差岷江自西南斜抱郡城東下天無纖雲月色奇甚江面如練空水吞吐平生所過中秋佳月似此夕亦有數況復修南樓故事老子於此興復不淺也向在桂石時默數九年之間九處見中秋其間相去或萬里不勝漂泊之歎嘗作一賦以自廣及從成都兩秋皆略見月十二年間十一處見中秋去年嘗題數語於大慈樓上今年又忽至此通計十三年間十一處見中秋亦可以謂之遊

子然余以病乞骸骨倘恩旨垂允自此歸田園帶月荷鋤得遂此生矣坐中亦作樂府一篇俾鄂人傳之癸未泊鄂州南樓月色如昨夜甲申泊鄂州蜀兵遠送者封稽裹糧之具至此當盡數貿易非三日不可了故爲之留統帥李周邀看新寨鄂營昔皆茅舍今始易以瓦屋方畢四分之一登壓雲亭則前後盡見周絡井井甚有條理將司中又有雅歌整暇二堂皆面江山登覽超勝乙酉丙戌自鄂州遣送兵之半歸成都丁亥風作不可行戊子早改維欲出江風不已至暮逾甚又留一夕土

人云上江社前後輒大風數日謂之社風上下水船悉不行果然己丑社風稍微解維小泊漢口　本集

宋陸　游　字務觀越州山陰人佃之孫宰之子以蔭補登仕郎隆興初賜進士出身自號放翁累知嚴州嘉泰初詔同修國史兼祕書監升寶章閣待制致仕著有渭南集劍南集

入蜀記

乾道六年八月二十六日與統紓同遊頭陀寺寺在州城之西隅石城山山繚繞如伏蛇自西徂東因其上爲城缺壞僅存州治及漕司皆依此山寺毀於兵火沐僧舜廣住持三十年興葺略備自方丈西北躡支徑至絕頂舊有奇章亭今已廢李太白江夏贈韋南陵詩云頭陀雲外多僧氣正謂此寺也藏殿後有南齊王簡棲碑

唐開元六年建南唐歲在己巳武昌軍節度觀察留後知軍州事楊守忠重立前鄂州唐年縣主簿祕書省正字韓熙載書碑陰云乃命猶子熙正其舊本而刊寫之以是知熙爲熙載兄弟之子也碑字前後一手又作溫字不全蓋南唐尊徐溫爲義祖而避其名此則碑蓋熙重書也碑陰又云皇上鼎新文物教被華夷如來妙旨悉已徧窮百代文章罔不備舉故是寺之碑不言而興按此碑立於己巳歲當皇朝之開寶二年南唐危蹙日甚距其亡六年爾熙載大臣不以覆亡爲懼方且言其主

鼎新文物教被華彝固已可怪又以窮佛旨舉遺文及興是碑爲盛誇誕妄謬眞可爲後世發笑然既載死李主猶恨不及相之君臣之惑如此雖欲久存得乎唐制節度使不在鎮而以副大使或留後居任則云知節度事此云知軍州事蓋漸變也唐年縣本故唐時名梁改曰臨夏後唐後晉又改臨江然歷五代鄂州未嘗屬中原皆遥改耳故此碑開寶中建而猶曰唐年也至江南平始改崇陽云簡棲爲此碑駢儷卑弱初無過人世徒以載於文選故貴之耳若魯直云唯有簡棲碑文章歸

然立蓋戲也二十七日早集於南樓在儀門之南石城上一曰黄鶴山制度閎偉登望尤勝下矙南湖荷葉彌望中爲橋曰廣平其上皆列肆兩旁有水閣極佳但以賣酒不可往二十八日同章冠之秀才甫登石鏡亭訪黄鶴樓故址石鏡亭者石城山一隅正枕大江其西與漢陽相對止隔一水人物草木可數唐沔州治漢陽縣故李太白沔州泛城南郎官湖詩序云白遷於夜郎遇故人尚書郎張謂出使夏口沔州牧杜公漢陽令王公觴於江城之南湖其後沔州廢漢陽以縣隸鄂州周世

宗平淮南得其地復以爲軍太白詩云誰道此水廣狹如一匹練江夏黄鶴樓靑山漢陽縣大語猶可聞故人難可見形容最妙黄魯直皆在江夏縣睡起漢陽城亦此意老杜有公安送李晉肅入蜀余下沔鄂及登舟將適漢陽詩而卒於耒水可恨也漢陽負山帶江其南小山有僧寺者大別山也又有小別謂之二別云黄鶴樓舊傳費禕飛昇於此後忽乘黄鶴來歸故以名樓號爲天下絶景崔顥詩最傳而太白奇句得於此者尤多今樓已廢故址亦不復存問老吏云在石鏡亭南樓之間

正對鸚鵡洲猶可想見其地樓榜李監篆石刻獨存太白登此樓送孟浩然詩云孤帆遠映碧山盡惟見長江天際流蓋帆檣映遠山尤可觀非江行久不能知也復與冠之出漢陽門遊仙洞止是石壁數尺皆直裂無洞穴之狀舊傳有仙人隱其中嘗啟洞出遊老兵過之得黄金數餅後化爲石東坡先生有詩紀其事初不云所遇何人且太白固已云頗聞列仙人於此學飛術一朝向蓬海千載空石室今鄂人謂之吕公洞蓋流俗附會也有道人澶州人結廬洞側設吕公像其中洞少南即

石鏡山麓巃頑石也色黃赤皴駁了不能鑑物可謂浪得名者由江濱堤上還船民居市肆數里不絕其間復有巷陌往來憧憧如織蓋四方商賈所集而蜀人為多

渭南集

宋　李𡌴　字季永燾次子紹熙元年進士理宗朝歷官同知樞密事四川宣撫使著有悅齋集

鄂州重修北榭記碑

鄂渚之勝以南樓北榭並稱南樓繇元祐改作元符末修水黃公魯直嘗見於題詠惟北榭冠子城之巔在郡公堂之後不知自何時建立乾道中于湖張安國為大書扁牓厥後達官名人稍有為賦詩者然距今亦五十餘載矣棟宇隘卑日就圮廢莫或顧省一夕大風震蕩摧屋山飄瓦如墜葉舞空屋隨以傾壓不可復支子城亦久弗治土石墮阤榛莽蒙翳狐狸所窟虺蜴所蟠於

是昉議更葺先增甓北隅袤二施崇三丈有奇南袤尋有半崇與北等遂改建榭屋闢而大之敗楹腐桷悉易以新既成宏敞翬翼與南樓巋然相望始於一郡面勢為稱雖其高無所不矚而北望為尤宜嘗試相與憑檻遐睎則煙沙蒼茫天水無際西陵鄖杜安陸諸山隱隱出沒雲外雲夢之泱漭漢沔之瀠洄皆可目略而指喻羣鴻匹鶴飛翔上下平蕪斷浦杳杳如髮眼日徜徉不涉級數十武而坐得千里絕特之觀殆前所未有也惟漢江夏太守所統疆域至遠今光黃蘄安信五郡之地

皆故屬邑春秋時吳楚交戰出師往來之地水如清發溳澨山如內方大小別雖郢邑變遷而勢勝猶在與夫孫伯符之所討擊周公瑾之所摧敗陶士行之所平殄其遺蹟猶可諏訪而考求郛城臨江故堞宛然嘗笑其規橅特淺淺耳庾元規志篤才輕亦弗克有成三關九阨之塞魏梁交攻或得或棄南北强弱係焉以見昔人爭戰之力不爲無意夫以地之相距雖有數百里之遠而據其要會實皆在吾環顧規置卷舒伸縮之中況郡居全楚上游與江陵襄陽實相爲表裏諸葛忠武嘗欲

舉荆州之軍以出宛洛公瑾亦謂據襄陽以蹙操北方可圖二人之言若合符節而宋何尚之顧言夏口當荆江之中直通雍梁實爲津要豈非以地勢便兵力接故耶抑嘗據此論之若昔自南而圖北則易爲功自北而入南則難爲力故梁末因陸法和之敗郡雖暫屬高齊慕容儼死守半歲雖能拒退侯瑱等然卒棄之還南五季杜洪襲據州城遙附朱梁以捍淮南之侵朱梁三遣兵援之皆至近地然無救於洪訖爲淮南將劉存所克身殞國絕豈天塹之設果足以限南北耶抑或彼或此亦存乎人之圖回智略如何耳夫惟俊傑之士有志於當世要必討論之素精計慮之素熟異時行遊坐息朝思夕維未嘗不在於此故一旦發而見諸施爲則必卓偉絕人非臨事隨應率意而爲之者所可及傳曰登高能賦可以爲大夫趙孟過鄭請七子皆賦以觀其志夫所謂能賦者豈徒吟咏一時之風物景色哉必也升高而望遠憂深而謀長覽山川之形勝考古今之成敗究昔人之謨議之得失與今日時措之宜其所蓄積操存因感觸而發見所賦之志於是乎在王茂宏新亭之感

逸少治城之諷大較亦茲意也夫是則高明其居處緬邈其臨眺豈但以逸其一身而自適於耳目之間而已哉榭之廢興似未足書然余改作之意非遊觀之爲則不可不明著以貽後之同志者俾得以周覽而繹思焉

嘉定甲申三月丙午記　湖北通志

元 黃溍 字晉卿浙江義烏人延祐二年進士歷官翰林侍講學士中奉大夫知制誥同修國史同知經筵事謚文獻著有黃文獻集

武昌大洪山崇寧萬壽寺碑記

鄂之城東有佛刹曰大洪山崇寧萬壽禪寺此黃鵠山也而謂之大洪山者蓋大洪隨之名山自隨而鄂自鄂而許地雖易而名號不殊眎有所本云爾鄂今爲武昌山距城十里而近北枕江漢南帶湖湘東屆壽昌下瞰樊水層巒叠巘交拱互揖西接城□民堵萬區前臨通逵而市聲邈不相及山之巔有岳忠武王手植巨松斗

牛亭仙人石鼓崖尤爲奇偉地位峻絶風物清閒寺特據其尤勝處溯其所自出推靈濟慈忍大師爲初祖大師諱善信以唐武德二年四月六日下生於洪州南昌王氏受度於本州開化寺爲衆僧執爨三年僧力卻之大師涕淚雪泣戚嗟不已有老父告之曰汝緣在南方衆不容盍行矣乎逢隨即止遇洪即住大師遂挈瓶錫南還以寶曆二年秋抵隨州覩一山巋然問於逆旅主人曰此爲何山荅曰大洪山大師愓然思老父語則延緣而入至於山麓諸水所婁滙爲重湖神龍居焉旱乾水溢有禱輒應時久不雨鄉人張武陵具羊豕將以致禱大師見而悲之謂武陵曰雨暘不時本由心感害生自利徒增汝食可戒勿殺而爲汝祈約以三日必雨武陵聽之大師探幽履險得山之北庵泊然宴坐運誠默禱及期雷雨大作雨既需足而止武陵訪求大師於巖中大師時猶在定蛛絲羃面附耳而號挂體而捏久之方覺武陵遂施以其山爲建精舍太和九年二月二十五日大師密語於龍神曰吾前許以身代牲輟汝血食本捨身可享吾肉即引刀斷左右足白液滂流儼然入

滅雙足留鎮山門肉色久而不變四衆哀慕稱之曰佛足有司以聞於朝賜號慈忍大師所居精舍賜名幽濟禪院後以禱祈屢有奇驗累加大師號曰靈濟慈忍其佐神千有二封爵自王而公而侯等差不同皆天下知名之神威靈烜赫被於四方此隨之洪山也宋末隨數被兵洪山又當其要害爲南北必爭之地邊境之民既多流散叢林之下亦無以安荆湖置制使孟公珙隨人也與都統張公順謀遷尊衆適於樂郊乃度地於茲山請雲菴興自隨捧佛足及累朝所頒告勑徙寺額僑置

焉仍奏請賜今名曰崇寧萬壽寺口興爲之開山此則鄂之洪山也興之徒無諍須則口實繼之我世祖皇帝在潛邸時南伐駐蹕鄂之元興寺遂見茲山之頂有神人立於雲端詢知爲大師化迹所寓深爲敬異暨班師實因留佛足履從至京師特命安置於祕宇而嚴奉之上既正位宸極有旨遣使偕實護送還山道出許州佛足重莫能舉使者歸奏詔卽其地建寺此又許之洪山也鄂經摧陷之餘實又去不返呂公文德制置荆湖請無積口主之而寺以復新繼之者縧菴遇建靈濟塔增

置菴院土田而口崖潤無邊詠竹溪禧又繼之寺以燬燬禧方謀起其廢俄委順而化至順三年今住持華公實來毅然以興復自任積衣盂之貲躬求良材於江上遣大栰以歸顧舊址局於地勢隘陋褊迫位置不皆合於規式乃夷崇岡堙巨壑累石爲基使就顯敞首創大佛寶殿棟宇之制悉擬於京師列剎而華飾有加焉兩廡山門之上爲萬佛閣演法栖僧有堂輪藏及祖師王公有殿天書有閣而鐘樓經臺丈室茶堂旃檀林前資寮庫庾庖湢之屬無不畢備始作於元統二年之某月訖工於至正某年之某月費錢總若干萬緡出於華公者一萬出於耆舊僧宗森者二萬餘皆出於衆施及經用之美財金碧髹彤輝映林谷宏模偉觀人天具瞻其在先朝嘗以爲中宮祝釐之所頒以香燈金幣褒禮甚厚三大洪山法席之盛莫武昌若也華不遠數千里來徵文以記之潛竊以毘盧身上周徧一切三千世界一一須彌無去無來非彼非此然則山未有寺法界宛然寺之既還依然故處增減成壞之相了不可得豈世俗文筆所能記乎若夫法身大士示口有爲於始幻境作

饒益事應化之迹亦有可得而言者庸次第本末俾歸而刻諸華別號枯木嗣法於靈隱悅堂誾禪師云　黃文獻集

明 楊士奇（見卷五）

遊東山記

洪武乙亥余客武昌武昌蔣隱溪先生始吾廬陵人年已八十餘好道家書其子立恭兼治儒術能詩皆意度闊略然深自晦匿不妄交遊獨與余相得也是歲三月朔余三人者攜童子四五人載酒殽出遊隱溪乘小肩輿余與立恭徒步（一作走）天未明東行過洪山寺二里許折北穿小徑可十（一作數）里度松林涉澗澗水澄澈深處可浮小舟傍有磐石容坐十數人松柏竹樹之陰森布

蒙密時風日和暢草木之葩爛然香氣拂拂襲衣（一作人）禽鳥之聲不一類遂埽石而坐坐久聞雞犬聲余招立恭起東行數十步過小岡田疇平衍彌望有茅屋十數家遂造焉一叟可七十餘歲素髮如雪被兩肩容色腴澤類飲酒者手一卷坐庭中蓋齊邱化書延余兩人坐一媼捧茗盌飲客牖下有書數帙立恭探得列子余得白虎通皆欲取而難於言叟識其意曰老夫無用也各懷之而出還坐石上指顧童子摘芋葉爲盤載肉立恭舉匏壺注酒傳觴數行立恭賦七言近體（一本無七言近體四字）詩一章余和之酒半有騎而過者余故人武昌左護衛李千戶也駭而笑不下馬徑馳去須臾具盛饌及一道士偕來道士岳州人劉氏遂共酌道士出太乙眞人圖求詩余賦五言古體（一本無五言古體四字）一章書之立恭不作但酌酒飲道士不已道士不能勝降跪（一作跽）謝過眾皆大笑李出琵琶彈數曲立恭折竹竅而吹之（一本無而字）作洞簫聲隱溪歌費無隱蘇武漫道士起舞蹁躚兩童子拍手跳躍隨其後已而道士復揖立恭曰奈何不與道士詩立恭援筆書數絕句語益奇遂復酌余與立恭飲

多（一作少）皆醉起緣澗觀魚大者三四寸小者如指余糝餅餌投之翕然聚已而往來相忘也立恭戲以小石擲之輒盡散不復來（一作出）因共嘅歎海鷗之事各賦七言絕詩一首道士出茶一餅眾析而嚼之餘半餅遣童子遺余兩人已而夕陽距西峰僅丈許隱溪呼余還曰樂其無已乎遂與李及道士別李以卒從二騎送立恭及余時恐晚不能入城渡澗折北而西取捷徑望草埠門以歸道中隱溪指道旁岡麓顧余曰是吾所營樂邱處也又指道旁桃花謂余曰明年看花時索我於此既歸

立恭曰是遊宜有記屬未暇也是冬隱溪卒余哭之明年與立恭豫約詣墓下及期余病不果行未幾余歸廬陵過立恭宿別始命筆追記之未畢立恭起（一作取）讀痛哭余亦泣下遂罷然念蔣氏父子交好之厚具在武昌山水之遊屢矣而樂無加乎此故勉而終及之手錄一通遺立恭嗚呼人生聚散無常異時或相望千里之外一展讀此文存沒離合之感其能已於中耶既遊之明年八月戊子記（遊名山小記自道中隱溪至戊子記止均刪 東里集）

明 張維樞字 晉江人

黃鶴樓記

臯司署後有山屹峙名曰蛇山署中疊石兩層躡級而登堂廡爽曠可供觴詠由堂背振衣再陟見漢水如帶宮邸如雲烟火數萬家如星羅是爲攬勝亭由亭左折道觀頗壯麗監司及諸僚佐藉祝釐焉是爲武當行宮西行睥睨間則漢沔之雄堞鸚鵡之汀洲晴川龜山之羅拱儼如列眉高表龍嵸重簷翼舒可睹雲物而考謡俗是爲黃鶴樓由樓下行數十武廳榭枕江有崔左司白雲詩與唐宋元及我朝諸公之題詠碑記在再行數武空亭八面類清涼界循亭邐進百餘步廟祀純陽仙人鱗甍碧瓦香烟不斷崖畔老棗數株枯槎古幹當是千餘年物郭美命宗伯歌行有安得纍纍撲滿地飽食江城百萬家之句是爲棲東之仙棗亭樓凡幾更始重修於劉汪兩公伯玉中丞之樓碑可考也乙卯仲秋余逐隊監試之役甫撤棘闈陪劉左丞陶宇王右丞柱明馬學憲荆陽遨高大參啟唐爲鶴樓遊是日天高氣清涼風薄體相與開窗四望覺烟波淡澄虹霞點綴[illegible]

若碧若紫若朱幽草晚花虧蔽石壁漁舟釣艇晚泊水涯而七澤三湘夏門大別諸勝似束於鄂漢間爲茲樓所壓而扼其吭馬公把余臂曰攬勝亭利內觀仙棗清涼二亭利外觀若乃內外無礙可披襟而當快哉之雄風也則斯樓爲最王公又向劉高二公曰攬勝亭山頂父老相傳爲僞漢疑冢往其遺種尚有向空遙拜者乎惟天下之平久矣當皇祖以六師下僞漢定楚宮闕地胙昭王出鎭且斯樓與晴川樓夾搆漢沔豈無遠意夫固謂鄂重地非有重岡外障所恃沔爲輔耳今楚宮無

恙鼎器幾歆漢水嚙城晴川就圮果皆曰分王而外戍沔之意乎矧皇祖不治疑冢而搜剿其種類此恩與祝網何異今日四民所以得耕讀魚釣游嘯斯樓而吾黨亦獲乘此清暇登高臨水當雄風之遠來也非祖宗寬大之澤而休養涵煦之久且深甯及此劉公曰先憂後樂乃范希文岳陽樓語也吾黨交志焉其可乎遂書爲游黃鶴樓記 明文海

明 汪道昆字伯玉歙縣人嘉靖丁未進士官至兵部左侍郎著有太函集

黃鶴樓記

故劉中丞入楚楚父老請治黃鶴樓中丞曰嘻明詔加惠元元始得及於休息楚病矣憝何敢議遊觀父老曰不然古者省方觀民必有以也以明天時則觀雲物以保地利則觀山川以察人和則觀謠俗執政者愼諸此其孰能廢之故君子遊焉小人休焉君子觀焉小人比焉父老望公久矣中丞曰嘻楚方不歲甯詎輕用吾民顧今近屬不共詔從吏訊荆蠻負固師老無功善從政

者以時行父老姑待我明年遠庶人當不道廢勿王有司夷故宮其材可當大役頃之乘木浮沅湘而下皆川衡上材長十仞有奇足任土器津吏以告轉而致之工師又明年荆師獻捷父老更進曰楚故有京觀以表武功彼封豕餘以爲名無不祥大矣乃今野無暴骨一舉而俘叛人罷材官弛疆事功之上也請以樓易觀父老率諸子弟請畢受功中丞曰嘻以宗廟社稷之靈師出而獲戎首憝幸得免於席曩疇敢自功是役也力詘舉羸毋勤父老於是方伯監司若分部相與計曰材物既

具所不足者非百工與諸大夫任之悉發刑徒以佐將作工舉矣旣得請計日而畢工徐大夫中行氏入郢以中丞之命來告楚有勿亟之役賴諸大夫國人贊之成明公儼然在邦域之中請紀成事不佞拜大夫之辱避席終辭中丞得代踰年不佞自郢來徙諸大夫立石宇下請從中丞平生之言譬則甘棠其人往矣其言在耳不佞竊忍負之楚爲南國奧區首被文德嗣是伯者代起厥有雄風文物聲明猶可槪見盤游則章華高唐蘭臺石室辭令則左史倚相觀射父屈原宋玉唐勒景差

學士至今論之煌煌乎烈矣黃鶴由酤者顯載在稗官考文則不典於先民程度則不登於舊物顧千載而下惟此巋然獨存揆諸地宜其得勢然也彼其該七澤三湘揭夏門當大别視碣石之表東海不然乎哉乃若扼吭江漢之間非師武臣力不守登樓坐嘯倜儻奇偉之士在焉將固廢之必有興也由斯而論其世污隆可得而言自能繹受封歷世滋大迄於問鼎其張可知齊侯執言服江黃以賓楚卽方城漢水誰能去兵其後封疆之臣守在什二雖陳樽俎不廢戈矛此用武之區彼一時也皇祖以六師下楚肆壯王塡之爰及世宗楚居首善當世三公四輔遞登楚材文治脩明鞬櫜不用執政若諸大夫諸父老幸而及此時也不亦恬愉乎哉樓制故庳不足以稱明德天意與之更始而藉手於中丞徙木呈材人力宜不及此先事之不墜非後事者之資乎顧不佞受成無能布德意以周境內乃今歲有水溢藪有逋逃民有流亡士有失職於天爲僭時於地爲侵紀於人爲干和重爲諸父老之憂咎在不佞諸大夫幸而在事其無棄不佞而朝夕修之力此三者以保有終無

爲故中丞之辱是役也由前則諸大夫成之由後則諸大夫保之豈惟諸父老之休不佞幸矣本集

明李東陽字賓之茶陵人天順甲申進士歷官吏部尚書華蓋殿大學士諡文正著有懷麓堂集

楚觀樓記

武昌譙樓在楚王府後布政司前數十武鵠山之上宋元以來故址尚在負陰面陽得地之勝國朝洪武初既建以藩議弗協未久而廢歷百餘年莫有復者宏治己未布政使徐公源朱公瓚謂鐘鼓無節則無以警衆出令得請於今王圖復其舊規制甚偉及徐公擢去今布政韓公鎬踵而成之撫按諸君咸主其議知府某君率以下董其役越三年辛酉某月而畢鐘鼓既設厥聲孔

昭陰晴早暮之候出入作息之節若令於一人會於一庭憑闌而眺南則武昌諸山左右環列藩府雄峙廛闠分布北則大江西來沃野長衺殿庭宫宇隱約於遥空遠漢間韓公乃名其樓曰楚觀落成而燕客有在座者舉觴而問曰樓之作凡爲鼓設也軍法以金鼓爲耳旌旗爲目彼鐘與鼓者皆耳之事也而以觀名無乃弗類乎公曰古之樓以譙名者取嶕嶢之義以其高也後乃寘鐘鼓以爲警備然其爲制則非特尚耳而目之義存焉蓋耳目所在必虚空洞徹四達不蔽而後能發使凡卑汙隘之區阨塞掩蔽之處則雖鏗鍧鏜鞳日相尋而不絶其有聞焉者寡矣唐虞所謂明目達聰二者蓋不可以偏廢故自漢京置鼓於樓以備警盜齊之李崇宋之張希顔皆以善政載在國史唐之李磎韋慶復爲樓著記詞場文苑亦侈言之今夫連山大江曠野邃谷禽魚草樹風雲月露百凡之形狀不出几席而得之目睫固荆楚之大觀聲之發於此者必能超塵壒而去煙霄凡有耳者皆得之以爲提撕震厲之地蓋一舉而二義歸焉若任耳而棄目非吾輩之所爲計也客乃頷之而

去退而詢諸湖人皆稱韓公爲政勤外而精内博觀而廣聽蓋欲振一方之治以紓九重南顧之憂因指斯樓而謂曰此其一事余舊與韓公同朝方喜其父兄宗族之福因憶曩時經過而未有見者壯公所爲記所由始寓而歸之 本集

明　郭正域 字美命，江夏人。萬歷十一年進士，選庶吉士，授編修，擢禮部右侍郎，掌翰林院，卒贈禮部尚書。天啟初奉遺詔，加贈太子少保，謚文毅。著有皇明典禮志、武昌江夏府縣志、十三經補註。

仙棗亭記

舊志載武昌黃鵠故有棗數株千餘年不實一日結實大如瓜太守以小吏往竊食之即日仙去後人遂亭焉嗚呼棗爲小吏出耶吏以棗仙何耶棗何物吏何緣耶顓頊時閬河有紫桂成林其實如棗食之後天而老周穆王時西王母進陰岐黑棗與甜雪素蓮冰桃碧藕尹

喜共老子西遊省太眞食玉文之棗實如瓶西王母㟐嵃山細棗獻漢武萬年一實笮之膏可然燈河中蘇氏女食無核棗不食五穀五十如處女甯即此棗乎亭去黃鶴樓僅百餘步樓下黃鵠磯人言有呂仙賣桃跡嶺上之覇即磯前之桃耶夫鵠之於鶴爲一類則樓當以磯得名是黃鶴黃鵠訛也而黃鶴故事或曰王子安或曰費褘今人乃盡歸之呂仙夫鶴樓以崔詩顯崔開元人而呂仙以鱗德得道崔詩有昔人之稱又鵠山下有費褘洞則跨鶴客爲費褘無疑而山下又有呂公磯或曰禹公磯訛也今時談仙跡推呂公最著而呂仙石亭創自元人碑文出宋名望手載史丞暨禿滿夫人事甚奇又復有題詩呂字之說則歸之呂仙不爲無據豈江漢之區山水靈異而此磯此樓此亭此桃此棗眞因時爲往來而博弄耶詎知乘黃鶴而去者不復乘鶴而來乎又詎知賣桃者非即種桃者乎亭廢且百餘年萬歷戊子士人復以請於諸司即故址石亭前重建一亭凡八楹周以綺疏大江自南來千里而折憑闌而望萬瓦皆伏令人有超八瀛而啖靈苗之想亭四圍故多老棗

前一株脩鱗古幹半榮半枯以爲仙靈所種嗚呼甯復有實大如瓜者乎是皆宇宙神奇事不可使磨滅也是爲記 湖北通志

國朝熊伯龍字次侯號鍾陵漢陽人順治己丑進士官至翰林院侍讀學士著有熊學士詩文集

重建觀音閣記

武昌府治之西爲黃鵠磯其上有觀音閣在劉宋有國時爲頭陀寺郢州刺史蔡興宗所創立以居沙門慧宗者屢興屢廢以逮明初敕更爲觀音萬壽講寺蓋千有餘歲禪誦勝地也不幸而燬於崇禎癸未之兵頹垣斷礎瓦礫叢積二十餘年矣康熙甲辰予適在籍過其地有閣巋然莊嚴清閟人忘其燬實我大參艾石宋公發願修復無所仗助成以不日爲之歎息留連不忍去公

聞予之樂斯舉也因屬之書其事予嘗謂天下事有可廢而不可廢者名花珍樹何關於居室而無之則不足以美園囿之觀梵宮寶地何關於立國而無之則不足以表山川之勝二莊兩明之後列刹相望盛衰不一其盛也未嘗不乘乎寬博有餘之氣而其衰也亦未嘗不萌爲擾擾急迫之徵是以唐初洪福經像致有瑞氣徘徊之異而其後燬寺四千六百招提蘭若四萬其時勢何敢望貞觀豈必勝幡不振乃爲有道之世哉公下車敷化風動雷行郵傳鹽筴咄嗟可了卽大役大災各有司存人可秦越視者亦必矯首奮袂措拄調劑務期有濟於物而後止民之德公固不啻救湯鑊於幽途息劍輪於苦海矣乃以其餘力恢宏象教首新斯刹因洪水之橫流寓救荒於興葺薙草開林因仍舊地則無掘山穿穴損命之傷一錢斗粟斥自皮囊則無殫府虛帑費人之虐人之稱斯役也何識焉且夫天不弔楚始亂後治民生其間感時歎物如羈人旅客牢愁而無所告將有如張魏公所云欲愛貪忿是謂無明展轉交攻激爲鬬亂者識者有隱憂焉而斯刹湧樓飛殿於都會之間

據崇巖睨通衢鐸鈴夜語鼓魚更答則又必有頓悟浮生回心歸善蔭法雲而火宅晨涼瞻慧日而重昏夜曉者矣其愈於空山窮谷架大屋養閒漢如古德之所呵者不萬萬乎或者曰蕭梁廣崇佛寺達摩以爲有漏小果公自有其大者此曷足爲公書嗟乎今之居官者考課所載飭城垣興學宮其名可謂美矣一坏之土三版之牆猶必按賞格以赴公家之急公特以願贍廢墜人天悽悽一念悲憫舉蠃於絀是誠無所爲而爲之者天下之吉祥善事使得公等數十輩無所爲而爲之生民

之福邦家之慶其可量乎然則自今以往世道日乘乎寬博有餘之氣而吏治無復以擾攘急迫爲憂未必不於此一事卜之也是尙不足爲公書也哉公名某山東膠州人與予同舉己丑進士閣成遷山西按察使以去楚人如有所失焉 本集

國朝　顧景星 見卷五

東山小隱記

江夏黃鵠山在會城中東西亙數里起伏蟺蜿俗稱蛇山其中峯岝崿曰高觀高觀在黃鵠磯東故又名東山而磯西出於江有黃鶴樓世傳仙人呂巖槁瀋畫鶴事引崔司勳詩爲據司勳開元先輩而呂渭之孫巖會昌中舉進士不第司勳詩不應指呂唐圖經乘鶴者費文偉梁任昉記本謂荀叔偉舉不足辨獨是山雄峙爲會城之望必有名流鉅公與山相資不朽而世俗譌傳山

靈不受也康熙庚申石城徐子星登覽此山隮磴而上身漸高則隔江羣峯隨肩領踊出北見漢沔入於江南顧太湖匯於內目極二三百里顧而樂之是時榛莽拄塞䝘貍之所窟宅茅茨十數落落亂石密篠間於是鬻地於民薙荆劚壤因其窪埤相勢疏鑿覼髣既開棟礎斯立初寘竹屋數椽名有竹園次第度築漸以袤廣壬戌丁太夫人艱退而讀禮於此其中有堂四曰此山曰桂實曰梅雪曰翠微有臺二曰雪臺曰高觀其高與峯齊向皆墠土頑石疏之得巖壁數丈擁臺如屛有樓三

曰卽山爲寢息之地高者曰半峯小者曰鵲巢其藩屛於右者曰西爽有閣四曰止山曰□江曰吸江曰空香有亭三曰舫曰秋曰烟半有軒三曰洗梅曰語石曰花影其又因樹爲屋曰樹屋公又以匠心爲之閣或平步而登不知其下有堂也磴折幽邃花樹蒨茂不知屋內有園也諸皆南向對江外八分山眉開如黛長江東下練曳百里金口黃軍浦可指而示也鸚鵡洲爲雉堞所蔽惟見裙腰綠草黃鶴樓遠在其右矗僅如髻黃龍寺在左凭欄俯視碧瓦朱甍如小李將軍金碧畫鼓鐘梵

響與空香閣相答其後高嶺多雜木怪石風雨空濛輒欲入雲前爲楚藩宮城廢址四面各距數千武自昭王建國歷莊憲康靖端愍恭八王而止於王華烽今居民莫敢屋無他樹四時草色長青以此隔截譙樓宮觀閭井廬舍望之皆遠在里許外故憑眺最幽此其大略也總名爲東山小隱而公自爲記讀記則如游壺中僕以甲子冬攜兒昌來寓秋亭飽風雪之觀有秋亭唱和集乙丑夏復攜昌時二子館於空香閣與翠微堂相接堂與閣前皆有臺是時秋水方上江身漸高風帆上下兩岸皆覩公日以詩相挑每清宵坐月繩床各據漏下三鼓覜城中燈火盡滅天河奕奕近人公口占筆授亦都爲一集按宋陸游入蜀記云黃鵠山一名石城山而公鍾英石城海內稱石城先生此山名適合山舊有元規樓奇章臺今莫能問豈非往蹟留傳之久必以其人爲重哉張子石虹有東山小隱賦而僕爲之補記且述黃鵠所由名用告後之志斯地者毋踵神仙悠謬之訛而以山資公以公傳山山靈斯受矣康熙乙丑孟秋廿有五日本集

國朝

朱珪字石君號南崖晚號盤陀老人大興人乾隆戊辰進士歷官太子太傅體仁閣大學士諡文正著有知足齋集

費公祠記碑

天上之神仙天下之忠臣孝子也蓋其仁智純一之德配乎浩然剛大之氣彌綸乎古今而與天地爲體故超萬化而不敝也易曰原始反終故知死生之說子曰未知生焉知死忠孝者始受命於天而人之所以爲生者也盡其所以爲生則其死也亦如是之肫肫浩浩而已漢大將軍錄尚書事成鄉侯領益州刺史開府費公諱禕字文偉江夏鄳（音萌漢書地理志鄳縣屬江夏）人鄳今之羅山也按蜀志公少與董允齊名而優於允初事後主爲黃門侍郎丞相亮南征還命公同載以異之使吳見器於孫權還遷侍中亮所謂良實志慮忠純者也後爲亮司馬解魏延楊儀之爭代蔣琬爲尚書令每省讀書記目暫視已究其意旨終亦不忘朝晡聽事其間接納賓客盡人之歡而事不廢及假節禦魏軍於興勢與來敏圍棊從容退賊當國之日家無蓄財諸子布素卒爲魏降人郭循所害初姜維欲大舉公嘗裁制之曰不如保國治民

敬守社稷及維黷旅遂至於亡於戲公之忠貞同符孔明而其貫志厭世比烈於關張其生也聰明純實而不渝其逝也貫金石光日月而不朽宜乎世傳公之驂鶴登仙臨故鄉而延佇也乾隆丁亥珪司臬於武昌中秋之月感異兆有神人自稱公姓名哦笛聲鶴翼之句珪心詫之閱通志云黃鶴樓唐閻伯瑾作記以費文偉事爲信然述異記乃荀叔偉誤爲文偉也珪考梁任昉述異記荀瓌字叔偉嘗憩江夏黃鶴樓上有駕鶴之賓降自霄漢鶴止戶側仙者就席賓主歡對已而辭去又考閻記作於唐代宗永泰元年引圖經云費禕登仙常駕黃鶴憩此遂以名樓事列神仙之傳迹存述異之志又云仙蹤可揖嘉叔偉之芳塵珪乃喟然曰唐閻公豈不讀述異記者且明引費公事於前而嘉叔偉之揖仙蹤而疑其誤耶閻之意蓋以述異所載遇仙者荀叔偉其所遇之仙則費文偉也後儒讀書心滯輒生疑惑夫何足怪況此樓踞城郭之巨麗俯江漢之交流大別紀神禹之績長蛇掉翼軫之精眞靈往來呼吸上絳子安跨鵠於神磯純陽橫笛於仙棗而斤斤致疑於公何坐井

之見也公自蜀漢延熙十六年癸酉春上升迄今乾隆丁亥蓋千五百一十五年而肸蠁昭融赫濯森列如此此其神光浩氣爲何如哉故謹爲位於磯之三面亭以奉德馨而妥神馭焉又爲歌以侑神而誌之石歌曰天門閶兮憧憧驂元露兮星宮霞冠兮虹裾雲吾遊兮九區酌大江兮浣白月抱赤龍兮彈狂猘江漢兮滔滔蜀之山兮嶲莞火井竭兮當塗生蒿睨故鄉兮泬寥左子安兮右呂過叔偉兮暫語俯高樓兮視萬蟻憐蜉蝣兮楚楚桂椒兮蕊芬般其來兮卿雲千秋兮萬春敎忠孝兮福下民 湖北通志

國朝 陳本立 江夏人副貢生

黃鶴樓名勝記

黃鵠山名石城山長竟里高十尋有奇東連高冠綿亙郡城先是圭土爲城者置此山闤闠中首瞰大江頭陀寺顯蔽之又黃鶴樓適扼其吭登覽者心目易厭而茲山眞面益以不傳爲綜其名勝其自北盤道而登有亭翼然於城上者望江亭也卽古十盤亭亭左爲寶相塔甃巨石爲之下廣上銳週以石楯元威順王太子墓也更上卽黃鶴樓樓上高百尺八窗洞達者三層嵌空玲瓏勝甲三楚樓之東爲亭者二一擱筆亭初名太白堂重簷複道公私燕遊之所右曲石壁稍峻中爲孔道不署名人多指爲石鏡亭云再上爲斗姥閣卽古南樓也黃山谷詩鄂州南樓天下無卽此以上皆西向白雲樓右長廊屈曲西夾石刻在焉殘碑斷碣附列者多難卒讀湧月兩大字卧苔蘚中頗饒觔氣其左有仄徑紆而下奇石佳樹夾道垂陰歷百武得平廠地黃冠自爲靜室曰留雲閣石磵清泉別開生面其南道院麗山者右曰四皇殿費禕洞在焉尋之不可得壓於殿址也出四

皇殿左尋道直上丹磴連雲躋其巔盤曲相引不敢俯視歷數折達仙棗亭亭凡三其中獨高者即山脊石壁加椽瓦焉牖戶欄楯皆鑿石爲之製極古倚亭四顧滿目江山東望漕園亭臺滅沒武當宮意其舊址其隸觀察署者爲振衣亭爲陳友諒墓歷歷可指數又東爲郡學宮廟廊芹藻巍煥馨香茲山靈秀所鍾如或見之亭西楯以朱欄者仙棗樹也古色不青洵千百年物又西下爲萬壽亭亭中列豐碑二則錮楚賦上諭也古十間亭在仙棗亭西此正當其處亭右即白雲樓址右諸亭

俱南向仙棗亭後爲一覽亭亭久廢其址大可恣眺望由此隆隆特起者皆山脊也其上爲廣永亭爲奇章亭惜不傳其跡獨夏口郢城遺跡猶有存者至楚觀樓則與爲冠其之矣山陰諸勝曰方朔讀書臺曰磨厓方丈曰靜春臺民家皆籠而有之好事者載酒尋之每悵一見余幸一登臨靜春臺焉山椒壓雲亭至正間建舊傳爲頭陀寺頂院度其地當在仙棗跡左側仙棗跡巨石嶙峋高若堵牆下即黃鵠磯大士閣踞其首高出城闉洪濤盪胸景益奇茲山之勝如此乃以逼近市塵不獲獨顯其奇而仙客騷人又皆怵心鏤骨日與司勳供奉爭長角技競爲黃鶴樓導揚盛美而概置其他勝事嗚呼豈其絳灌不可以伍韓彭亦茲山之幸猶不幸也夫

江夏志

國朝

官文 字秀峰滿洲正白旂人累官荊州將軍湖廣總督文華殿大學士年七十餘卒謚文恭著有敦教堂詩鈔

鄂省益陽胡文忠祠碑記 時同治二年九月

皇帝嗣服之初我楚師征皖告捷而湖北巡撫益陽胡公遽薨於位　上聞震悼　諭賜祭葬　予謚文忠入祀賢良祠暨湖北及本籍立專祠以祀之　明詔既下吏民具欣城西北隅黃鵠磯舊有黃鶴樓今燬樓後址尤宏敞面臨大江橫覩千里水萃帆楫陸豐稼茁江兩岸廛屋隆夸貨貝充牣邦之人相與言曰凡今

日所安樂而居之者皆公與予所戮力而得之者也夫予何敢望公而公之嘉惠斯民者自不可沒今奉　天子命祠公於斯公其式憑於斯永鎮於斯乎祠既成思所以紀公績示民不忘而屬記於予予謂是地也詎徒彰公之休其將以卜我　國家中興之盛乎夫是固江漢合流之地也嘗考周室中興實在宣王之世而其義莫備於江漢一詩其詩曰江漢浮浮武夫滔滔江漢湯湯武夫洸洸解者曰浮浮衆强貌滔滔循流而下貌洸洸武貌蓋江漢爲水有朝宗之義宇宙衆水惟江漢合流益見其盛大而　王師之盛如之遂以順流東下而成鋪截之功今我　王師之丕揚威烈實肇始江漢之區方予之奉　命兼督兩湖而公來開府鄂中也予戰江北公戰江南賴　聖謨神武將帥用命賊遂駭瞿奔觸環鄂境千里曠然一清當是時楚師之盛則所謂浮浮湯湯者也其順流東下則所謂滔滔洸洸者也天之示人也恆以其地通天苞而於河吐地符而於洛中

天討彰　國威而於江漢天意若曰吾縱賊使東俾稔惡十年所以厚其毒而降之罰而當賊燄方張特聚

衆賢武同心戮力鏖戰於江漢之間以奪彼負嵎而成勝勢則所以默喻諸臣與召虎匹休以翊成　皇上中興之運者也今自皖以北淮潁之間我楚師方厲兵相向矣此淮夷之地也詩不有云乎匪安匪舒淮夷來鋪由是而埽穴金陵奄有吳會則南海之地也詩不有云乎于疆于理至于南海東征既蕆移杓轉旆秦蜀克豫以次殲渠則四方之績也詩不有云乎經營四方告成於王夫如是而膚功丕奏愿宣威闓懌華震夷斯億萬年之休也詩不有云乎虎拜稽首天子萬年凡詩所

云皆公之志也事具載碑陰協揆曾公疏因卽是而爲之記

國朝唐訓方字義渠常甯人道光庚子舉人累官湖北武昌道督糧道藩臬兩司安徽巡撫

黃鵠山斗姥閣禹碑記

衡山禹碑始見稱於湘中記云按省玉字通水理也吳越春秋亦同但未有刻碑之文至唐崔融乃有螺書扁刻之語而劉禹錫韓愈始云有銘有碑則此石唐人蓋有見之者而拓本始於宋嘉定中模刻夔門亦在是時其釋文則始於楊慎沈鎰從此盛傳凡七十七字大抵依據眞書形象約略成詞未明六書未知古韻適可謂訓而已神禹去倉頡後數百年其時文字雖奇古亦必

有偏旁形勢無疑堯典諸篇未聞繙釋知其時文與商周鐘鼎款識及說文解字古籀文相同明矣不幸爲楊沈妄釋使後人盡嗤此碑之僞今觀雲密峯眞石在縣崖之半倒壓欲落作僞者未能艱險爲無益如此且造字時亦安能不依古文而詭作雄瑋以驚俗賞開指摘之門乎訓方居衡山之旁少嘗深思頗釋出數字因取拓本日夜觀之搜考古籍徵其由來諦觀意勢乃是抱朴子所傳五岳眞形圖然後恍然於古人所云玉牒玉字案以治水者蓋上古符篆之秘果非文字而刻石紀

功之誣尤不足辨矣河出圖洛出書山開靈書珍符以佐神聖豈可以陋詞釋之乎近年貴州永甯紅巖山於雨後日夕山石隱起有文示見神奇不成字法即其證也至此石拓本翻刻者天下有十數處此是雲密峯原石秀峰節相師出以相示屬爲鉤補泐處因取舊藏嶽麓刻石拓本鉤出字體差小形象不譌既鉤畢又證以昔聞跋於後方其釋文本不足錄以流傳既久亦書於下以備鑒正焉同治三年八月謹記

國朝丁守存字心齋山東日照人道光辛卯舉人乙未進士戶部主事歷員外郎中軍機章京同治三年任湖北督糧道十載著有贖硯山房詩文集

重建武昌黃鶴樓碑記

同治八年歲在己巳季春之月湖廣總督一等肅毅伯協辦大學士合肥李公湖北巡撫侯官郭公以武昌重建黃鶴樓勝蹟大工蒇事命守存爲文以記之自維譾陋懼弗克勝然自道光己酉洎咸豐辛亥會以典文闈襄戎幕兩使粵西道此屢經登眺今兵燹之後遺址重新躬逢茲勝義不敢辭因述其顚末拜手以獻文曰自

古名勝之區廢興遞嬗考之荆楚銅鞮章華遐哉邈矣梁隋以降直省廣造浮屠後陳金碧役夫靡帑動以百十萬計識者譏之蓋將窮耳目之欲逞土木之觀舉非其時於義無取武昌黃鶴樓始建何人志乘所載言人人殊而山踞龜蛇洲臨鸚鵡巍然矗立自唐代名流著之吟詠千餘年迭有沿革而茲樓不廢及我朝規制屢新　天題炳煥嘉慶癸酉增修式廓又垂五十年矣咸豐壬子粵逆鴟張圍星沙犯岳陽脅數萬衆掠大小艨艟蔽江直下欃槍所至烈焰灰飛數年之間鄂城

三陷武漢輻輳之地淪爲榛蕪至咸豐丙辰玆樓遂付一炬越九載上元紀甲金陵大憝埽平宮太保果威伯大學士滿州官公秉節是邦與前藩司唐訓方瞻禮胡文忠公祠宇念累年櫛沐勤勞相與共圖恢復者文忠之力居多今雖百廢漸舉而玆樓柱礎空存宏規未起惻然感之因謀之巡撫今升工部尚書長沙鄭公及司道守令唐際盛盛康鍾謙鈞恩榮等募金重建一時倡捐廉俸者督撫司道以下均樂於從事宮少保前兵部侍郎衡陽彭公前署廣西巡撫湘陰郭公記名提督劉

維楨姜玉順藍斯明副都統喜昌入貲最鉅督標中協副將鳳昌復廣募各營集有成數爰遴幹員遄之巴蜀衡湘採購大木四川監生劉恩波因是積勞沒於涂始旣集事而逆匪餘燼復熾擾黃德諸郡江北戒嚴宮少保威毅伯巡撫湘鄉曾公治兵於外官相國亦旋奉內召入直閣事刑部侍郎今升刑部尚書山陰譚公江蘇巡撫今調浙江巡撫合肥李公攝督篆未久亦弗暇及越今　天子御極之七年戊辰爵相李公旣於六年冬間殲任賴各逆於濰淄淮海之交復於是年夏

間平張逆於幽薊燕齊之境海宇肅清人民復業雨暘時若年穀順成攝督篆巡撫郭公護巡撫布政使香山何公相與顧而咨曰事以經始爲難功以及時爲亟迺者積重貲選良材旣殫數歲之力而令千餘年勝蹟至今闕然耶於是李公郭公咸輸白金千兩護巡撫何公與署藩司王文韶署臬司鄭蘭及各司道重捐廉俸以武昌守黃昌輔董其事而以候補通判湯世鏞從九品符秉忠等駐局監理涓吉於九月初八日定磉十月十二日上梁設牲牢楮帛焚祝於舊址左側構架懸梯摩

雲森立按製就小式覈其尺寸斧者左鋸者右匠石千餘人般倕畢集邪許爭呼越次年六月大工成是役也計縻捐銀三萬餘兩樸之斲之丹之雘之鳥革翬飛與雲日相輝映而總督爵相李公已於正月持節莅止暇率僚屬拾級而登見夫大別西橫晴川對峙廣漢控三巴之峽橫江艤萬櫂之舟俯而瞰焉則煙火萬家鱗次如畫雉堞參差岡陵起伏熙來攘往者蟻聚蜂屯燕支鳳凰諸峯環列左右猶與中興之景運非諸公翊贊之勳何由鉅制重新以覩斯樓之成也樓凡三層計高七

丈二尺加銅頂九尺共成九九之數柱周六七尺以上者四十八楹爲地基周徑長二十丈有奇寬八丈有奇樓八面各寬四丈五尺上供呂祖像仍其舊也餘材重建太白堂一覽亭湧月臺留雲閣白龍池等處以復故跡夫神仙杳茫之事傳聞異詞固無從確考卽堪輿家風水時日孤虛之說亦儒者所不屑道特以鎖鑰三湘綱維九派以斯樓雄峙其閒其足以開拓心胸發皇耳目者卽規模之巍煥想川嶽之懷柔我　國家億萬年有道之長蓋將與海寓蒼生登春臺而遊熙皥不徒白

雲黃鶴供騷人吟客之嘯詠已也爰爲記以泐之石

國朝　劉國香字堯丞沔陽人咸豐辛酉拔貢候選訓導

重建黃鶴樓記

皇帝御極之四年粵逆盪平金陵克復大江東南郡縣以次肅清百廢俱脩時楚重建黃鶴樓議者謂鯨鯢雖翦瘡痍未復不可以無益遊觀耗大司農其勿建便當事者曰不然黃鶴樓者楚之望也肇始孫吳酈氏載之齊梁二書相沿勝蹟駕鶴之賓或費或荀或王子安總之不離神人者近是崔顥上頭白雲晴川奄有千古學人一炬販夫牧豎皆知痛惜宜建一大江自蜀來經巴陵洞庭九水入至大別漢水入西南濫觴諸源馳波跳沫畢萃於茲以注諸海重以鎮之天吳八尾馬銜一角

與夫木支祁之屬皆跧伏於龜山足而全楚得以安瀾慶也宜建二樓臨黃鵠磯歲舉貙貗之禮水師犇艋戈袍組練都試在焉曼衍魚龍頃刻萬變飛目直下可以察方員窮奇正宜建三迤西則萬商之淵鹽艖銅船漕艘之所湊泊帆檣山立虧蔽江面夾岸著籍戶無數萬奸宄鴟義其中桴鼓一聞麗譙百里秋毫無遯宜建四近又外夷通市英咭佛郎火輪船由上海直走上江舌

人華言與鳥語相亂其他琉球日南終王受吏琛象來庭絡繹不絕固云褱懷亦資威遠樓龍蟠虎踞芒寒色正上燭翼際宜建五大妥神人鎮靈怪習戎詰暴威遠五者具備何惜錢刀爲爰鳩工匠料木石自下而上高十八丈一如乾隆紀元大學士史文靖督楚更製之舊閱若干月樓成於是舉觴落之畫熊繡豸曳簪影纓者咸在曰斯樓之成楚北幸甚雖然竊有說以樓成爲非幸耶樓未重建之先殘礫斷礎蕭然狼籍令人齎咨涕洟於其間求可以妥神人鎮靈怪習戎詰暴威遠者不

可得也以樓成爲可幸耶前此之樓非不能妥神人鎮靈怪習戎詰暴威遠也一旦不能有乃惟是殘礫斷礎蕭然狼籍令人齎咨涕洟於其間而已矣然則無樓而有樓楚之幸有樓而常保無失尤楚之幸且不惟楚金鐵不鳴韃櫜允治飛甍流丹長此終古雖天下利賴焉噫豈非予與諸君子守土之責哉因銘以自儆曰

五城十二上賓靈囿仙人好樓爰居爰處巨鼇涌負層阜之巔俛瞰齊州九點蒼煙朝宗東赴龜赭海門萬里鈐束互爲之根江山第一風月不老秋霽春晴雨奇晴好古來天塹此限南北赫聲濯靈設險守國嘻嘻出出火炎昆岡千年黃鶴一劫紅羊不有廢也其何以脩凡百君子職思其由烽燧既平江漢既清式是南邦防意如城

國朝 畢沅字湘蘅號秋帆鎮洋人乾隆庚辰進士第一人官至湖廣總督加太子少保著有靈巖山人詩集

黃鶴樓銘并序

江出峽東至於巴邱沅湘二水入焉又東至於夏口漢水入焉於是西自岷山西南自牂牁南自桂嶺西北自嶓冢五水所經半天下皆匯於是以注於海而江夏黃鵠山當其衝江環其三面再折而後東故地形稱險焉縣因山爲城山之西有磯起於江中石立如植激水逆行恆數里於形爲尤險其上爲樓咸取於山以爲名始

自孫吳酈氏著之齊梁二書並載其蹟於後樓之興廢史莫能紀乾隆元年大學士史文靖總督湖廣乃更其制自山以上直立十有八丈其形正方四望如一高壯閎麗稱其山川歷年六十堅密如新其下則水師蒙衝在焉歲以十月都試吳戈犀甲蔽川燿日江以西商旅百貨之所湊道路晝夜行不休著籍戶八百萬公私舟楫列檣成林南北二郊原隰沃衍禾黍彌望無高山深林之蔽桴鼓一鳴上下百里若示諸掌姦宄無所匿其跡惟江夏自宋立郢州以來代爲重鎮 國家疆理天下愼固封守常以尚書侍郎鎮撫其地及司道之所治百城冠蓋四至邇風驛路劇驂輶軒之使不日則月重西南際海屬國以百數終王受吏累譯來庭往反 上都皆道於此守土之吏率會於茲樓以飲食之禮親其僚友不降階序而民風穡事胥可知也洎大王臣咨諏每懷靡及舌人體委懷柔遠人治官莅民禮賓詰戎邦之大事於是乎咸在外以設險內以經國地勢然也其有逐臣羈客登高作賦感物造端可興可怨丹邱羽人雲水栖遊徜徉乎其地均足以發抒文采增成故實沅

始釋褐文靖以元老在 朝先後序同歲爲衣冠盛事蒙 恩數歷茲纚其武旣欣踐於勝地且感遺構乃爲銘曰海有神山河惟底柱巨靈爰闢列仙攸處樂哉斯邱層城之巔上標崇觀下俯大川柱天不傾障江欲迴山增比岳水激成雷都會是程蠻荆斯控光映鳥翐勢吞雲夢四野底平八窗洞屬登若馮虛望惟極目朱衣行水毛人墮城夢有先兆神或不經大别西踞樊口東邇神禹明德黃武伯圖川逝無停人往不作我紀茲遊思同民樂楚寶 述學

國朝趙淯見前

壽字跋

有士大夫政和甲午歲游巖見五華洞石壁上有壽字體法不凡人莫能識乃以千錢募工人得紙本以歸因刻石以傳世新定趙使君茂嘉復模於郡齋淯偶得之不敢藏於家刊諸東巖石上期與好事者共之慶元乙卯歲中秋日河陽趙淯謹跋　湖北通志

國朝吳省欽字冲之號白華南匯人乾隆乙卯　召試博學鴻詞　賜內閣中書癸未進士官至左都御史前湖北提督學政著有吳白華前後集

書黃鶴樓壁

鵠鶴皆水鳥鵠高翔善步故一名天鵝鵝白而微暈黃故黃曰鵝黃鵠之黃猶鵝之黃云耳鶴由白而蒼而元顧本草言有黃者陸璣詩疏遂云黃鶴古人常言之鵠即鶴音之轉後人以鶴名頗著謂鶴之外別有所謂鵠故埤雅既釋鶴又釋鵠漢昭時黃鵠下太液池而歌名黃鶴方以智云鵠鶴聲之轉詩從子於鵠音鶴叶皓淳

于髡獻鵠於楚舊注即鶴後漢吳良傳贊大儀鵠髮注即鶴髮曹植表實懷鵠立企佇之心鵠立即鶴立法書要錄鶴頭書一作鵠頭書嵇康賦千里別鶴音鵠與曲叶又別鶴操雄鵠雌鵠庚桑楚篇伏鵠古鶴字今武昌黃鶴樓下曰黃鵠磯此確證也嘗考鶴鵠不特音轉文亦易譌如論衡貴鵠賤雞養生論寵鵠壽千百之數瑞應圖王者知音樂之節則元鵠至以及張協言露鵠何遜言夜鵠李賀言瘦鵠餘若別鵠孤鵠野鵠獨鵠鵠[illegible]非鶴者江夏黃鵠山一名黃鶴山山臨江有磯曰黃[illegible]

磯磯上黃鶴樓元和郡志所云城西南角因磯爲樓名黃鶴樓者也黃鵠遊江海淹大沼與鶴殊族後之人甚以鶴勝於鵠而音與文又復相近侈仙跡者遂有黃鶴之名任昉記荀瓌憩黃鶴樓望西南有駕鶴者降賓主歡對辭去跨鶴騰空渺然烟滅唐圖經費褘登仙嘗駕黃鶴返憩於此遂以名樓其事雖不足辨然蕭梁時已有黃鶴樓之名荀瓌於樓上遇駕鶴之仙非瓌卽能仙去作圖經者又以荀字叔偉而移之費禕費氏自降奴豈遠兵解今樓旁有費禕樓上有呂巖攜笛跨鶴象盧

生倚枕臥其旁以邯鄲呂翁當呂巖以巖當駕鶴之仙又其甚者類家於江夏縣黃鶴山謂宋戴顒隱憩於此林澗甚美是蓋以京口之黃鵠山一名黃鶴山其下有鶴林寺者誤以爲卽江夏之山而漫無識別也易詩春秋左氏傳言鶴不言鵠禮言鵠不言鶴漢書黃鵠下太液池作黃鵠歌未嘗云黃鶴歌有黃鵠無有黃鶴人所易知者庾子山賦落帆黃鶴之浦藏舟鸚鵡之洲亦不察黃鶴之爲黃鵠耳予以本草埤雅分釋鶴鵠自非一物兩黃鵠山皆轉爲黃鶴山費禕荀叔偉呂巖呂翁多涉附會伏睹

御題江漢仙蹤扁字渾融函蓋無所不包論而列之以諭世之登斯樓者 白華前稿

國朝 吳省欽 見前

書黃鵠磯觀音寺壁

鵠有二小者鳱鵠設以命射其一即天鵝與鴻並齒古人行文鵠與鶴往往通用江夏黃鵠磯其上枕黃鶴樓樓在城巔對城外之觀音寺舊爲南齊頭陀寺王簡栖文其碑簡栖之名文選注作巾說文通釋作巾困學記聞作中中讀作徹象屮木初生枝莖之形黃公說字巾閒居服故名簡栖似不當從中因思升菴於音於義從中於文從屮屮即古左字簡兮詩左手執籥其名與字

或取此宣和譜陸簡之書頭陀寺碑湖廣志亦失載故既題其楹復考鵠鶴巾中屮之異同而著之於壁 白華前稿

黃鵠山志卷六終 江夏錢桂林校字

黃鵠山志卷七目錄

藝文 古今體詩

黃鵠山 一名黃鵠山 高觀山

黃鵠磯

黃鶴樓

唐十人　宋十二人　元八人

黃鵠山志卷七

永康胡鳳丹月樵編纂

藝文 古今體詩

唐 沈如筠 句容人橫陽主簿見全唐詩

望黃鶴山張君 全唐詩作寄張徵古

寂歷遠山意微杳半空碧綠蘿無冬春彩煙 一作雲 一作照 一作竟 朝夕張子海內奇久 一作耐 爲巖廊 一作中 客聖君多 一作當又作勞 夢想安得老松石 江夏志

國朝 顧景星 見卷六

鵠山望桃柳

春城過雨柳齊芽弱絲參差俯萬家半醉沿山鏗屐齒愛從斜日看桃花

桃花深處暖雲浮隔樹紅妝倚翠樓正是瀟湘春色好明朝欲買洞庭舟 本集

國朝 沈 棵 字雲友自號石帆山樵本浙江會稽人後占籍爲善化人著有兼山堂詩鈔

秋夜登黃鵠山頂

崇巖秀中國清氣滿離落夜月揚秋光馳情在邱壑寒花媚幽石疏林帶高閣迢遞上蘭皐瀟灑憩蘅薄其下

煙雲生須臾羃䍥廓江漢已潛形安問城與郭惟覺此山孤青天蓋四幕願拍仙人肩相呼騎黃鵠 本集

國朝 張開霽 字曉峯永綏人道光辛卯舉人由安陸知縣官至湖北候補道著有石莊詩集

和王夢崧觀察登黃鵠山追次吳荷屋先生韻

城邊空自憶高樓劫火三經我尚留崔顥至今傳大句武昌從古擅雄州雁初飛過天無際鶴不歸來仙亦愁南向岳陽舒望眼白雲橫處去帆收

西北風高首重回秋清會見亂塵開能銷滿地兵戈氣要得超羣戰伐才興到揮毫聊作賦酒酣拔劍不知哀

與君試上峯頭立看取晴霞散綺來 本集

國朝 劉應霖 字小峯襄陽人

讌黃鵠山麓 鍾菊潭學博招同人讌黃鵠山麓出鴻泥留爪圖索題作此酬之

黃鵠磯頭客翩然騎鶴來江城五月暮共聽笛中梅屐想南樓登樽從北海開武昌秋月滿長憶謫仙才

百戰文壇傑如今六十强諸公皆袞袞此老故堂堂名在儒林傳經傳弟子行奉觴還一笑故態未嫌狂

我家襄水曲君住沔江邊拙宦徇微祿歸耕憶薄田閒耽山水趣願結笠簑緣何日辭官版追思一惘然

雲夢浩秋煙清貧守一廛浮蹤千里合流水廿年前飲酒慚陶令稱詩對鄭虔知音今幸遇羞澀伯牙絃 同聲詩鈔

國朝 萬裕鵬 字翔雲黃岡人道光癸卯舉人興國州學正

前題

黃鶴樓頭江月明月中一一鶴飛聲八年五聽梅花落千載難逢桃實生況有文章傳弟子何須富貴到公卿武昌城畔青青柳半是當時手種成 同上

國朝 張　杲 見卷六

晚歸迂道訪黃鵠山

秋從西郊來欲尋杳無跡徙倚望眾山脫言在疇昔斷雲倚殘照清泉隱危石倦鳥暝不歸林壑黯將夕流光誓不返景物各變易幽草日已黃虛嵐日已碧我思素心人相問在咫尺月明照蘿徑懷抱各有適 本集

暮登黃鵠山

空山已薄暮悵望夕陽西寺遠磬聲寂峯高人影低石花環古磴松子落長蹊指點深林裏真爲隱者棲 同上

國朝 譚　溥 字仲牧號茘仙湘潭人客遊楚粵間著有四照堂詩集

登鵠山弔常文節公 大淯

古堞四面秋風寒鴉羣逐陣盤雲還浩劫茫茫滿塵土白日黯淡埋空山破瓦堆中鬼燐碧熱血影裏斜陽殷戰場慘裂悲風大撫景徘徊一長嘅晴川波浪冷雄落漢陽沙草餘凋瘵此日湖天殺運收陰飈旋雨來荒邱可憐白骨縱橫地中有將軍哭斷頭 本集

國朝 王熙緗 字夢崧澤州人道光己酉拔貢官湖北補用道著有夢崧詩草

登黃鶴山次吳荷屋中丞韻

亂餘莫問古時樓黃鵠危磯跡總留景擅漢陽川上閣

地雄雲夢澤南州仙蹤杳杳人難訊秋水茫茫客正愁鴻雁不來勞北望中原何日戰塵收

新秋暑退又涼回江上青山面面開訪古空懷三國事題詩曾費幾人才淘殘今古濤猶壯話到滄桑劫更哀不用臨風吹玉笛白雲依舊我頻來 本集

國朝 顧景星 見卷六

高觀山再看桃花次韻

舊時山下賣桃翁曾見山桃幾度紅鹿苑當年園寢地兎葵今日楚王宮正宜細雨門深閉不是看花客莫通惆悵郊原春色賤小開攀折惱村童 本集

國朝 程之楨 字維周江夏人咸豐辛亥舉人同治元年大挑知縣以母老改補黃岡教諭卒於官著有維周詩鈔

薄暮踏月登高觀山

薄暮陟層巘煙中樹陰直羣鴉歸茂叢林燈出虛壁初見白玉盤絢此丹桂色素彩流長天清光照四極瘴癘一以消魍魎何由匿騎鶴仙之人廣寒永今夕褭褭仙風來金粟落橫笛 本集

國朝 張杲 見卷五

偕詩愚登高觀山即景懷古

高山如橫枕大江如環帶此境良獨奇俛仰乾坤大涼風吹人衣蕭蕭動天籟歸鳥喜有託歡鳴雜清瀨落日下扶桑浮雲倚華蓋人居矮屋中我來青天外

西山峙黃鵠碧嶺何崔巍野叟扶杖出言採西山薇往哲亦已渺 揚清端公祠在山下 仙蹤長與蓬 世傳黃鵠山仙所居 上下千百載誰爲揚清徽我欲問青天雲霞長紛飛浩歌懷往昔徙倚不能歸

有酒常不飲不如擲金卮有山常不登不如無險巇人

生若輕塵後事安可知少小長抑鬱歡樂無幾時寥寥空山中懷古發幽思世外有浮雲一笑且置之本集

高觀夜雨

禪房二十畝修竹三千竿高枝向晚風搖碎新琅玕蕭蕭復淅淅夜雨走急湍天籟發清興側耳流雲端同上

劉宋　鮑照字明遠東海人晁公武讀書志作上黨人照或作昭蓋唐人避武后諱所改照爲臨川王子頊參軍沒於亂兵遺文零落著有鮑參軍集

登黃鶴磯

木落江渡寒雁還一作橫風送秋臨流斷商絃瞰川悲棹謳適郢無東轅還夏有西浮三崖隱丹磴九派引滄一作蒼流淚竹感湘別弄珠懷漢游豈伊藥餌泰得奪旅人憂本集

宋　周弼字伯弜汶陽人著有端平詩雋

舟次黃鶴磯

俯爲江山特地來勢須時暫走塵埃稍閒便著攜官酒一醉吳王舊釣臺本集

國朝　馮廷櫆字大木德州人康熙壬戌進士官中書舍人丁卯典試湖廣作詩一卷名曰晴川集王士禎嘗序之又有京集雪林集曹村集

黃鶴磯

沔江駭浪流淙淙夾岸屹立雙芙蓉黃鵠高峙郡城角倒插石壁當其衝上載萬古神仙宅下榻千尺蛟龍宮我客江郊百無事獨著雙屐攜長筇斜日慘淡山徑黑窮秋蕭瑟楓林紅緣巖歷磴到絕頂危樓突兀臨三重森然魄動當檻立參旗斗柄搖虛空俯首長江一帶耳翻疑天塹難爲功迴身欲倚江閣立四窗白霧寒濛濛神仙有無墮荒邈英雄割據空遺蹤冠古人才零落盡感時五嶽排胸中山雨初來樓角暗躡級欲下心忡忡憑高放眼一長望茫茫八極雲雨風國朝別裁集

國朝　張連登字　咸陽人康熙五十二年官湖北按察使旋授巡撫

黃鵠磯觀渡

黃鵠磯頭楓葉凋江風吹岸草蕭蕭賈客收帆泊殘臯鳴榔擊榜聲嘈嘈迴波四面天週遭忽爾窮陰作怒號白浪斜飛百尺高奔雲捲雪山動搖流光閃閃滾銀濤中有小艇浮鴻毛手打兩槳口歌謠左顧右盼舟不操蜻蜓點水波上飄欲翦不翦如迎潮翻笑江豚拜浪勞觀者失色魂盡消小船已過龜山坳我欲凌虛負八鰲

莫敎洪水日滔滔和風甘雨不鳴條四海安瀾頌聖朝
江夏志

國朝金德嘉字會公廣濟人康熙壬戌進士官翰林院檢討晚年鍵戸著書與同鄉顧景星張仁熙劉醇驥追摹秦漢宋尚王李著有居業齋文集別集

黃鵠磯歌呈姚陟山先生

黃鵠磯上鵂鶹呼鄂王城頭鬼張弧亂兵欻起撫軍徂從容就義葉大夫街北巷南坐狗屠長官往往遭拘俘碧頭手挽金僕姑乞兒腰懸玉鹿盧丹書魚腹叢祠狐亂階實始於僧雛督學使者披氍毹踉蹌出走城西隅

家世生長苕霅區出門咫尺須人扶一朝短衣竄榛蕪雞鳴出郭午未餔斜陽草店卧泥塗荆棘刺體無完膚此身乃脫黃巾汚變故可憐起須臾狗鼠偷竊依萑苻惜哉中丞幕府麗從薪曲突一籌無坐令閭左倒倉儲豢養凶人同蛣蝓扁舟汗漫太白湖邂逅沔陽舊生徒難火燎衣水澆趺坐定屈指算狂徒三旬藁街懸頭顱亡何將軍果援枹脅從竄伏渠魁誅澄清江漢息戎軥澤宮無恙草花蕪先生就舍肖畫厨紅籤碧軸雨沾濡白晝縱橫毾與氍東望故里吳興郛千尋古松千尺梧

窪樽亭子松雪圖歸去招尋故人俱菰城爲圃且荷鋤時清不用談兵符有暇且泛前溪艫不然采藥東海娛金銀宮闕探蓬壺本集

國朝顧景星見卷六

黃鵠磯

儀舍宜江檻移尊對石磯埠船爭客渡沙燕問人飛句傳崔顥逢仙說李機不須騎鶴返城郭已全非本集

國朝桑調元字弢甫錢唐人雍正癸丑進士官工部主事著有五嶽集

登黃鵠磯和鮑明遠韻

鮮霞絢晨旭涼颸鳴早秋榜童學楚舞估客揚商謳優游心跡曠漫浪身世浮黃鶴絕還影清川奔逝流洲溆檥輕棹棲觀攀舊游撫此一尊酒忘彼千歲憂恒山集

國朝石鈞字遠梅吳縣人著有清素堂詩集

登黃鵠磯

杖策來登黃鵠磯渡頭寥落楚人稀烟暝北渚船初泊楓冷西江雁又飛巴僰尚傳潛醜類檻車終治玩兵機捷書近報頻乘勝急向川中共合圍蘭言集

國朝葉廷芳字容堯號松亭溧水庠生其先金陵人上世客遊漢日遂家焉以子繼雯官封中憲大夫

後以曾孫名琛官大學士贈光祿大夫著有花餘亭詩存

仙桃跡在黃鵠磯上

度世仙桃隱薜蘿行人日日此經過傳名何必徵虛實孝子原無慈父爹 本集

國朝 張九鉞 字紫峴號度西湘潭人乾隆庚辰副貢壬午舉人官江右廣東知縣凡六任卒年八十三著有陶園詩集

黃鵠磯墖

鵠飛磯斷城尖愁渺渺浮圖當素秋白日鈴搖老蛟匿黑風江抱神燈遊可憐鄂渚盡爲草何代楚王餘此卬

惟有樓頭尋李白一帆相與凌滄洲 沅湘耆舊集

國朝 田慶年 字文祉本溪州人世爲容美司宣慰使

黃鵠磯頭九日作

萬里秋風九日來干戈載道此登臺故園秖在清江畔不識黃花開未開 同上

國朝 張開霽 見前

重陽後一日偕譚力臣同年登黃鵠磯

黃鵠不飛鸚鵡死東西滔滔大江水世間那得有仙人眼前亦復誰名士磯頭突起新樓閣勢壓高城炫丹臒

斜陽在樹樹爭紅風來亂葉磯頭落城高要欵白雲護雲飛過江留不住晴川又厭濁塵侵飄然直向長空去甲帳色憑旌旆壯聲威更借江心浪何處招尋鵝鸛來但見羣鴉噪城上大府昨朝送客回 送巴都護之荊州將軍任 秋風正放菊花開我欲登高一憑眺馬蹄騰踔紛相催今與君向上頭坐指點煙波鷗鳥閒徘徊狂吟豪飲胡爲哉安能壓倒當年崔李之奇才 本集

國朝 黃文琛 字海華湖北漢陽縣人道光乙酉舉人官湖南知府著有思貽堂詩集

省試後同家兄泛舟黃鵠磯下對月放歌

江風吹月月徐行江水洗月月有聲扁舟翫月兼弄水微雲捲碧空江明黃鵠磯下最險絕飛濤激石秋雪傾篙師放手鬬矯快片帆斜度武昌城江月皎皎在上頭上有縹緲之飛樓鱗甍羽蓋腰玉笛仙人跨鶴時來遊我羨仙人樂復樂何時乞與一丸藥使我換骨生毛羽飄飄不住塵中腳蒼梧北海倏往來飆輪夜駛天門開琉璃宮闕最高處法曲親聽紫雲回 本集

國朝 李樹瀛 字香洲石首人廩貢生興國州訓導著有棲雲山房詩鈔

曉發黃鵠磯呈畢津溪

山城欲曉寺鐘催棊葉蒲帆帶雨開白髮一梳明似雪洪濤百丈響如雷空闊楚相求龍意莫上燕王市駿臺萬里長風聊借汝孤舟相送到蓬萊 本集

唐 賈 島 字閬仙范陽人初爲僧名無本後返初服舉進士不第坐謗責授長江主簿終於普州司倉參軍著有長江集

黃鶴樓

高檻危簷勢若飛孤雲野水共依依青山萬古長如舊黃鶴何年去不歸岸映西州城半出烟生南浦樹將微定知羽客無因見空使含情對落暉 本集

唐 王 維 字摩詰河東人工書畫與弟縉俱有俊才開元九年進士擢第調太樂丞歷右拾遺監察御史左補闕庫部郎中天寶末爲給事中後責授太子中允遷中庶子中書舍人復拜給事中轉尚書右丞著有王右丞集

黃鶴樓送康太守

城下滄江水江邊 一作高高 黃鶴樓朱闌將粉堞江水映悠悠鐃吹發夏口使君居上頭郭門隱楓岸候吏趨蘆洲何異臨川郡還勞 一作來又作逢 康樂侯 本集

唐 崔 顥 汴州人開元十一年登進士第有俊才累官司勳員外郎天寶十三年卒著詩一卷見全唐詩

黃鶴樓

昔人已乘白雲去 一作黃鶴去 此 一作茲 地空餘 一作留 黃鶴樓黃鶴一去不復返白雲千載空悠悠晴川歷歷漢陽樹 一作成 芳 一作春 草萋萋 一作青青 鸚鵡洲日暮鄉關何處是 一作在 烟波江上使人愁 全唐詩

唐 李 白 字太白隴西成紀人涼武昭王暠九世孫或曰山東人或曰蜀人明皇召見金鑾殿有詔供奉翰林著有太白集三十卷

送元公歸鄂渚

桃花春水漲之子思乘流峴首臨江浦江邊問鶴樓贈

君青竹杖送爾白蘋洲應是神仙輩相期汗漫游 本集

黃鶴樓送孟浩然之廣陵

故人西辭黃鶴樓煙花三月下揚州孤帆遠影碧空盡惟見 一作此 長江天際流 同上

與史郎中欽聽黃鶴樓上吹笛

一爲遷客去長沙西望長安不見家黃鶴樓中吹玉笛江城五月落梅花 同上

黃鶴樓 按蕭本作樓錢唐王本作望黃鶴山

東望黃鶴山雄雄半空出四面生白雲中峯倚紅日巖

纒行穹跨峰嶂亦冥密頗聞列仙人於此學飛術一朝向蓬海千載空石室金竈生烟埃玉潭祕清謐地古遺草木庭寒老芝朮蹇予羨攀躋因欲保閑逸觀奇徧諸嶽茲嶺不可匹結心寄青松永悟客情畢 同上

醉後答丁十八以詩譏予搥碎黃鶴樓作

黃鶴樓高已搥碎黃鶴仙人無所依黃鶴上天訴玉帝御放黃鶴江南歸神明太守再雕飾新圖粉壁還芳菲一州笑我爲狂客少年往往來相譏君平簾下誰家子云是遼東丁令威作詩調我驚逸興白雲繞筆窗前飛

待取明朝酒醒罷與君爛漫尋春暉 同上

按楊升菴先生云李白過武昌見崔顥黃鶴樓詩歎服不復作而賦金陵鳳凰臺其後禪僧用此事作一偈曰一拳搥碎黃鶴樓一脚踢翻鸚鵡洲眼前有景道不得崔顥題詩在上頭原是借此一事設詞非太白詩也流傳之久信以爲眞宋初有人僞作太白醉後答丁十八詩一首樂史編太白遺詩遂收入之 楊升菴外集

唐 顧況 字逋翁海鹽人至德二年進士德宗時官祕書郎遷著作郎貶饒州司戶參軍晚年退居茅山自號華陽眞逸集有皇甫湜序三十卷今存者華陽集三卷

黃鶴樓歌送獨孤助

故人西去黃鶴樓西江之水天上流黃鶴杳杳江悠悠黃鶴徘徊故人別離壺一作堂酒盡青絲絕綠嶼沒餘烟白沙連曉月 本集

唐 白居易 字樂天下邽人貞元中擢進士第初補校書郎元和初召爲翰林學士左拾遺穆宗初徵爲主客郎中歷杭蘇二州刺史文宗立遷刑部侍郎俄移病除太子賓客分司東都拜河南尹開成初改太子少傅會昌初以刑部尙書致仕卒贈尙書右僕射謚曰文自號醉吟先生亦號香山居士著有白氏長慶集

赴黃鶴樓盧侍御宴 一作盧侍御與崔評事爲予於黃鶴樓置宴宴罷同望

江邊黃鶴古時樓勞一作旁置華筵待我遊楚思淼茫雲水冷商聲清脆管絃秋白花浪濺頭陀寺紅葉林籠鸚鵡洲總是平生未行處醉來堪賞醒一作亦堪愁 本集

唐 杜牧 字牧之京兆萬年人太和二年登進士第官至中書舍人著有樊川集

寄牛相公赴黃鶴樓崔侍御宴

漢水橫衝蜀浪分危樓點的拂孤雲六年仁政謳歌去柳繞春堤處處聞 本集

唐 李羣玉 字文山澧州人赴舉一上而止裴休觀察湖南延致之大中八年詣闕進詩授宏文館校

書郎著有李羣玉集

黃鶴樓

江上花樓灝氣開滿簾春景見羣山青嵐綠水將愁去

深入吳雲暝不還 全唐詩

唐 羅 隱 字昭諫餘杭人本名橫十上不中第遂更名累官錢塘令鎮海軍掌書記節度判官鹽鐵發運副使著作佐郎奏授司勳郎後羅紹威推爲叔父表薦給事中著有羅昭諫集

黃鶴樓

野雲芳草繞離邊勿向東流倚少年秋色未催榆塞雁

客心先下洞庭船高歌酒市非狂者大嚼屠門亦偶然

車馬同歸莫同恨古人頭白盡林泉 本集

唐 盧 郢 里居仕履未詳

黃鶴樓

黃鶴何年去杳冥高樓千載倚江城碧雲朝卷四山景

流水夜一作空傳三峽聲柳暗西州供寫望草芳南浦徧

離情登臨一向須回首看卻鄉心萬感生 江夏志

宋 張 詠 字復之濮州鄄城人太平興國五年進士歷樞密直學士出知益州眞宗初入爲御史中丞出知杭州再知益州進禮部尚書卒謚忠定自號乖崖著有乖崖集

登黃鶴樓

重重軒檻與雲平一度登臨萬想生黃鶴信移烟樹老

碧雲魂亂晚風清何年紫陌紅塵息終日空江白浪聲

莫道安邦是高致此身終約在蓬瀛 本集

宋 蘇 軾 字子瞻眉山人嘉祐二年進士乙科對制策除中書舍人翰林學士歷端明殿學士禮部尚書紹聖初坐訕謗安置惠州徙昌化徽宗立赦還提舉玉局觀建中靖國元年卒於常州高宗朝贈太師謚文忠著有東坡前後集和陶集應詔集

李公擇求黃鶴樓詩因記舊所聞於馮當世者

黃鶴樓前月滿川抱關老卒飢不眠夜聞三人笑語言

羽衣著屐響空山非鬼非人意其仙石扉三叩聲清圓

洞中鏗鋐落門關縹緲入石如飛煙雞鳴月落風馭還

迎拜稽首願執鞭汝非其人骨腥羶一作未堅黃金乞得重

莫肩持歸包裹儆席氈衣穿茅屋光射天里閭來觀已

變還似石非石鉛非鉛或取而有衆忿一作囂一作諠訟歸有

司今幾年無功暴得喜欲一作莫顛神人戲汝眞可憐願

君爲考然不然此語可信馮公傳 本集

宋 蘇 轍 字子由與兄軾同登進士舉制科哲宗朝代軾爲翰林學士累拜尚書右丞進門下侍郎自紹聖初至崇甯再被謫貶晚罷祠居許州復大中大夫致仕自號潁濱遺老卒追復端明殿學士淳熙中謚文定著有欒城前集後集應詔集

賦黃鶴樓贈李公擇 公擇時知鄂州

前年見君河之浦東風吹河沙如霧北潭楊柳強知春
樽酒相攜終日語君家東南風氣清謫官河壖不稱情
一麾夏口亦何有高樓黃鶴慰平生荆江洞庭春浪起
漢沔初來入江水岸頭南北不相知惟見風濤湧天地
巫峽瀟湘萬里船中流鼓楫四茫然高城枕山望如帶
華榱照日光流淵樓上騷人多古意坐忘朝市無窮事
誰道武昌岸下魚不如建業城邊水 本集

宋 范成大 見卷五

黃鶴樓

誰家玉笛弄中秋黃鶴飛來識舊游漢樹有情橫北斗
蜀江無語抱南樓燭天燈火三更市搖月旌旗萬里舟
卻問鱸鄉垂釣客武昌魚好便淹留 本集

宋 王十朋 字龜齡樂清人紹興二十七年進士第一孝宗朝累遷起居舍人侍御史改吏部侍郎歷四郡守以龍圖閣學士致仕謚忠文著有梅溪集

黃鶴樓

雲鎖呂公洞月明黃鶴樓抱關非故卒誰見羽衣游 宋詩紀事

宋 陸游 見卷六

黃鶴樓

手把仙人綠玉枝吾行忽及早秋期蒼龍闕角歸何晚
黃鶴樓中醉不知江漢交流波渺渺晉唐遺跡草離離
平生最喜聽長笛裂石穿雲何處吹 劍南集

宋 游儀 字伯莊長平之勝士早游京師自北方縱覽名山巴而浮洞庭歸隱武溪之上

黃鶴樓

長江巨浪拍天浮城郭相望萬景收漢水北吞雲夢入
蜀江西帶洞庭流角聲交送千家月帆影中分兩岸秋

黃鶴樓高人不見卻隨鸚鵡過汀洲 宋詩紀事

宋 劉鑑 字清叟號立雪江西人少年才氣卓犖運蹇不第中更世故嬰頰悲吟年踰七十卒著有立雪藁

登黃鶴樓

西風吹我登黃鶴白雲半在闌干角題詩不見舊時人
惟見青山俯城郭萋萋芳草鸚鵡洲江水滾滾無時休
歲月俯仰成春秋古人今人無限愁 本集

宋 張俞 字少愚益州郫人屢舉不第用薦除祕書省校書郎願以授父顯忠而自隱於家文彥博治蜀爲築室青城山白雲溪以處之號白雲先生有白雲集

楚中作

渺渺洞庭野蕭蕭黃鶴樓水通雲夢浦人渡沔陽舟廣澤侵吳壤孤城接郢邱山分三楚斷溪入九江流寂寞休兵月紛紜戰國秋吳生來赤壁魏武定荊州六代懸形勢羣雄死寇讎淒涼帝子宅浩蕩禰衡洲萬里浮雲暮千年故國愁武昌宮不見麋鹿自羣游 宋詩紀事

宋 高似孫 字續古餘姚人文虎子淳熙十一年進士歷官校書郎守處州著有疎寮小集

答武昌吳廣文

平生不識武昌樓官柳青青好在不庾亮笛吹黃鶴月

簡棲碑駁碧苔秋山橫赤壁含情斷水出瞿唐快意流何處叫君同一醉並舟秦女擘箜篌 宋詩紀事

宋 羅與之 字與甫螺川人著有雪坡小藁

黃鶴樓

翬飛棟宇據城端車馬塵中得異觀雙眼莫供淮地潤一江不盡蜀波寒老仙橫笛月亭午騷客懷鄉日欲殘獨撫遺蹤增慨慕徘徊不忍下層欄 本集

宋 周弼 見前

晚登黃鶴樓

戚戚登臨地淒淒欲暮天相看數株柳不聽一作盡一聲蟬山冷雲生絮江空月上弦無緣拾塵事閒對白鷗眠 端平詩雋

春暮登黃鶴樓

欲盡殘春酒登臨事已違聽殘懷舊笛添盡禦寒衣鳥向青山沒人來赤壁稀最憐城側樹無可作花飛 同上

黃鶴樓歌

城上危樓高縹緲城下澄江復相繞有時漾影入中流俯看遊魚仰飛鳥近樓多少未行舟滿江落花灑汀洲

人同江狎不怕浪登樓對酒彈箜篌大別山頭白雲起金口渡頭雨如洗半鉤新月上孤城還照江樓與江水晴江依舊瀉潯陽黃鶴無由歸故鄉一聲玉笛起何處燕撲闌干花影長 同上○按此詩湖北舊聞錄誤作夏竦詩今據端平詩雋更政

宋 岳珂 字肅之號倦翁彰德人霖子甫十齡隨父帥廣開禧初爲鎮江饟幕庾吏嘉熙初除戶侍總饟歷寶謨閣直學士提舉太平興國宮以恩封鄴侯著有玉楮詩藁金陀粹編

黃鶴謠寄吳季謙侍郎時季謙自德安入城子適以使事在鄂

廬山白鶴歸來雙縞衣素袂元爲裳翅如車輪夜橫江

風聲會走淮淝羌戛然長鳴下柴桑芝田啄粒遙相望
何人網羅倏高張上扶雲漢旁八荒一隨鵬鶤騖遠翔
低頭不肯謀稻粱一罹罝弋沮澤旁局身筠籠翅摧藏
鸚鵡洲畔葭葦鄉水雲蒼蒼江茫茫九皋欲聞聲不揚
回顧鷗鷺羞顏行忽聞緱笙度宮商紅塵俯視有底忙
磯頭刷羽今正黃欲撾此樓呼酒狂 宋百家詩存

元 陳孚 字剛中台州臨海人以布衣上大一統賦江浙行省聞於朝署上蔡書院山長後朝臣交薦授翰林院編修官出使安南還除翰林待制調建德路治中秩滿復請典鄉郡授台州路治中卒謚文惠著有玉堂交州桐江柯山等稿

登黃鶴樓

黃鶴樓前木葉黃白雲飛盡岸茫茫櫓聲搖月歸巫峽
燈影隨潮過漢陽庾令有塵污汗簡禰生無土蓋文章
闌干空有當年柳留與行人說武昌 交州集

黃鶴樓歌

業業乎黃鶴之樓兮突起乎天之東南吾不知其幾百
尺兮踞石磴而仰望眩金碧之眈眈乎捫星漢如可近
但見天飈吹髮寒鬖鬖瞿唐三峽之波濤洶涌訇擊而
下兮雷聲怒撼乎江潭忽繞城以北滙净若萬頃之青
藍楚山數點鸞騰蛟躍兮碧影倒浸乎烟嵐殘霞似落
未落兮蒲獵獵以風偃柳裊裊以露含武昌亭臺一十
萬瓦光參差浮梗楠下視十二之衢兮袨服士女東西
行者貌蠕蠕之吳蠶黃鶴之仙人霓歌青瑤贅御絳旌
於列缺倒景兮偶見我以大笑欲駐我以征驂攀東溟
之博羅曜折西極之優鉢曇飲我以葡萄鴨頭之綠酒
兮侑我以洞庭之蒼柑洞庭帝子鼓軒轅之瑟兮舞干
戚而撞宮函白也挾赤鯨以旁睨崔顥忸縮而不敢以
談浩浩乎萬丈之氣兮長虹橫空天矯而方酣下蟠黃

之興上斡元之堪安得挽招搖以酌元氣兮妙太極而
函三慨彼在晉如焚如惔陶司馬之狂悖庾大令之貪
惏鸚鵡之洲何罪而戮赤壁之磯何功而戡吾豈若二
三子斷崑崙之璞兮輕蹈夫太阿之鐔飛來兮黃鶴驂
汝從兮彭聃 同上

元 馮子振 字海粟攸州人仕爲承事郎集賢院待制自號瀛洲客著有海粟集

題黃鶴樓詩

鶴樓千尺倚（一作俯）晴闌大別山頭舞峻鸞昨日英雄無
問處依然江漢湧波瀾 本集

元丁鶴年 以字行其先西域人父職馬祿丁徙居武昌因以丁爲氏省臺交薦凡九上皆不就著有海巢集

黃鶴樓

半空金碧何代樓仙人鶴駕曾一遊雕檻看雲楚天曉珠簾捲月湘江秋樓前雲月長無恙爾賦崔詩一作爾崔詩賦角清壯西風忽動庾公塵仙人仍歸九天上 本集

元劉詵 字桂翁廬陵人江南行臺屢以遺逸薦不就至正十年卒年八十三謚文敏著有桂隱集

和龍麟洲題黃次翁黃鶴樓圖

孫曹百戰何在大江千載狂瀾誰倚樓頭呼鶴秋風落

日危闌 歷代題畫錄

元余闕 字廷心一字天心色目世居武威以父官合肥遂家焉元統元年進士累官淮南行省左丞分守安慶陳友諒陷城自刎死贈行省平章謚忠宣著有青陽集

黃鶴樓

崔嵬黃鵠嶺歸巍構楚材澄江還畫楯連城抗鉛階雕衡朱雀峙淵井綠荷開隱見長沙渚想望陽雲臺晴霄一仰止輪奐信美哉淮南儻好道日夕化人來 本集

元郝經 字伯常其先潞州人徙澤州之陵川遂家焉累薦名起闕廷官翰林侍讀學士充國信大使使宋卒贈昭文館大學士資善大夫謚文忠著有郝文忠公集

黃鶴樓

江漢天西傾斷岸蹙寒雪石城踴高樓瞰臨勢縣絕雲夢呑八九沅湘在眉睫層軒掩石鏡更欲壓大別千帆落山巔萬檣擁舟楫中天卷晴嵐不與人世接縹緲多飛僊超摇有遺跡前缶黃鶴來重與添顏色丹梯插青空萬丈生金碧聞說呂洞賓題詩滿新壁至今起香霧怪字人不識仙語龍蛇亂醉墨江山溼有時橫長笛吹落漢陽月洞庭與彭蠡一聲忽穿徹我方洶戎馬對面兵塵隔焉能載酒上雲間覓仙客當年禿髮翁幾度喚

李白不見狂處士亦爲重嗟惜高賢共長往矯矯不可得落日聽江聲西風冷蕭索

元釋大圭 字恒白姓廖氏晉江人至正間居泉州之紫雲寺著有夢觀集

題黃鶴樓圖

仙樓縹緲隔蓬萊黃鶴西飛竟不回倚遍闌干秋水闊征帆一葉漢陽來 歷代題畫錄

黃鵠山志卷七終

男宗廉校字

黃鵠山志卷八目錄

藝文古今體詩

黃鶴樓

明三十七人

國朝四十五人

黃鵠山志卷八

永康胡鳳丹月樵編纂

藝文 古今體詩

明 楊　基 字孟載嘉州人大父仕江左遂家吳中洪武初知滎陽縣歷山西按察副使著有眉菴集

雪中登黃鶴樓

黃鶴樓前水平岸春雪當空水撩亂東風知我欲登樓助以瓊瑤作奇觀昔人黃鶴去不回我騎白鳳橫江來遙看歷歷漢陽樹一色盡是梨花開人間何處最奇絕百尺闌干滿江雪氣壓滕王閣下雲興高庾亮樓中月

瀛洲咫尺非難到鶴背琪花落烏帽載酒誰能問謫仙題詩未必無崔顥江上山一作得此情清一作無敵頃刻銀蟾蕩瑤碧更着仙人紫衣綺一作裘臥聽呂巖吹鐵笛本集

雪中再登黃鶴樓

平生不願萬戶侯亦不願識韓荊州但願武昌連日雪日日醉登黃鶴樓樓前絕景冠今古況有繽紛雪花舞玉樹參差認漢陽銀洲浩蕩迷鸚鵡江頭兒女走欲顛謂我自是騎鶴仙白雲飛盡黃鶴去此景不見三千年

我拍闌干爲招手世上神仙果何有桃李非無頃刻花江湖亦是逡巡酒他日重來五百春樓前花草一番新相逢不識純陽子何用重尋同道人 同上

明 管訥 字時敏華亭人洪武中以秀才任楚府長史子孫皆仕於楚今爲楚人著有蚓竅集

黃鶴樓

黃鶴西飛去不回青山高棟自崔嵬當年賣酒人何在今日題詩客又來舟繫城邊官柳發笛吹江上野梅開白雲只在闌干外安得乘之徧九垓 松風餘韻

明 王偁 字孟揚東阿人永樂改元聘至京待以殊禮授檢討充大典副總裁著有孟揚集

登黃鶴樓

迢迢江上樓飛構梯層穹黃鶴何年來結巢白雲中仙人整羽蓋一往無遺踪瑤笙紫河車瀟灑餘天風至今啟重關呵守虎豹雄雕簷傲白日闌檻標晴虹我因駐旌節登攀輿何窮神行萬物表目送雙飛鴻依依烟際帆遠落三湘東霜清楚天碧樹盡荆門空長辭愧爾生高興懷庾公落日下樓去烟水青濛濛 本集

明 李東陽 見卷六

寄題黃鶴樓簡秦開府

扁舟我憶江頭泊曾上高樓訪黃鶴仙踪恍惚不足論俯視淵澄仰寥廓石根嵯岈若天鑿棟宇參差連地絡斷岸秋橫赤壁磯驚流夜濺觀音閣衡岳雲開鴻雁峯洞庭水落魚龍宮使槎賈舶日來往其上或與雲漢通鵠飛已識員方勢鵬擊似起扶搖風舊遊髣髴不再到前日少年今老翁江東才子中臺彥萬里乾坤跡應半碧嵩青岱幾停車楚水荆山一揮翰登斯樓也記須成望美人兮君不見晝日偏明豸繡衣炎天不改冰霜面憑將激濁揚清手坐使澄江淨如練歸雲倦鳥亦何心

目送高飛入霄漢 懷麓堂藁

黃鶴樓

明 陸淵之 字克深上虞人成化丙戌進士官至河南布政使著有東皋集

落日江流帶女牆飛樓百尺俯蒼茫筵前卻怪當年事鸚鵡何緣滯楚鄉 本集

明 秦金 字國聲無錫人宏治癸丑進士授戶部主事歷郎中初遷河南提學副使改右參政歷山東左右布政使擢右副都御史巡撫湖廣官至禮部尚書轉工部尚書卒贈少保謚端敏

黃鶴樓次李西涯閣老韻見寄

黃鶴枕江江外泊樓外橫空有孤鶴萬里乾坤一望中

景象蒼茫胸次廓古洞峪岈猶鬼鑿朱簾斜映青絲絡
鸚鵡洲寒月滿臺漢陽樹暝雲連閣烟嵐紫溼芙蓉峯
蓬萊飛墮神仙宮繙書無塵白日靜琹槎有路青霄通
神遊八極匪汗漫毛骨颯爽淩天風瀟湘逶迤悲帝子
樊口幽絕留坡翁題名總見金閶彥箇中風月平分半
雲鶴誰降絕代詞龍蛇或出驚人翰句宣蹇我來何遲
突兀燕樓駭新見憂樂常關范老懷霜鐵甯改趙公面
天開畫圖真奇哉失卻丹青披素練北望君門思渺然
萬古朝宗此江漢 江夏志

明 唐 錦 字士絅上海人宏治丙辰進士官至兵科給事中再督江西學政卒年八十著有龍江夢餘錄

題黃鶴樓次李西涯少師韻寄鳳山院長

扁舟鄂渚連宵泊一尊聊伴樓頭鶴月光照人如鏡明
水色涵空更澄廓樓背小亭白石鑿裂處似有藤蘿絡
欲將勝致付毛生掌中杯酒且權閣凌晨歷覽周遺峯
村童野曲鳴商宮官清萬口詫奇遇民隱九重偏易通
戰馬千羣臥芳草山川百二皆春風瀕江小歉亦偶爾
全活正賴青州翁中臺大夫南國彥胸中石渠有其半
經綸餘滴灑秋風流水行雲看染翰名樓秀句兩爭雄
千載題詩今再見憑欄獨把廟堂憂舉頭懶識江山面
酒酣攜笛傍梅花吹徹楚雲飛碎練不須高語驚星辰
聲名久已登霄漢 松風餘韻

明 顧 璘 字華玉號東橋吳縣人宏治丙辰進士由廣平知縣擢南京吏部主事出爲開封府知府歷浙江左布政山西湖廣巡撫官至刑部尚書著有國寶新編○按明史作上元人

題黃鶴樓

黃鶴仙人身姓誰空傳崔顥舊題詩雲荒赤壁周瑜壘
江繞青山夏禹祠浮世古今空灑淚高臺歌舞幾銜巵
天寒月白孤鴻遠徙倚闌干送目遲 湖北舊聞錄

明 王守仁 字伯安號陽明餘姚人宏治己未進士官至兵部尚書封新建伯著有王陽明集

夢遊黃鶴樓奉答鳳山院長

扁舟隨地成淹泊夜向磯頭夢黃鶴黃鶴之樓高入雲
下臨風雨翔寥廓長江東來開禹鑿巫峽天邊一絲絡
春陰水潤洞庭野斜日帆收漢陽閣參差遙見九疑峯
中有巀嶪重華宮蒼梧雲接黃陵雨千年尚覺精神通
忽聞孤雁叫湖水月明鐵笛橫天風丹霞閃映雙玉童
醉擁白髮非仙翁仙翁呼我金閶彥爾骨癯然仙已半

胡爲倘局風塵中不屑刀圭生羽翰覺來枕簟失煙霞
江上清風人不見故人仗鉞鎮湖襄幾歲書來思會面
公餘登眺賦詞葩醉墨頻勞寫緗練寫情投報愧瓊瑶
皜皜秋陽濯江漢 江夏志

明 楊　愼 字用修新都人正德六年賜進士第一授修撰嘉靖甲申兩上議大禮疏廷杖謫戍雲南永昌衛天啟初追謚文獻著有升菴集

登黃鶴樓

江上危樓海內名登臨不盡古今情風前估客蒲帆影
夜半仙人玉笛聲春水雪消巴子國煙波晴接漢陽城

東南暇日多嘉會笑指浮雲望太清 本集

明 夏　言 字公謹貴溪人正德十三年進士授行人擢兵科給事中官武英殿大學士卒謚文愍著有桂洲集

秦鳳山招飲黃鶴樓次西涯公韻

武昌樓頭畫船泊城上高樓起黃鶴銀牓孤懸逼太清
朱甍下瞰臨寥廓參差石勢傍巖鑿控帶城闉連井絡
磯下潭深鮫杵鳴檻前水落漁舠閣青天飛來鳳凰峯
赤霞掩映仙人宮煙濤微茫滇海接雲氣翕忽蓬萊逼
四時簾捲楚天雨萬里帆開巫峽風仗鉞欣逢鳳山老
題詩共憶西涯翁春日登臨盡才彥授簡揮毫酒行半
自慚銜命事奔走敢爲升堂埽詞翰白雲黃鶴向來聞
晴川芳洲今始見天開壯觀自千古地擁雄都當一面
已看黎庶樂昇平近喜强兵休訓練多暇來時又一時
轉見高情屬江漢 本集

登黃鶴樓

黃鶴仙人載鶴飛白雲樓閣枕漁磯烟波風日無今古
城郭人民有是非題詩崔顥不可作芳洲之樹仍依依
鄉關戎馬堪流涕獨倚朱欄送落暉 同上

明 廖道南 字鳴吾蒲圻人正德辛巳進士官至翰林院侍講學士謫徽州府通判尋復舊官著有楚紀詩文集等編

黃鶴樓留別許督學伯誠

千仞飛樓淩紫煙重城閣道入青天樽前日月低紅樹
檻外星辰拂綺筵石鏡秋懸黃鶴夢金沙風起白龍眠
已從北極瞻南斗更望中臺接上元 江夏志

題黃鶴樓小景

黃鶴飛來淩紫烟漢江春水碧連天懸知仙子登樓興
多在紅雲帝座邊 同上

登黃鶴樓寄首太史士疇

有樓嶻嵲兮江之陽檜楣芝榜兮星河光穹窿顥顯挂飛蜺兮絡天罘綺疏朱綴兮敞都房鵠山龍從以連蜷兮大別對峙崕峴岩嶺而環障江漢沅澧沱潛洞湘走其下兮風霆怒號而翕張噫吁嘻黃鶴來翔兮歲之暮吾欲高駝而軒翥兮天之路招禰衡於鸚鵡兮歌桂樹桂樹枝繚兮蚴蟉明河燭湍兮牛女綢繆仙人不來恛侘傺兮恨彌留噫吁嘻黃鶴欲去奈爾樓同上

明王格字汝化京山人嘉靖丙戌進士改庶吉士出爲分巡河北道按察司僉事隆慶初授太僕寺少卿致仕著有少泉集

夢登黃鶴樓有作寤而續成六首之三

武昌城外漢江頭萬古乾坤萬古流可笑孫郎魚不食年年血戰取荆州

濇江泚泚石粼粼月照當頭幕府賓誰向胡牀說一作誇興廢西風塵起卻污人

鸚鵡洲前草色青白頭浪裏見揚舲請看石郭何人骨夜夜江聲打不醒江夏志

明羅洪先字達夫吉水人嘉靖己丑進士第一官至贊善隆慶初贈太常寺少卿謚文恭著有冬游記羅念菴集

望黃鶴樓

黃鶴樓前秋水長江天北望遠蒼蒼白雲千載歸何處此日孤吟自夕陽蘋蓼已圍新睥睨汀洲猶見舊艅艎誰家短笛城頭起不爲烟波有故鄉本集

明王世貞字元美太倉人嘉靖二十六年進士歷官刑部尚書著有弇州山人稿

登黃鶴樓

縹緲高憑崔氏樓依微西眺禰生洲天容孤鶴排空上水合雙龍抱郡流一代真成春雪倡千年誰識歲星愁老夫聊爲人間世任遣浮雲黯不收本集

明張居正字叔大江陵人嘉靖丁未進士官至太師吏部尚書中極殿大學士謚文忠著有書經直解太嶽集

舟泊漢江望黃鶴樓

楓林霜葉淨江煙錦石遊魚清可憐賈客帆檣雲裏見仙人樓閣鏡中懸九秋槎影橫清漢一笛梅花落遠天無限滄洲漁父意夜深高詠獨鳴舷本集

明徐學謨字叔明嘉定人嘉靖庚戌進士萬麻中爲湖廣左布政使官至禮部尚書著有春明稿

將適郢城飲餞黃鶴樓

兹樓匪往覯冉冉驚代移黃鶴戀舊渚飛甍復參差予亦縻尺組歷稔欣來斯山川曠疇昔超忽舒襟期於時及春霽澄景麗以披英僚集時彥芳宴挹華滋迢迢漢陽郭隔岸紛旌麾雲水入夕陰遲我以驅馳眷焉蒙惠盼扳賞未云疲班馬方蕭蕭沉溁臨路陂猥忝旬宣寄空藉歲月私悠悠逐物役未遑詢惸嫠 本集

明 吳國倫 字明卿興國人嘉靖庚戌進士授中書舍人擢兵科給事中遷貴州提學副使河南參政著有明卿集

登黃鶴樓

黃鶴仙人去不回海濱樓閣迴崔嵬千帆雨色當窗過萬里江聲動地來雲夢天低湘女怨洞庭葉下楚臣哀當時玉笛今寥落獨有梅花照客杯 明百卅家詩選

明 林章 字初文福清人萬麻元年舉於鄉累上春官不第嘗走塞上從戚大將軍著有林初文集

登黃鶴樓作

望裏山川是楚鄉美人何處水茫茫禰衡作客留江夏趙壹辭家出漢陽鶴去未知芳草暗雁來先覺白雲涼倚樓無限西風意堪與千秋一斷腸 明百卅家詩選

明 蕭良有 字以占號漢沖漢陽人萬麻庚辰進士國子監祭酒著有玉堂遺稿

望黃鶴樓用太岳韻

黃鶴樓前擁暮烟白雲深處動人憐雙江送浪波光溼萬井浮空塔影懸芳草千年鸚鵡賦落梅五月鷓鴣天浮沈漫問人間世回首西風獨扣舷 本集

明 鄒迪光 字彥吉無錫人萬麻甲戌進士官至湖廣提學副使年四十郎罷歸築室惠山多與文士觴詠著有鬱儀樓集

登黃鶴樓

憑陵矯首大荒浮萬里蒼梧接漢邱夜氣半銜三楚潤天風長帶九嶷愁虛聞仙子乘雲去似有靈均鼓瑟遊

最是晴川煙水滑片帆漠漠下揚州 本集

明 郭正域 見卷六

黃鶴樓二首

樓閣重開一作重重上女牆昔人曾此醉爲鄉烟橫巫峽千山遠雨過瀟湘一水長依舊空中雲盡幻一作白不聞市上鶴曾黃從教玉笛頻吹徹只恐神仙亦渺茫

黃鶴高飛去不留丹梯縹緲鎖丹邱一作丘遥連瀛海三千界似接神仙十二樓滿眼帆檣飛一作雲漠漠一天烟樹晚悠悠卻嫌李白少情思不肯一作敢題詩在上頭 黃離草

明 毛一公 字震卿遂安人萬厤己丑進士官至給事中著有歷代内侍考及詩文集

登黄鶴樓

十里江城入望來晴川煙樹面江開等閒折盡寒堤柳此際何堪更落梅 江夏志

明 張鳳翼 按張鳳翼代州人萬厤四十一年進士授戸部主事官至兵部尚書詳見明史一云字伯起長洲人嘉靖四十三年舉人見明詞綜一云字九苞江夏人萬歷辛卯舉人見江夏志

題黄鶴樓圖

一聲長嘯向蓬山千歲桃花好駐顏只合獨騎黄鶴去誤留仙蹟在人間 歷代題畫詩類

明 鄧原岳 字汝高閩縣人萬厤壬辰進士官至湖廣按察司副使著有西原集

黄鶴樓二首

高樓突兀倚層巔漢沔豪華在目前山引鳳凰雲漠漠洲迷鸚鵡草芊芊帆檣出没烟波外鈴鐸依稀霄漢邊果有眞人吹鐵笛不妨參駕學神仙

形勢分明控楚都天中鶴馭遠相呼江山勝概還今古詞賦風流更有無郢樹曲連雲夢澤漢川遥接洞庭湖凭欄一望生惆悵零落當年笑霸圖 本集

明 袁宏道 字中郎公安人萬厤壬辰進士官吏部郎中與兄宗道弟中道有才名時稱三袁著有袁中郎集

偕王章甫陳公弼登黄鶴樓時章甫子宜卿及兒子二仲皆從

江流千頃壓雲烟樓閣雖高不似前畫板朱簷遮取盡爭教容納好山川 本集

明 袁中道 字小修公安人宏道弟十餘歲作黄山雪賦五千餘言以文名萬厤三十一年舉於鄉又十四年成進士由徽州教授歷國子博士南京禮部主事天啟四年進吏部郎中著有珂雪齋集

再登黄鶴樓

買看山水興猶清閒逐兒童樓上行窗外鐘聲大别寺杯中堞影漢陽城峯連建業何曾斷浪接瀟湘總未平小艇犯濤如履地果然水戰利南兵 本集

明 龔三益 字　武進人萬厤甲午解元辛丑進士官湖廣參政

登黄鶴樓次李西涯相國韻

仙人到處堪棲泊幻出白雲與黄鶴鶴去樓空事若何江天一望成寥廓蛇蟠龜鎖誰開鑿鳳凰鸚鵡相纏絡戛羽迴翔仙棗亭振衣俯視晴川閣隔江大别起孤峯蛟龍跋浪馮夷宮帆檣遠自五湖至烟夏音直三湘通

襟帶高深浩無極凭闌颯颯生雄風屈原宋玉久不作獨有崔顥稱詩翁朝來銜命羅羣彥棘闈深鎖秋過半萬草千齡伴藥籠丹砂五色凝柔翰物色由來重楚材江山隱隱菁華見白華聊辭睫目譏熊湘倘復開生面玆辰把臂共登臨願借幷刀裁匹練釃酒還招跨鶴人冉冉乘雲下霄漢 湖廣通志

明 萬燝 字闇夫南昌人兵部侍郎恭孫也萬厤四十四年進士授刑部主事遷屯田郎中崇禎初贈光祿寺卿賜謚忠貞

黃鶴樓

我欲乘黃鶴飄然物外遊檻前懷古淚且爲禰衡收 江夏志

明 嚴首昇 字平子一名頤字解人華容縣諸生著有瀨園集

黃鶴樓遇程子源

不料君逢此倉皇答問多隔年書到否近日事如何登閣聲通市憑闌影動河斂情相覗寂如在聽漁歌 本集

明 錢澄之 字飮光初名秉鐙桐城人著有田間集

黃鶴樓同左子直孫威公鄧斯及夏振叔諸子卽事四首

萬鵲磯頭四望開登臨千古客心哀山迴大別橫江抱水過巴陵折地來帝子騎龍終不返仙人跨鶴幾時回憑高莫話一作問興亡事白首青天酒一杯

鄂渚逢秋秋早清登樓面面見空明磯邊日落千帆渡樹裏湖通九派平坐對晴川虛閣敞喧連漢口曉煙橫昔年仙客經過地夜半時聞鐵笛聲

三楚風煙此最嘉客來空憶昔豪華漢陽樹盡餘衰柳鸚鵡洲沈長白沙故國妝樓歸道院異時宮闕建軍牙擬將遺跡詢沽叟無復臺邊舊一作賣酒家

自昔臺邊酒味醇呂公買醉往來頻笛從竊換仙音杳枕到眠酣世界眞伐去棗一作草枯根不朽擲來桃一作果爛蹟如新相逢指點多靈異遊客還疑晒道人 本集

明 蔡道憲 字元白晉江人崇禎十年進士長沙府推官張獻忠陷武昌直犯長沙被執不屈遂自刎時年二十九贈太僕寺少卿謚忠烈著有蔡忠烈公遺集

黃鶴樓夜飲惜別

綠蘋鸚鵡認何洲有酒便澆黃鶴樓縱說相逢無舊約何能別去不生愁似遲明月來深夜已老江濤動晚秋欲進一杯君徑醉隔檣自望水西頭 本集

明 江 瓘 字瑩南新都人自稱江山人又曰霞石山人諸生幼習舉子業工詩古文辭著有江山人集

黃鶴樓圖

我昔遊鄂渚訪古黃鵠磯夏登江山樓玉麈翩翩揮鼉
詹凌天風六月無炎曦西瞻雪嶺寒東攀若木枝青蓮
居士曾搥碎黃鶴仙人安所之橫吹玉篴招子安逢逢
鼉鼓來馮夷別來塵埃近十載祇今夢寐猶瑰奇海陽
汪翁隱淪者日披絹素流杯斝開軒邀我觀此圖恍惚
乘風到江夏蛇山何崔嵬飛樓俯空闊鸚鵡悲禰衡高

才多天闕九疑屏障疊連綿七澤波濤拍遠天朱簾繡
桂層霄上芳樹晴江禹廟前回首風光如舊觀不須倚
劍驚流年何當再鼓三湘棹騎鶴憑虛控紫煙 本集

明 邢 昉 字孟貞高淳人明末詩人著有石臼集

登黃鶴樓故址

昔人乘雲在何所即此江上黃鶴樓樓前江漢勢澒洞
二水匯合成交流交流東入海白雲儼相待誰遣雲中
樓一朝無復在武昌楊柳搖愁倩翬飛翼翼波光炫佳
麗常憐漢女遊繁華易逐江雲變江雲來去只悠悠晝
棟丹甍不可留崔嵬一炬隨飛電黃巾之賊令人愁我
向城頭履殘址閒尋片碣榛叢裏湧月臺書斷石蒼仙
棗摩挲長不死仙翁吹笛玉參差春草偏傷崔左司笛
聲杳絕蘼蕪盡況復樓空意轉悲楚塞茫茫空四顧對
岸晴川已非故蕭條更有漢陽城落日離離幾江樹 本集

明 陶汝鼐 字仲調號密庵甯鄉人初貢成均崇禎癸酉舉人丁丑癸未兩中會試副榜授翰林院待詔陞檢討著有榮木堂詩集

黃鶴樓酬郭無傷 戊辰

明月澹方舟幾來泊江夏黃鶴與晴川屢得亦苟且見

子不習氣香豔窺班馬瑯嬛祕笈書而況皆弓冶徽名
賺我來良晤若天假雖則茗椀閒靜心各已瀉高不攖
世情熱亦歸風雅久無崔顥吟思君同白也新思怨落
花畏向春光灑紅樹若爲思憑樓綠飛瓦 本集

明 陶汝鼒 字幼調甯鄉諸生密庵先生母弟

計部郭無傷招同周伯孔劉猶伯飲黃鶴樓

江寫秋容澹一亭高人偶聚只如星雲浮忽度晴川雨
日落猶生芳草青選句已成山水勝懷騷誰占楚湘靈
空天鶴路忘歸去何處吹簫月滿庭 沅湘耆舊集

明　施　均 爵里未詳

登黃鶴樓

鸚鵡洲邊倚客舟憲君邀我上高樓胡床老子三更月鐵笛仙人一曲秋流水白雲吳夏口西風黃鶴晉磯頭如今盡屬王孫草添得江南幾許愁 江夏志

國朝　彭而述 字禹峯鄧州人前明崇禎庚辰進士授曲陽知縣入國朝官至貴州巡撫終於雲南布政使著有讀史亭詩集

再登黃鶴樓

飛樓縹緲著江干霜鬢登臨記往年隔岸春城來檻外亂帆斜日到尊前山連秦蜀開荆甸水下東南盡楚天回首滄桑生感慨孫劉興廢幾茫然 湖北舊聞錄

國朝　劉子壯 字克猷號稚川黃岡人明崇禎庚午舉人順治己丑進士第一翰林院修撰著有屺思堂詩集

黃鶴樓

晴川與黃鶴氣勢遙縱橫靜見水聲合空疑山勢爭三洲秋色遠萬樹午風清 一作烟晴 帆影中流處遙遙江漢情 本集

國朝　王孫蔚 字臨潼人順治壬辰進士官湖北提督學政旋授按察使

黃鶴樓

獨立飛樓尺五天憁環平野入樽前長江曉結千峯雨大別晴開萬樹煙紫雁北來迷楚浦白雲西去認秦川憑闌愁看陶公柳舞卻春風又一年 江夏志

國朝　許　虬 字竹隱長洲人順治癸巳舉人戊戌進士官至思南府知府著有萬山樓詩集

登黃鶴樓二首

黃鶴仙人不少留洲名鸚鵡更堪愁三湘登眺還吾輩千古江山獨此樓漢口夕陽銜遠岫武昌寒郭浸春流燒痕滿地閒生感回首烽煙野戍秋

攜壺憑檻塞雲橫懷古荆門鎮重兵春柳人荒陶侃壘寒潮直上呂蒙營滄桑盡付邯鄲枕烟月全消玉笛聲惟有芳洲春草色年年還傍大江生 本集

國朝　陳廷敬 字子端號說巖澤州人順治戊戌進士由檢討官至大學士謚文正著有午亭文編

黃鶴樓歌送魏使君

我初旅食京華遊結髮願識韓荆州掖梧蕭蕭苑花寂憶昨含香西殿頭是時武英數奏事九重動色親嗟異驄馬朝回白玉鞍銅龍夜直青綾被使君幾載爲淸郎我朝文采爭輝光宣武水樓烟柳碧城南古臺野菊黃

聯翩不誤尚書期龔宗伯芝麓婉孌能傾翰墨場郎今會合
亦何有汪王程董仳離久茗文西樵阮亭湟榛玉虬別夢初驚朔塞
鴻離筵又醉都亭酒青霄使者下南雲翼軫星文拱北
斗使君家世清忠臣步武流風應絕塵要與丹青爭氣
象足令琬琰重嶙峋江表人才席上珍驊騮造父遇有
神送君車騎翩然行仰視白日霜天清秋色已老漢陽
樹春風空憶武昌城我聞崔顥詩中語黃鶴長江萬里
情白雲縹緲楚天外黃鶴飛去樓空在使君登樓黃鶴
來烟波渺渺心悠哉本集

國朝楊大鯤字九搏武進人順治己亥進士官湖北分巡下江防兵備道康熙二十一年此缺裁

重登黃鶴樓

樓前風月一作物亦何常湧月臺連太白堂自古神仙多
嗜酒幾人登眺不懷鄉褕衣誰見蹮躚舞囊實何時纂
纂香閱盡孫劉無限事不如對景一飛觴江夏志

國朝趙士麟字玉峯河陽人順治庚子舉人康熙甲辰進士官至浙江巡撫著有讀書堂文集

南還黃鶴樓被火

昔歲登臨欲覓仙無端劫火忽燎然樓憑翠嶂阿房燼
檻對晴川祇廟延黃鶴遠翔蒼靄外白雲還鎖碧峰前
可憐興廢茫無定獨有江流不記年本集

國朝陶之典一名大雲字五徽號澹菴甯鄉人順治間爲安親王府教習授內閣中書不就著有冠松崖集

辛酉中秋登黃鶴樓作九老會

幾年松桂傍林邱難得憑高一散愁客棹送來黃鶴月
詞場擢入白雲秋天空煙靄飛無際人集江山氣滿樓
此會吳剛先捉斧不教崔顥句當頭本集

國朝程　封字伯建號石門江夏人順治間拔貢生任按察司經歷喜吟詠與王阮亭吳梅村杜茶村諸公相唱酬著有山雨樓集

喜黃鶴樓新成

樓際重聽漢水聲四窗依舊白雲生當年玉笛重吹徹
此日朱甍又落成江上渺茫仙子路山前荒廢楚王城
登臨不禁悲今古猶見晴川樹影橫本集

國朝吳　綺字園次其先由歙徙廣陵遂爲江都人順治間以明經薦入都應詔授祕書院中書舍人掌制誥遷兵部主事員外郎調工部屯田郎中康熙丙午出知湖州府事晚年自號聽翁著有林蕙堂集

黃鶴樓

天地寥寥賦遠遊此間樓接大江浮濤聲直下三千里

雲氣遙連十五州霞表仙蹤疑逵鶴河邊客舫泛羣鷗
那堪陵谷無長處鸚鵡難容碧草秋

黃鶴磯頭有所思檻前帆帶夕陽遲當年呂叟曾吹笛
何處崔郎更賦詩夾岸江城多事後倚欄山水欲歸時
楚王宮闕荊榛裏只許朝雲暮雨知 本集

國朝 釋戒顯 字悔堂順治間居杭州靈隱寺著有現果隨錄

登黃鶴樓

誰知地老天荒後猶得重登黃鶴樓浮世已隨塵劫換
空山一作江 仍入大江流楚王宮殿銅駝臥唐代眞仙一作仙眞
鐵笛秋極目蒼茫渺何處一瓢高臥亂雲頭 本集

國朝 胡鳴臯 字雲翥江夏人父德圜潛心理學爲楚名儒鳴臯受庭訓康熙己酉舉人庚戌進士任河間青縣事被議罷官旋開復補汶川令擢代州刺史調補臨清知州見江夏志

招鶴謠

誰云世上無神仙縹緲當年幻化間試看武昌城中辛
氏樓橘皮畫鶴何翩翩拍手向君舞乘雲忽飛去雲去
還復來鶴歸向何處吁嗟黃鶴胡不歸黃鶴之樓復崔
巍下有浩渺不斷之江水上有嶙峋湧月之高臺鸚鵡
迷離鳳凰徘徊吁嗟黃鶴胡不歸 江夏志

國朝 禪岱 字靜齋滿洲人由內翰林祕書院侍讀累官吏部侍郎

同陶五微劉爾俊乘月登黃鶴樓

幾度瀟湘百戰回一尊攜處一徘徊橫江鶴影千年斷
隔岸鐘聲半夜來芳草未窮詞賦恨白雲消盡古今才
登臨懷抱仍愁絕浩浩烟波濤未開 熙朝雅頌集

國朝 佟世思 字儼若一字葭沚漢軍人兵部尚書國正子官廣西思恩知縣著有與梅堂集

登黃鶴樓四首

高樓面面簇芙蓉好景眞如畫裏逢大別橫空開一鏡
小孤逆浪鎖千峯山中綮露垂仙棗地上秋風亂古松

對此長江見晚照憑闌西望水溶溶

魏武會書湧月臺磯頭流水尚瀠洄澄江鼓吹淩空發
落日旌旗捲地來烏鵲聲喧愁野燒東南風起慟雄才
至今片石亭亭立憔悴寒花土一堆

江樹青青歷萬株年時兵仕洞庭湖飢烏失隊飛難定
戰骨沈江浸已枯燐火漁燈紛上下寒濤秋雨遠模糊
如今且喜妖氛淨獨立危樓許腐儒

漢口滔滔一水流千年財貨甲皇州兩江日影明魚網
十里風檣聚客舟去國何人新墮淚入秋此地最生愁

鸚鵡聽罷山將雨惆悵誰能不白頭熙朝雅頌集

國朝 施世綸字文賢漢軍人靖海侯烺子襲爵官漕運總督著有南堂詩鈔

登黃鶴樓

縱目江山了芳洲黯淡容風雲飛燕雀雷雨壯蛟龍詞賦空千古烟波浩萬重危樓看百尺縹緲挹仙蹤同上

國朝 潘耒字次耕號稼堂吳江人康熙己未召試博學鴻詞授翰林院檢討受業於顧炎武著有類音八卷遂初堂詩文集

武昌三面臨江水橫山如屏亙城裏西風蜿蜒欲入江歷以高樓半天咫三層迴與三霄鄰八面平當八風起

遥看縹緲接一作浮蜃樓近睇崢嶸疊霞一作斜綺仙人遠自清都來下視塵土驚崔嵬江山清曠殊可樂停驂鶴相徘徊草沒高唐觀水浸章華臺六朝興廢漚起滅人民城郭都可哀世人擾擾風中絮眞仙對面何由遇但聞笛聲嘹喨松聲寒月白江空杳無處刻像標名兩渺茫食棗得仙何荒唐但須淨埽胸中塵萬斛濯纓萬里臨滄浪庾亮不堪弔禰衡何足傷白雲飛來勸一觴拍手共入無何鄉本集

國朝 朱彝尊字錫鬯號竹垞秀水人康熙己未以布衣召試博學鴻詞授檢討著有曝書亭集

聞鶴樓成賦寄楚中一二知已

平生未鼓湘江柂萬里投詩黃鶴樓壯觀百年今在眼異時獨上迥含愁碧窗下湧樊山月紅葉斜連鄂渚秋爲報故人多釀酒飛筵眞作漢南遊本集

國朝 金德嘉見卷七

黃鶴樓即事

高樓自古足登臨此日逢君載酒尋花信正來梅落後春光漸入柳絲深江山並是樽前客風月誰知醉裏心仙子有時還弄笛願將幽感託清音江夏志

國朝 張希良見卷五

九日登黃鶴樓

一上丹梯入境外秋高霜潔大江空洲沈鸚鵡波猶綠山冷臙脂樹半紅辭賦豈能經浩劫樓臺不斷有雄風與君醉把茱萸酒鶴渚龍峯興亦同江夏志

國朝 顧景星見卷六

答王黃湄黃鶴樓夜坐見柬二首

鸚鵡洲前百尺磯晴江空鏡落斜暉形同北斗城三面烟繞浮圖樹一圍旋放釣筒先待月倦飛好鳥蚤知歸

此生自合漁樵伴不是山中戀布（一作白）衣

丈人堅坐更何之日暮樓頭有所思自愛振衣招白鶴誰家吹管亂黃鸝空留歲月憐雙鬢敢向乾坤數二兒天壤王郎原不俗筆牀茶竈肯相隨　本集

黃鶴樓夜眺

瞑色動巍峩江聲萬井多烟生渾陸海燈出倒星河舊鬼猶聞哭軍謠不似歌鄖鄉西去路在在有橫戈　本集

黃鶴樓弔古

城上樓臺接渺漫半空笑語俯闌干烟光鼎足三分立

帆影波心一羽看閱世豈須乘鶴老生涯擬截釣魚竿愁邊江水無情極獨自朝宗急下灘　本集

秋盡獨登黃鶴樓望見經略相公回京

鶴山秋盡俯晴空百里雲濤在眼中櫺檻長開三面水塔鈴不斷四時風扁舟何處聞漁父汗馬南來擁相公耳熱忽思王粲輩無聊流滯賦江東　本集

黃鶴樓寄懷岳州王戶曹判官　前吳江教諭國子助教

東吳洞庭名具區岳陽洞庭天下無羨君作吏濱兩湖清聲在楚如在吳橋門生徒良太迂簞糧負笈羣追呼枓中舊饌青苜蓿幕下新種紅芙蕖先生有時乘板輿城南萬艦量軍儲歸來閉閣一事無移床清論同誰與洞庭水起君山沒千里余舟易超忽夢騎黃鶴攜子安一夜橫飛洞庭月明月照我還照君晴川遙望岳陽雲樓頭橘潘無憑寄笛裏梅花可得聞　本集

黃鶴樓寄紀伯紫

憶昔孝侯臺上客一時文釆擅揚州廿年江畔離愁老六月樓高烟雨秋宰相白衣原自好故人青眼可能留郎看翼際山頭水朝夕還經幕府流　翼際即大別幕府山在金陵城西○本集

黃鶴樓

國朝　阮玉堂　字履庭號琢菴江都人占籍儀徵康熙辛卯武舉人乙未進士授三等侍衛官湖北興國營參將以孫元貴誥贈資政大夫著有珠湖草堂詩集

鄂渚聳仙樓奇觀一望收八窗接雲影萬派滙江流崔顥詩稱絕禰衡怨未休梅花銷玉笛黃鶴付悠悠　淮海英靈集

國朝　石嵋森　字天半號迂叟湖南湘潭人諸生著有桐廬詩鈔

黃鶴樓

秋色空濛古鄂州蒹葭如雪抱江流誰招黃鶴乘雲下
指點當年舊酒樓 沅湘耆舊集

國朝 陳 確 字繹思長沙人

黃鶴樓聽友人吹笛 樓中題額有天下江山第一樓此米海岳句也

輞口詩人鵲渚遊酒酣逸興橫滄州憑將梅柳無雙管
吹向江山第一樓隔岸雲峯生莽莽遠天帆影去悠悠
青蓮漫道無佳句萬古荒涼鸚鵡洲 同上

國朝 易 最 字爾眉湘鄉人諸生有杏園集

黃鶴樓

總角初登眺於今四十秋江聲仍遠渚月影尚危樓老
病荒年劇蹉跎壯志休長安何處是明發一扁舟 同上

國朝 陳一揆 字宅衡一字孟巖龍陽人康熙中拔貢生著有瓿餘集

黃鶴樓

不復登樓四十年滄桑人老鶴應憐磯頭爲問辛家酒
爛醉誰家不索錢

鸚鵡嘶殘芳草洲鳳凰棲老碧山頭輸他無盡登臨客
一片白雲秋復秋 同上

國朝 王 敔 字虎止衡陽人康熙朝貢生著有蕉畦存稿

黃鶴樓

昔聞黃鶴樓今極清江目昨夕生秋風蕭條景相屬偓
醉甯有蹤士醒豈勿告長湍激鸚鵡小渚閗鷗瑪大別
映遠清寒光淒以肅暝色生荻洲餘情眷芳陸 同上

國朝 張文炳 字質夫號南麓湘潭人康熙丁卯舉人累官仙居文登知縣著有隣嶽堂集

黃鶴樓

最是牢騷難遣處浩然江上一登臺連天雲氣雙峯合
動地濤聲七澤來賦就淚傳鸚鵡手詩窮誰識鳳凰才
鄉園南望無多路歸去黃花次第開 同上

國朝 簡 能 字坤若湘鄉人康熙甲子舉人官徐溝令著有帶江堂集

黃鶴行

黃鶴黃鶴何時來赤鳳西走金烏催仙翁愛酒煙霞閒
黃鶴一騎驂雲雷鐵笛橫吹壯士哀積風負翼孤徘徊
我聞鷹獻楚王臺鵬雛毛血如雲堆仙翁招手呼天台
黃鶴黃鶴何時來 同上

國朝 陳之駓 字桃文攸縣人康熙中貢生著有島孫詩文鈔

黃鶴樓漫成

楞里骨銷宮闕聯嶙峋鈴塔俯江煙仙人騎鶴歸何處

大別如龜相對眠望氣栖遲悲故國吹風指畫亂青年我行一下支祠去問有楚封香火錢同上

國朝陳大章字仲夔號雨山黃岡人康熙戊辰進士改庶吉士著有玉照亭詩鈔

同張宏遴登黃鶴樓

平楚風煙莽四圍醉舒望眼欲無依人當元氣中間立鳥向孤雲盡處飛酒肆淚傳辛氏法羽流閒著洞仙衣上樓脚力休誇健更躡危亭坐翠微本集

國朝魏坤字禹平浙江嘉善人康熙己丑舉人著有倚晴閣集

登黃鶴樓作

江聲已吞大別口東之不住復東走怒濤萬頃天風號沙岸日斜鼉欲吼一葉翦過煙波灣登樓憑徧十二欄忽飛涼雨濺衣溼白浪高於黃鵠山山川滿眼來蕭索吟髮互垂且孤酌青蓮畢竟非仙才崔顥題詩不敢作醉擬橫將鐵笛吹歸向仙人借黃鶴本集

國朝李爲霖爵里未詳

黃鶴樓

蛇山之首漢江尾危樓巀嶪奇且偉勢如鳥革如翬飛上去青天咫尺幾風雨戶牖臨空開簷牙八面生莓苔直指青霄燕影落倒入長江蛟陣回晴川高閣遙相峙芙蓉花外漢陽市賈客操舟逐逝波望中有若軒與輊巍峩大別踞其西東接高觀烟樹齊更上層樓窮醉眼置身天際衆山低俯睇江河日東下千里帆檣怒濤瀉一聲欸乃起汀洲幾點漁燈明子夜夜深有客獨憑樓明月飛來樓上頭金樞斜出天河近晢晢簷前星欲流武昌城裏十萬戶烟火霏微難指數迷離不辨楚王宮波明疑是滋陽渚南樓勝事不可追七重九柱亦何爲玉笛飛聲到樓角江淮人動楚天悲爛漫題詩滿亭側

誰云有景道不得嘯歌忽覺天地寬泠然欲生乘風翼鸚鵡洲沈古渡前黃鵠磯頭酒旆懸安得歸來同白鶴吹笙重見緱山巔湖廣通志

國朝夏嘉瑞字人淑孝感人諸生著有松雲詩草

登黃鶴樓

天風四射作孤吹甲馬江聲雲陣披鼓角蕭閒新度曲樓臺鼎易再留詩白沙窟宅神龜守赤幟風騷我輩支卻望楚宮寥落盡倚空長嘯欲何之同上

國朝張連登見卷七

登黃鶴樓二首
千秋一勝歸然高喜御天風攬繡袍遠岫煙浮爭拱翠
大江練淨不飛濤猶憐芳草催新賦直取梅花補楚騷
何羨昔人來控鶴昇平歌吹是仙璈
敕書再建壓蓬萊十二紅窗碧霧開代遠何妨鸚鵡去
時清定有鳳凰來煙霞不盡搖詩筆形勢長宜對酒杯
好接九天霖雨近萬家齊□□春臺 江夏志

九日同人登黃鶴樓晚歸四首
木落江城菊已黃漢南煙景又重陽湖湘晝夜東歸海

鴻雁飛鳴北去鄉一路芙蓉侵劍佩半山嵐翠上衣裳
閒來爲問庾開府何處風流勝武昌
從來勝地喜登臨不厭苔階屐齒侵江漢路分平楚潤
魚龍秋老暮濤深一川雲氣爭消長五夜鐘聲變古今
欲折黃花尋故事蕭蕭短髮未須簪
落日蒼茫下鄂州長空依舊大江流阿誰待月聞吹笛
有客看山獨倚樓蘆葦白搖寒鷺影蓼花紅綻滿湖秋
莫辭躑躅歸來晚更向雲霄最上頭
一層松影一梯雲黃鵠磯頭望已曛疊石不教鯨作浪
到山應許鶴爲羣貢入手授茱囊古仙樂親從紫府聞
今日高朋稱滿座閒偷醉眼看參軍 同上

國朝 涂天相 字燮菴號存齋一號迂叟孝感人康熙癸未進士官至工部尚書著有靜用堂偶編

鶴樓望雨
楚天昨夜舞商羊帆落江干萬里忙望斷衡山秋色晚
窗迎漢水客心涼風翻雪浪驚鸚鵡煙鎖晴川隱鳳凰
巾角折來猶載筆重添墨霧灑瀟湘 同上

鶴樓早望
鵲噪深林客枕斜晴樓初曙映一作霱餘霞南薰吹落江

梅冷西爽迎來石鏡華朝露溼雲晴帶雨曉風逐水浪
翻花黃粱不解人間夢日映千村戶半遮 同上

國朝 沈國梓 字濟川仁和人

黃鶴樓用崔司勳詩爲首句八首 錄一
此地空餘黃鶴樓身閒竟日坐樓頭山林落葉參差舞
客棹驚風次第收玉笛已無仙子曲水花猶漾洞庭秋
長江形勝貢天塹自是羣雄據上游 杭郡詩續集

國朝 楊紹奇 字大可錢唐人

黃鶴樓同沈濟川作

昔人已乘黃鶴去此日空懷黃鶴仙縹緲不隨江月到
風流應逐楚雲傳杯銜落日臨城北樓鎖飛濤繞檻前
形勝巍然何處好碧山紅樹總無邊　同上

國朝　李東白　京山人見祥異

游黃鶴樓

西望家山一改容白雲飛盡楚江空興饒老子胡牀上
秋在仙人鐵笛中鄂渚霜花沿岸白漢陽楓樹隔江紅
倚闌拍手招黃鶴千古登臨感慨同　漁洋詩話

國朝　汪文孫　字孝猷錢唐人汝謙孫著有霧音集

同錫山侯駿聲呂恂令飲黃鶴樓即事

尊酒翻於客路開相從良友共徘徊江寒十月無梅放
日暮孤洲有雁來黃鶴空留磯上跡白雲時覆掌中杯
情深何忍輕歸去偏恨斜陽樹樹催　杭郡詩續輯

國朝　張若衡　字　江夏人康熙丙戌進士官雅州知州

步撫軍晏一齋登黃鶴樓韻

舊識司勳賦擅場後先輝映並江洋域中形勝推江夏
眼底風光盡漢陽澤國哀鴻思輯翼野田孤鶴望飛翔
登高作賦等閒事極目芸芸紀奏章　江夏志

國朝　張鵬翀　字天扉嘉定人雍正丁未進士授編修官至詹事府詹事著有南華詩鈔

渡江登黃鶴樓

鄂渚雲陰撥不開一帆飛雨過江來樓頭有客吟芳草
笛裏何人怨落梅陳蹟漫尋鸚鵡渡歸心先指鳳凰臺
應試金陵題詩闕盡千秋筆空倚寒流酹酒杯　本集

國朝　周廷贊　字賓朝一字河邊沙富人好古樂善史學貫通易理精粹工吟咏著有河邊集

登黃鶴樓

落日高樓萬里寒浮生多故獨憑欄雲連五嶺江流暗
雪滿三湘雁影殘夏口樓皇悲異國武昌牢落恥儒冠

傷心忍向晴川水朝夕南來掩袂看　續岡州遺稿

國朝　朱倫瀚　字涵齋一字亦軒漢軍人康熙壬辰武進士累官副都統著有閒青堂詩集

武昌秋興

黃鶴高樓聳碧空晴川傑閣漢陽東雲吞夏口三秋雨
帆挂天門半夜風城郭夾江懸一鏡山川分勢走長虹
遙憐赤壁煙波外落日寒沙照眼紅　熙朝雅頌集

國朝　熊賜履　字敬修孝感人康熙戊戌進士官至大學士著有閑道錄學統經義齋集

黃鶴樓

勝蹟爭傳黃鶴樓莎場灰劫幾經秋魚龍出沒千峰亂

烟雨迷離一水收芳草至今連鄂樹西風何處問蘆洲
雲山隱隱空岑寂淚盡寒江未肯流本集

國朝劉統勳字延清諸城人雍正甲辰進士官至大學士謚文正

淩琢臣學使招登黃鶴樓四首錄二

霸國雄風舊所聞憑欄空闊出塵氛寒潮近挾晴川雨
暖氣高連大別雲關塞萬重迷楚望舳艫千里會江濆
時清不用誇形勝坐看平波接綺紋

昇平景物自繁華綠樹紅牆照水涯楊柳春風人顧曲
高樓明月客思家中流簫管飛銀榜舊苑簾帷隱絳紗
翠羽明珠通市舶蠻烟猶送日南花卧園詩話

黃鵠山志卷八終

男宗廉校字

黃鵠山志卷九目錄

黃鶴山志卷九

永康胡鳳丹月樵編纂

藝文　古今體詩

國朝　劉宗賢　字次頤江夏人雍正丙午舉人庚戌進士官四川榮縣知縣國子監博士

九日偕崔抽圃李蒼巖登黃鶴樓

勝地秋光滿良辰雅饌開仙風瑩橘柚江氣麗樓臺花綻新醅動松青老鶴迴達生多妙理何用避桓災羽觀淩霄漢飈臺次水門江空虹欲飲風靜雁無言瘦菊眞如我秋雲可細論漫持陶令盞攜手探靈根　江夏志

國朝　桑調元　見卷七

黃鶴樓

黃鶴飄颻不可留淩虛長嘯此登樓禰衡文字眞爲累陶侃功名亦是浮帆影帶回湖口月笛聲催散漢陽秋扶筇獨往平生願是處江山作勝游　衡山集

浩歌行夜登黃鶴樓作

客言漢江宵景好鼓勇復登黃鶴樓重雲如墨蔽皓魄對岸燈火明星稠遙知管絃市樓沸吳商蜀估傳觥籌大別山頭雜樹暗夕嵐暝漲寒悠悠江光一溜白滉洞

漁榔已息聞清謳仙人乘鶴去不返三層危搆馮虛浮羽流對客把玉箇崩雲逸響鳴高秋橫空霹靂倏鮮駮吹開白月懸當頭卻看水天色飛動蟄龍吐珠光不收慌惚煙中漢女出微步縹緲淩波游洞庭瀟湘一氣接驚寒遠去鴻聲遒八十八窗大開闢空明如在蓬萊洲我爲浩唱元雲曲飄飄短袂攜浮邱南城咫尺庾公樓亦有人舒清嘯不凭高四顧有餘興還思鄂渚移扁舟

同上

黃鶴樓疊昨題浩歌行韻

武昌柳迓重來客輟棹起登磯上樓江天空闊豁曙色霞暾倒影朱氛稠天公景物多變幻兩重新綺爭頭籌叢桂初含秋氣爽流萍習口川涂悠洞庭彭蠡此吞吐快意不作商聲謳白波如山大激蕩塵心滌盡浮名浮去年高蹈祝融頂回帆直下瀟湘秋逆溯襄河鼓今棹一筇拄到恆山頭南北山川萬餘里煙嵐盡向囊中收豪興由來喜獨往廬敖若士甯同游百年乘化任歸盡冥搜未覺流光遒一日可當一百日此閒本是神仙洲尋恆誰識羽衣過笙鶴下自崑崙邱後來登臨萬萬輩

亦話五嶽詩人不三層檻上重吟拍逍遙耿比坳堂舟

恆山集

黃鶴樓

飄颻黃鶴去樓勢鬱嶢巖欄楯淩清旭階基甃白瑊高城跨巖岫遠岸列松杉煙艇商歌杳塵闤楚語諵沔陽流水滙夏口夕陽銜世代俄成古仙踪迴隔凡柳條寒盡禿棗實吏空饞絳節胎禽駕黃庭內景函遙遺漢皋佩疾下洞庭帆亭湧團圞月波澄上下巖狂吟聊自適縱酒不勞監解渴邀桑苧當風擘阮咸青瞳雙炯炯白

髮亂髟髟琴石摩挲滑無須姓氏劖

同上

國朝　張映辰　字星指號藻川錢唐人雍正癸丑進士官至兵部右侍郎歷典楚豫陝甘學政著有露香書屋遺集

遊黃鶴樓　適大中丞崔公招飲郎席賦呈四章兼以誌別并呈制府德濟齋先生學使開敬菴前輩

黃鶴樓前俯大荒憑闌一望迥蒼蒼萬家煙井沿江渚百戰山河付夕陽唱晚漁舟藏葦荻排空雁字去瀟湘我來恰值清秋候木落天高露氣涼

方城漢水見雄深極目滔滔亙古今三楚人材多磊落

九秋煙景記登臨西風簾捲花應瘦東閣筵開酒共斟
一曲繞梁音未斷隔江嵐翠護遙岑
喜逢賢主媿嘉賓授館傳餐意倍親麈尾頻揮珠滿座
萸房試插酒沾巾輕裘緩帶推羊叔雅詠投壺有祭遵
南國從來多聖化一時民氣總如春
星言乘傳到雄封沅芷湘蘭勝地逢傑閣千尋喧鳥雀
長波萬里見魚龍清秋風月元無價高會江山孰繼蹤
不是登臨歸思切簡書堪畏少從容 本集

國朝 沈德潛 字確士號歸愚長洲人乾隆丙辰薦舉博學鴻詞己未成進士官至禮部侍郎加尚書銜贈太子太師謚文慤著有歸愚集

黃鶴樓

鶴去樓空事渺茫楚雲漠漠樹蒼蒼月隄酒酌三杯曉
江水清流萬古長不遇謫仙吹玉笛曾聞狂客坐胡牀
登臨此地懷京國也似金臺望故鄉 本集

國朝 袁枚 字子才號簡齋錢唐人乾隆丙辰薦試博學鴻詞己未進士官江南江甯知縣卒年八十二著有小倉山房詩集

黃鶴樓

萬里青天月三更黃鶴樓湘簾才手捲漢水拍天流山影如爭渡漁歌半入秋深宵無鐵笛空自泊孤舟 本集

黃鶴樓看雪

漢水茫茫搖白浪一樓高踞浪花上相傳黃鶴此間飛
至今猶畫仙人像仙人一來不再來我竟兩次騰麻鞋
更值天公張玉戲雪花片片飛瑤臺鸚鵡洲漢陽樹遠
望迷離一疋布妙手描成白澤圖長江化作銀河渡卅
年看雪俱在家今年看雪天之涯達人行樂足向神仙
兮可奈想殺小倉山裏千梅花長揖與仙約借我黃仙
鶴騎上鶴髮翁鶴翅休氋氃趁此高樓西北風送我連

夜還山中一天明月一枝笛踏破瓊瑤萬萬重 本集

國朝 孫良貴 字隣初號麓門善化人乾隆己未進士歷官常德府教授甘肅安化縣知縣著有麓門文續墨樵詩鈔

黃鶴樓雜感

寥落中原大旆寒殘人拔戟可登壇續騷自古歸蘄澤
操律何人笑楚冠北地蚍蜉空撼樹虞山蕭艾久充蘭
橫流滄海知何極直下澄清江漢瀾 自注袁小修云北地出西涯之門而操戈又牧翁列朝詩選多可指駁故有五六語
迴看九澤接崚嶒題徧江樓十二層牛首山前虛夜月

龍蟠關外踏寒冰自注杜茶村黃景虞俱寄居金陵虎踞關外百年心事違王粲（王一翥子雲）一代龍門謁李膺（李以篤雲田）黃鶴不教故國返亂鴉無數侶秋鷹

郎官湖上白雲開西望秦山阻七盤北海幽人空種樹南樓老子健加餐誰吹羌笛愁如沸自握冰桃實似丹菊井蒼顏渾見慣伽山鐵嶺聽初闌自注樓下有百四十三老人湯雲山言勝國熊賀諸公事娓娓鑿鑿令人雪涕

馮郎曾不負科名幻入金光夙世情自注雜志載京為金光洞主長劍秋風馳素志自注京未遇題詩樓上云韓信棲遲項羽窮手提長劍喝秋風澶淵孤

注恥前盟英雄自古憑推轂儒雅於今孰請纓盡埽白雲西極落蒼蒼鬱鬱拱神京

荆門九塞控三巴蜀棧秦盤詎足誇如此江山雄地胏況來郢雪豔天葩百年已盡唬鵑憾萬里齊開麗日華莫倚桂珠同土價側聞旰食望謀嘉沅湘耆舊集

國朝陳栩字東麓號脊齋仁和人乾隆戊辰一甲第二名進士官編修　按輶軒錄錢唐人上虞籍題名碑錄及府志皆不云上虞籍或是上虞人仁和籍俟考

登黃鶴樓

獨上危梯倚絕巔遙臨大別對晴川兩崖煙火樓臺外萬里雲嵐几席前粉壁尋碑詩尚在羽衣吹笛跡空傳江山俯仰成今古目送斜暉意悯然杭郡詩續集

國朝譚尚忠字䓗亭一字耆亭號古愚南豐人乾隆辛未進士官吏部左侍郎著有紉芳齋詩集

登黃鶴樓

浣塵初下漢陽舟挺立江山是此樓仙笛已隨黃鶴去晴川猶湧白雲流炊煙萬戶看無際滯穗千畦喜有秋南望瀟湘凝紫氣妖氛會見一時收

曾聞此地曳仙裾五十年來縱目初頓覺此身能遠俗幾忘高閣是淩虛蕭山九日馨叢桂鄂渚三秋足膾魚

名勝忝陪高會後黃花肯放酒杯疏

高樓俯瞰景無邊但得登臨便是仙一帶疏林明遠水半規斜日滿前川漢陽城外舟如屋鸚鵡洲中草似煙遙指鄉關二千里碧雲無盡暮江天

雲移西日注波紅野闊天垂眼倍空雙節來朝仍向北大江終古自流東長天寥迴橫孤雁遠岸分明間晚楓重憶瓊樓寒更早授衣應已進豳風蘭言二集

國朝陳淮字望之商邱人乾隆癸酉拔貢累官湖北布政使擢江西巡撫

月夜登黃鶴樓

丹樓天外峙皓月空中行銀濤與玉魄相逆出光明樹暗漢陽渡雲低鄂渚城不知何處笛解作落梅聲隨園詩話

國朝慶 玉字兩峯滿洲人乾隆丙子舉人累官布政使著有錦纈段詩集

抵武昌

吳楚山川百戰場太平風景易巖疆連天草色迷鸚鵡隔水煙光辨漢陽鄂渚秋高風淅瀝庾樓人散月蒼涼閒情弔古休惆悵幾見雲中駕鶴翔熙朝雅頌集

國朝舒才博字遜文號約齋漵浦人乾隆丁酉選拔 朝考第一授湘鄉縣教諭兩任襄陽府教授著有信手拈詩文集

黃鶴樓春望

春城扶杖任逍遙鵠立危樓眼界超太岳即太和山連雲屏北極長江入海帶南條風同皇世人煙靜日麗中天物色饒龜息蛇蟠鸚鵡伏儼乘黃鶴上青霄本集

國朝王文治字禹卿號夢樓丹徒人乾隆庚辰進士 殿試第三人及第官翰林院侍讀出爲臨安府知府著有夢樓詩草

冬日登黃鶴樓次素溪韻

岷峨東下勢平臨萬里風煙此暢襟雲去人間成往古江流天塹到如今亂山積雪寒森玉疏樹迴晴遠漏金

獨向飛樓高處立還疑仙笛有遺音本集

國朝趙 翼字雲崧一字耘崧號甌北陽湖人乾隆辛巳進士 殿試第三人及第官貴西兵備道著有甌北集

題黃鶴樓十六韻

傑搆依天塹登臨氣象千危磯黃鶴浦重鎮赤烏年勢控荊襄下兵從晉宋前舟車當四達海寓扼中權勝槩斯稱最名區久未湮棟負千尺迥地以一詩傳百級旋螺上重簷亂鼠穿憑欄俯斜日挂檻豎長川遠挹庾樓月高淩郢樹煙江吞沔口闊城對漢陽堅估舶如浮鴨

漁槎有縮鯿陸放翁入蜀記過武昌買得縮項鯿重十斤洲猶芳草色笛正落梅天事往皆成古吾來倘遇仙鴻泥留笠屐鯨浪少戈鋋燈火沿流滿魚鹽入市闐翻疑騎鶴客多半在腰纏本集

國朝李義賢字芝庭江都人熟於唐人詩集著有秀谷集

題黃鶴樓集唐人句

江邊黃鶴古時樓白居易崔顥題詩在上頭李白雲靜獨看秦塞雁上官儀日高遙望洞庭舟趙嘏岸南岸北往來渡崔魯烟淡烟濃遠近秋杜光庭行子不須愁夜泊武元衡碧山重

疊水長流孟賓子○淮海英靈集

國朝 姚鼐字姬傳號惜抱桐城人乾隆癸未進士官刑部郎中著有惜抱軒集

登黃鶴樓次補山韻

夷陵西望巴山連大江出空如墮懸奔流一抹蹙滄海大別黃鵠橫障天導江至此一夾束瀠洄衣帶高樓前憶昔赤烏始築邑憑軒雷鼓空江塡此間開勢自明遠釣臺樊口誰能賢一朝金雁瘞吳郡何殊繐帳臨漳川高樓千載幾興復傳芭士女徒哀憐因山命名義自當俗說詭可丹青傳虞翻地下應大笑孰逢黃鶴騎飛仙

我聞譙郡戴仲若往往對服從斂畋仙人毋乃即此是惜哉林壑空蒼煙農部腹中有武庫瘴鄉幕府嘗周旋采入深穴縛虎子欲效左手如羊牽正當千里縱黃鵠豈將一渚從棲鳶嗟余年往道亦廢顧思暇豫偷安便陪君欲鼓瀟湘柁湖南未到秋雲邊漢口暮見樓雉影江風曉蹈蛟龍涎晴空孑孑上反宇天幕澹澹垂重淵無心坐見白雲滅屹立惟有蒼山堅人間萬事不須說跂足當樓聊醉眠本集

國朝 何人鶴字鳴九號雪浦綿州人乾隆時諸生著有臺山詩集

黃鶴樓

黃鶴樓頭望故鄉東川門戶接荊湘苗民那敢窺巫峽教匪訛聞近武昌制府雅歌揮羽扇督臣畢沅統兵圍當陽賊匪將軍談笑埽欃槍福大將軍征苗天家委任勳名重莫待秋風冷戰場本集

國朝 蔣業晉字紹初號立厓長洲人乾隆丙子舉人丙戌揀發湖北知縣擢同知著有立厓詩鈔

登黃鶴樓

飛樓控天險百尺聳江上鈴語半空聞鵠舉層霄狀四面開窗櫺諸天現色相我來一再登極目神忽旺檻外

仰奔雲足底踏駭浪萬瓦城闉列千檣沙渚傍晴川犄角勢相雄不相讓萋萋鸚鵡洲弔古增悽愴是時夕照沈煙波互迴盪憑夷儼欲出湘妃宛在望作氣吞全楚憑欄浩歌放題詩憶李白乘興追庾亮敢云曠士懷對景抒雅尚仙蹤殊渺茫江形實保障盤桓皓魄升隔浦起漁唱本集

和曹雲瀾登黃鶴樓原韻

春深佳氣鬱層城縹緲飛樓接上京黃鶴不來空弔古白雲猶在迥含情難從夢境尋仙境怕聽濤聲挾雨聲

我倚丹梯閲塵界江天斜照倍分明　同上

國朝　伍秉鏞　號東坪南海人官湖南岳常澧道著有淵雲墨妙山房詩鈔

登黄鶴樓

一聲玉笛起龍湫吹徹江天韻欲浮仙馭偶停猶昨日鵠磯雄峙倏千秋瞰當逝水朝西北氣已淩空接斗牛極目征帆過萬點好風時帶片雲流　本集

國朝　鄧石如　字頑白皖江人

登黄鶴樓

江邊傑立此名樓乘興東來豁醉眸三峽波濤天半落

九疑雲物望中浮晴川白颭梅花水芳樹青圍杜若洲正是青陽好風日鶯花無際楚江頭　蘭言集

和畢秋帆制府黄鶴樓詩

磯邊鵠去蘚蒼蒼磯上飛樓金碧光丹磴迹留仙費老滄流積仰夏先王寰中歲月濤頭白檻外風沙鶴背黄玉笛一聲江漢曉平頒春色遍遐荒　同上

國朝　張九鉞　見卷七

蔡芷衫邀登黄鶴樓同楊丞思彭思贊兩世講

古今浩浩一元氣樓上司勳偶得之寒日照人老又上白雲待子來何疑放歌楚國江山大送客揚州雨雪遲爲語同遊少年者有才鸚鵡莫題辭　國朝正雅集

大雪獨登黄鶴樓作短歌

風雄雄雪寘寘岷江駭浪流洞庭漢水大别隨東征黄鵠不可騎鐵笛不可聽左不見鸚鵡之洲右不見卻月之城樓蒼茫雪縱横李白一去三千齡誰能當此江山兮有酒吾欲與之同傾　同上

黄鶴樓笛

江清霜白塞無邊山湧高樓笛倚天更有秋聲傳别調

不知遷客繫孤船西風黄鶴心千里明月梅花夢幾年莫使蛟龍愁入破英雄末路是神仙　同上

國朝　龔大萬　字體六號荻浦武陵人乾隆辛卯進士改庶吉士授檢討充武英殿纂修典試廣東大考休致　純廟東巡召試行在授中書補内閣典籍假歸不復出有賜扇樓草再游粵西草

和畢秋帆制軍登黄鶴樓原韻

仙客何年去碧蒼樓高莽蕩接曦光荆襄直控三巴國江漢爭趨百谷王萬戶曉煙孤岫白一川晴樹野雲黄登臨不盡千秋感鸚鵡洲前草自荒　沅湘耆舊集

國朝童堦字巨川號鹿菴錢唐諸生著有鹿菴吟稾

訪友楚中不遇問渡黄鶴樓還里

高標負郭枕洪流共説仙人在上頭兩月關津初問渡一天風雨未登樓懷中刺滅禰衡字江畔春寒季子裘回望斷雲煙樹外擁書空作漢南游本集

國朝鄒緗字雲芬新化人乾隆戊子舉人繁昌知縣著有惜餘齋小草

黄鶴樓

城上層樓聳碧空迢迢直起五雲中地爲全楚江山助人望遠天星斗通斷岸西來春漲綠連檣東下夕波紅

憑欄無限登高意可奈煙霞到眼窮本集

國朝周錫溥字麓樵號半帆湘陰人乾隆乙未進士官甘肅甯朔縣知縣著有安愚齋詩文集

登黄鶴樓

雲篆丹爐劫火沉倘餘樓閣此憑臨乾坤漭漭浮江漢城郭纍纍閲古今幾處布帆催曉發四山涼雨作秋深嗟余家住清湘浦只隔湖雲一片陰沅湘耆舊集

黄鶴樓小飲至暮

青梅作弄晚鴻前碧玉枝輕手帶煙水闊荆吳供遠眺夜寒星斗入高眶同渠一醉樽中酒從此忘機地上仙且欲扣舷江北路風清月朗不論錢同上

國朝舒正載字伯厚號酉樵溆浦人乾隆丁酉選拔任湖北荆門州州判歷雲夢漢陽武昌潛江知縣著有竹根齋詩文集

重陽和友人九日同登黄鶴樓之句二首

九日同登黄鶴樓樓高百尺俯江流此鄉此會頻爲客無酒無花不稱秋鄂渚斜陽芳草暮楚天終古白雲浮延齡何處覓仙棗短髮羞聽玉笛謳

九日同登黄鶴樓崔生詞氣倒江流如斯風景如斯客幾度黄花幾度秋芳草欲隨寒露歇遠煙長共暮山浮

分題怕值雍邱尉倒寫新詩作舊謳本集

國朝舒正增字仲華號碧樵溆浦人廩貢生肄業成均選授綏甯縣訓導著有松心書屋文鈔夏柯堂詩集

小憩黄鶴樓偶成三十韻

麗景江城市危樓鄂國濱天空開眼界地迥滌心塵蛇蜿盤何穩龜棲息自勻諒哉元武境悲矣老聃身從倚淩雲檻低徊駕鶴賓僊從花裏出師本世間因木母還宗子黄婆締好姻五千尋妙候三十覓芳辰順逆交離坎迴環制汞銀靜參元牝竅廣挹洞庭春德孕方成果

功高乃飲醇斷壺儲酒祕長劍斬貪嗔百種潛睽伏纖
芽漸引伸珠探三昧得壁面九年純大道歡登岸拏生
好問津逍遙甯自了紛騖更誰親看到滄桑屢遊經楚
漢頻行行騰兩屩去去控雙輪憶昔嘗搜異猗予亦邁
倫訣從私淑得書兒累編陳鑰發盧兼呂筌忘費與荀
耐將求鼎器翻自敝精神豈曰儒林詣非云世路迍理
原爭造物機寶闕蒼旻幸也踰顏短蕭然守憲貧形骸
虛戊己蹤跡坦庚申曉露濡顛潁高風落醉巾朱顏歡
且駐紫綬盼將新借枕情知厚炊粱夢亦眞莫將羌笛

引吹醒武昌人 本集

九日黃鶴樓獨眺

白雲樓外大江天獨立嵯峨思悄然風雨不來晴浦樹
帆檣時繞鄂州烟難將醒眼逢開口空賦新詩憶昔賢
嘹嚦霜鴻何日到洞庭木葉自翩翩 本集

望黃鶴樓進沌口

鶴渚經年別招搖咫尺間迴舟三十里不下鸚鵡灣 本集

畫鄂州城

鶴去蛇盤雉堞高江天風物上秋毫縱橫闤闠千檐瓦

縹緲煙波萬里艘仙客重來雲渺渺英雄一去浪滔滔
記得頻年鴻爪迹晴川閣下泝襄皋 本集

武昌城黃鶴樓上觀上元放燈

遊人徹夜踏江天錦樣燈光照眼前火樹齊開春不覺
銀花乍放月初圓奔騰白澤喧金鼓隱起青龍簇管絃
定是金吾歡弛禁頻調玉燭兆豐年

萬里清光夜色開江城市語晚潮回沿街戶列星三五
繞巷人隨月去來斗極鰲瞻銀作甲雲邊鳳集玉為臺
歸時記得經行處滴滴金錢點翠苔 本集

黃鶴樓

百尺高樓黃鵠磯神仙常在鶴常歸遊行日到人間世
爭奈紅塵遇者稀 本集

江上望黃鶴樓漢口諸勝懷古一章上唐中丞

國朝 張九鐔 字竹南號蓉湖湘潭人乾隆戊戌進士改庶吉士授編修著有笙雅堂集

大江從岷峨千里來奔馳其東合九江漢水南注之會
於大別山眾派共一支偉哉神禹力底定天南陲淼漾
積元氣萬頃青玻璃迢遰西樓上影落寒江湄臨風輒
引去坐與三山期黃鶴一高舉仙侶知為誰下視郡邑

浮雲樹何離披荆楚峙城郭吳魏陳旌旗羣雄昔割據蠻楚徒爾爲我來埽陳跡愧乏瓊琚詞周文化南國此地最先施喬木蔭千年遊女安可思中興逮宣王召虎帥其師經營武功成餘烈垂蠻夷巽代有同軌上開明堂基英靈耀日月波濤淨神祇方舟聊擊楫欲濟懷明時願以繼風雅作爲江漢詩 本集

夜泊漢上望黃鶴樓

又是城頭黃鵠磯年來去住忍相違醉中不記江南別夢裏何曾冀北歸紅葉夕陽波欲下青霜斜月雁還飛

洞庭雲水方千里一上高樓詠翠微 同上

國朝 李鼎元 字和叔一字味堂號墨莊綿州人乾隆戊戌進士由翰林改中書官至宗人府主事著有師竹齋集

雨霽登黃鶴樓

黃鶴孤樓壓渚宮滿城煙景接長空無邊楚色瀟瀟雨不斷江聲浩浩風鸚鵡洲連春草綠鳳凰山帶夕陽紅白雲靄靄仙人去萬古愁銷一笛中 本集

國朝 吳省欽 見卷六

黃鶴樓

南紀滔滔極望愜樊山鄂渚境全開白雲容見樓興廢丹路人騎鶴去來三峽風濤浮露檻兩城煙樹入春杯樓空鶴去非佳句心折青蓮賞別裁

豁達雲衢逼太清楚天無際八窗明招揺翠被孤舟影縹緲梅花一笛聲烏鵲南飛初月上大江東去晚潮生雄風易散仙蹤杳萬里空餘濯足清 白華前稿

國朝 吳烱 字秋陽自號睡庵武陵人著有古香園詩草

黃鶴樓

黃鶴樓頭秋日陰客中扶病强登臨東南野色分吳楚

江漢濤聲自古今澤國秋高紅葉少鄉關天遠白雲深仙人玉笛無消息但聽蕭蕭萬戶砧 本集

國朝 潘國祚 字東柳上虞人隨兄永祚僑居江夏以嘉魚籍貢太學工書法詩文著有東柳全集

黃鶴樓

飛棟岧嶢迥不羣危巒依舊倚斜曛誰能畫壁招黃鶴我欲乘風問白雲夾岸樓臺芳樹盡萬家煙火一江分向人莫話滄桑事笛裏梅花可贈君 江夏志

國朝 劉鳳誥 字金門萍鄉人乾隆己酉進士官至吏部侍郎著有存悔齋集

登黃鶴樓

東下萬里水此山橫一樓岷峨大江塹漢沔古時州仙者已黃鶴野人空白鷗吾能攜鐵笛吹破四天秋 本集

國朝 葉廷芳 見卷七

同友人登黃鶴樓

當年曾訪晴川樹此日才登黃鶴樓玉笛不聞江水靜白雲常繞鄂城秋辛家有酒泉空在呂老無心跡尚留我亦鳳凰臺上客萍蹤四海漫遨遊 花餘亭詩存

國朝 洪亮吉 字君直一字稚存號北江陽湖人乾隆庚戌進士殿試第二人及第官翰林院編修著有鮚軒卷施閣更生齋等集

月夜登黃鶴樓憶尚書師荊州

上城已有角聲催曬黑窗櫺信手開十月魚龍先入定三更烏鵲自飛來巴人路向雲邊出楚國天從湓口開誰敵庾公樓畔月不勝清興待銜杯 鮚軒集

國朝 周系英 字孟才號石芳湘潭人乾隆庚戌進士改庶吉士授編修官至戶部右侍郎

丙子十二月二十八日大雪登黃鶴樓簡筠圃中丞及鼎圃學使

老夫乘興劇清狂獨上危樓凍欲僵放眼重教開境界此身真覺立蒼茫漆梅風細飛仍急爆竹聲多溼不妨

且喜連雲饒宿麥江流漫把客愁量

款關驚起道童眠 自注是日游人絕跡叩門良久始得入 狂客真成謝俗緣何處淺斟歌對酒幾家高臥突無煙當年鶴駕憑誰問此日鴻泥只自憐莫漫倚欄頻嘯詠恐人傳說是神仙

龍公手熟倍精神 自注今年第三雪矣 一色迷漫望不真界畫屋山開粉本堆成巖壑失鱗皴兩京賦就應霏雪 自注謂筠圃中丞 八詠才高正賞春 自注謂鼎甫學使 可惜良辰都不管憑教白戰屬羈人 沅湘耆舊集

國朝 王守正 字繩齋江夏人廩貢生沔陽訓導

黃鶴樓玩月歌

黃鵠山頭高硉矹黃鶴樓頭尤崷崒樓頭秋夜寂不喧碧空高掛一輪月乘興來遊靜領之皎如水鏡懸貝闕旁無浮雲三五點中有桂花影突兀月白晴煙橫大江月明山壁森見骨江月白兮漁火青山月明兮鵲聲發倚欄惟有清風生當年長笛吹已歇興酣搖筆飲且歌凌虛一嘯神仙窟 江夏志

國朝 張克謀 字松山華容人監生著有僅可齋詩鈔

登黃鶴樓

木落滿天秋秋高黃鶴樓白雲飛不盡日暮大江流本集

國朝釋覺慧字滌塵別號湘嵐湘潭呂氏子有茸香詩草五卷

登黃鶴樓

黃鶴不可見白雲空自悠欲吞江漢水直洗古今愁落日關山遠西風鴻雁秋憑闌懷往事吟罷幾回頭沅湘耆舊集

黃鶴樓

白雲尙臆當年蹟黃鶴猶名此日樓不信神仙歸渺渺

本來江漢自悠悠晴川楓葉霜千樹鄂渚蘆花雪一洲千古英雄千古憾幾回憑眺幾回愁同上

國朝龔立海字杜君號雲濤巴陵人貢生著有垂雲山房詩集

黃鶴樓

撫劍忽不懌正雅集作一清嘯來登黃鶴樓文章公等在今古大江流戰地餘荒壘雄關扼上游西風楊柳盡愁見武昌秋同上

國朝郭祖翼字芑泉善化人廪生著有雨福山房賸草

黃鶴樓

對酒忽不樂言尋黃鶴樓乾坤元氣合今古大江流詞客終相妒神仙安可求何當攜玉笛吹散故園愁同上

國朝姚學塽字鏡塘歸安人嘉慶丙辰進士著有竹素齋遺詩

題陳大雲侍御重游黃鶴樓圖

謫仙曾擬碎高樓爲妒崔詩壓上頭何似先生持使節重經故土豁吟眸壬午典試粵西歸途登此雲山漠漠長天晚江漢茫茫大地秋此去儻逢黃鶴在時方乞假歸還應騎向帝城游本集

國朝宋湘字煥襄號芷灣嘉應州人嘉慶己未進士歷官湖北督糧道著有不易居齋集

黃鶴樓題壁

笛聲吹裂大江流天上星辰歷歷秋黃鶴白雲今夜別美人香草古時愁我行何止半天下此去休論八督州多少煙雲都過眼酒盃還置五湖頭沅湘耆舊集

國朝吳榮光字殿垣一字荷屋南海人嘉慶己未進士官湖南巡撫左遷四品京堂旋擢福建布政使著有石雲山人詩稿

登黃鶴樓

好風吹送我登樓何事仙人不暫留雲影古今過鄂渚江聲日夜走黃州極天波浪誰同濟異地烟花我欲愁

西去荊門閒戰壘幾家漁網夕陽收
我欲仙人跨鶴回手吹玉笛暮雲開依然城郭三春日
如此江山幾代才鸚鵡洲荒名士盡桃花宮冷美人哀
惟餘大别山頭月照徹滄桑夜夜來 本集

國朝 陶 澍 字子霖號雲汀安化人嘉慶庚申舉人壬戌進士翰林院編修官至兩江總督卒謚文毅贈太子太保入祀賢良祠著有陶文毅公全集

舟至江夏

洞庭片席乘風下放眼蒼茫快此行雨氣欲沈雲夢澤
江聲直上武昌城濛濛芳草洲邊合歷歷青山閣外橫

便合攜壺黃鵠岸登樓一嘯一杯傾 本集

重登黃鶴樓

又趁湖天萬里晴落帆高上武昌城乾坤不老風雲色
今古長流江漢聲山對鳳凰猶在眼波翻鷗鷺舊同盟
紅闌十二吟題徧誰識當時振策行 同上

國朝 張履信 字雲池一字復言湘潭人嘉慶辛酉舉人補邵陽訓導著有二雲書屋詩集

壬戌下第南歸登黃鶴樓感賦三首

昔人此地建高樓振策登臨最上頭雲鶴只今陳迹杳
風濤終古大江流遊仙有夢虛三島落木無邊下九秋
回首長安天萬里倚欄凝望不勝愁
文章契合豈無神振古仙才思不羣眞賞一時逢太白
高名千古擅司勳晴川芳草猶依舊玉笛梅花可復聞
此日登臨空作賦茫茫百感對斜曛
軒窗面面俯虛空小憩招邀有道童萬里輪蹏行役倦
百年日月逝波同荆襄征戍嚴烽火風雨鄉關滯雁鴻
樓上仙人應笑我到來底事去匆匆 沅湘耆舊集

國朝 蔡復午 號佗蘭吳縣人嘉慶辛酉舉人

重登黃鶴樓

六載羅平妖鳥鳴烽烟靖後此重經 予已未自長沙歸正當教匪滋事
浮雲不盡長江白曉日仍銜大別青地控鄖襄連左輔
天迴楚粵接南溟憑闌欲擫梅花笛驚起蛟龍出水聽
蘭言集

國朝 王慶麟 字希仲一字時祥華亭人嘉慶癸酉舉人著有洞庭集

黃鶴樓圖

黃鶴樓高高無極黃鵠磯頭浪不息何代來游駕鶴賓
至今雲氣猶五色傳是當年荀叔偉早受壺符餐白石
絳雪丹成時未來蘋花谿上尋常憶登樓西望彩雲生

一物飄然墮其側竊去留歡出玉書黃紙新除上清職臨風自整紫荷巾青絲角髻桃花色翠袂翩翩謝世人戚友欲留留不得樓下兒童拍手笑雲中駢驥風生翼昨日同游市井間今晨便領神仙伯烟霄瞬息杳無蹤地上諸君萬古傷芳草萋萋自古今何年復下淩霄翮 本集

國朝 周泗 字未詳重慶人諸生李雨村云泗詩從高白雲先生處採得頗有奇氣泗爲諸生時年幾弱冠授館士商恃才玩侮後竟遇害鸚鵡梅花實先讖也

黃鶴樓 作九歲

吾爲青蓮會閣筆今朝黃口敢能詩長江日月滔滔去大野風雲漠漠馳鸚鵡竟成才子恨梅花久斷玉人吹徘徊閣影樓頭我全不思鄉淚已垂 蜀雅

國朝閨媛 鍾令嘉 字守箴晚號甘荼老人江西餘干縣人贈君蔣堅室編修蔣士銓母著有柴車倦遊集

黃鶴樓

誰見鶴飛去神仙不再過招魂才士盡遺韻酒人多文字風猶霸江山氣不磨南朝資鎖鑰天險究如何 本集

黃鵠山志卷九終　　男宗廉校字

黃鵠山志卷十目錄

藝文 古今體詩

黃鶴樓

國朝 五十二人

黃鶴山志卷十

藝文　古今體詩　　永康胡鳳丹月樵編纂

國朝 王廷偉 字毅山太倉人嘉慶甲子明經官浙江石門知縣著有毅山詩集

黃鶴樓

未識鼇叢路先登黃鶴樓八窗三楚月半壁大江秋鞭指晴川閣燈連杜若洲何人吹玉笛使我不勝愁 本集

國朝 黃承吉 字謙牧號春谷江都人嘉慶乙丑進士官廣西知縣著有夢陔堂詩集

登黃鶴樓

高影控城頭雄標壓郡樓風光全楚入春色大江流窅意空霄漢吾鄉自斗牛崔郎題筆處千古一羈愁 蘭言集

國朝 姚覲闇 字伍祺號卿門桐城人增貢生官兵部武庫司郎中

黃鶴樓和張竹樓太守韻

樓頭崔顥題詩處二十年來別楚遲終古白雲無盡意何時黃鶴有歸期月明釃酒人千里花落橫江笛一枝依舊汀洲自春色裙腰芳草綠離離 蘭言集

國朝 鄧顯鶴 字子立號湘皋新化人嘉慶庚午舉人官教諭著有南村草堂詩集

月夜陪座主韓樹屏先生登黃鶴樓

那能鶴背恣遨遊且向磯頭共泊舟老子興來乘月往大江波靜際天流烽煙楚蜀新消後雨雪關河欲暮秋滿眼窮閻無限感荆門郢樹不勝愁本集

國朝喻文鏊字石農黃梅人恩貢生竹谿縣教諭著有紅蕉山館詩集

王西園鴻典大令招飲黃鶴樓

木落江深鵁鶄哀江頭片月湧孤臺百年賓主同今夕幾處悲歌對酒杯笛冷梅花隨鶴去潮吞大別捲秋來橫空雁唳清霄迥九辯誰憐宋玉才臥園詩話

國朝程懷璟字玉農雲夢人官至布政使

黃鶴樓

黃鶴自高翥往來人倚樓天光涵水氣山勢鎖江流詩擱千年筆仙吹一笛秋梅花寒不落古韻訪磯頭臥園詩話

國朝邵鏊字治塘四明人廩貢生著有治塘詩文集

黃鶴樓集唐句

昔人已乘白雲去崔顥兄事安期弟葛洪崔鄘齋沐暫思同靜室盧綸湖山翠欲結蒙蘢杜牧眼前俗物關情少姚巖傑象外煙霞有句通黃滔黃鶴樓中吹玉笛李白十洲三島逐仙翁李商隱

此地空餘黃鶴樓崔顥江漢還繞石城流胡宿但留海外三山宅王駕不羨人間萬戶侯胡曾蕩漾雲帆連楚峽杜牧微茫煙樹向巴邱李山甫欲拈霜管題詩句郎士元崔顥題詩在上頭李白

黃鶴一去不復返崔顥再來相見更無緣沈警門前山色能深淺秦系林畔鶯聲似管絃張泌吳國地遙江接海韓偓洞庭春盡水連天柳宗元颭輪送我登仙府韋蟾多被人呼作散仙白居易

白雲千載空悠悠崔顥遙指白雲天際頭呂巖惟恨仙桃遲

結實李仲不如庭草解忘憂李建勳傷心自比籠中鶴元稹回首更慚江上鷗趙嘏漢口夕陽飛鳥度劉長卿境非吾土倦登樓杜甫

晴川歷歷漢陽樹崔顥古木惟多鳥雀聲劉滄返照入江翻石壁杜甫殘霞散綺映山城高駢芳樽細浪傾春醁溫庭筠紅蠟香煙撲畫楹李白縱在人間爲第一歐陽詹不妨高處便題名朱餘慶

芳草萋萋鸚鵡洲崔顥擕觴並上木蘭舟章碣簾前春色應須惜岑參檻外長江空自流王勃黃鵠有心多不住李端白雲

何事欲相留劉長卿分明記得曾行處方干鶴引神仙出月
遊李白
日暮鄉關何處是崔顥行人猶念舊鄉關錢起川原繚繞浮
雲外盧綸臺樹參差積翠間薛逢遁跡豈勞登遠岫許渾忘名
何必入深山白居易惟敎鶴探丹邱信褚載沆瀣爲餐久駐
顏李邕
煙波江上使人愁崔顥愁殺煙波隱畫樓顧嶠山色迢連秦
樹晚韓翃水聲空傍漢宮秋鄭谷世間甲子須臾過許渾壺裏
乾坤只自由呂巖此地四時抛不得方干應陪秉燭夜深遊

曹松

國朝謝　熒字惕夫黃岡人嘉慶癸酉拔貢著有惕夫詩鈔

柏坪同年招遊黃鶴樓卽賦

古今一石才子建得八斗古今一枝筆獨在青蓮手自
從擱向黃鶴樓紛紛兒子不足數季常意氣何淩雲高
摘星辰懸兩肘幾從天半問黃鶴忘卻文偉是誰某拍
肩挹袖四五人雄文一一擬韓柳就中謝客興更豪狂
歌不必飲多酒時或填詞學柳七不肯讀書學歐九量
材自謂靈運翁清發又說宣城守得來奇句可驚人合
敎太白再低首臨風高唱壁上詩虛無帝座能通否此
樓不止百尺高俯瞰大江東去波濤走本集

大風偕紫庭同年登黃鶴樓望江

白浪排半空勢欲挾江走一葉忽飛來起伏波中久傾
側時見底蓬槳更何有性命等鴻毛鴻毛尙輕否旁觀
坐歎息欲語還緘口
地以上皆水水以上皆天天水渾一色微微劃蒼煙鳥
從煙雲出飛渡何翛然人生無羽翼心往足不前
我年過三十所歷皆坦途力薄膽未堅往往多疏虞壯

哉晉宗慤萬里能長驅修短不足計竟自忘江湖以此
策勳名矯矯眞丈夫
風從空穴來遇物物皆損孤塔矗江邊微蕩波中影塔
如啞然笑客容何太猛靜以鎭羣動於焉發深省迴首
望同遊危坐衣冠整同上

和周芸皐師雪後登黃鶴樓韻

大江盪胸臆殘雪煮茶紅幻影尙摹鵠新詩還印鴻神
仙霄漢近懷抱古今同欲擬梁園賦含豪矚遠空
萬瓦砌瓊玉紅霞流斷紅炊煙橫去鳥雪影戀歸鴻筆

擱肯相讓吟成難與同梅花飛已盡把笛寄遥空 同上

國朝 蔡顯原 字蒙泉香山人嘉慶丙子舉人大挑教諭著有銘心書屋詩鈔

黃鶴樓

黃鵠磯上黃鶴樓翼翼勢與青冥浮左挾洞庭右彭蠡
橫空東南五千里長江西下流滔滔岷山積雪飛銀濤
附庸漢水並東去蹴天浪與帆檣高欲雪不雪天乍暝
雲夢荒荒盪秋影西塞山前霜氣深黃軍浦上滄波迴
與誰鐵笛倚雲隈梅花吹落匡廬頂 本集

國朝 馬功儀 字棣原江甯人貢生

黃鶴樓用壁間韻

百鍊修成九轉丹靈珠慧劍共披肝幾人霄漢逢仙易
如此江山屬句難棗樹排雲蝴蝶睡梅花噴雪玉龍寒
我來還欲乘風去一瓣心香薦石壇 蘭言集

李惠甫觀察招同人登黃鶴樓聽琴

飛樓縹緲矗雲深碧漢清湘夜氣森千里舳艫排夏口
一天風月颯秋心山盤蛇徑爭趨壑人倚雕闌慶盍簪
重款危亭仙棗下暫抛鐵笛撫瑤琴 同上

國朝 劉開 字明東一字孟塗又字方來桐城人諸生著有劉孟塗集

題樓

長江日夜爭東流勢合漢水吞中州蒼茫一片煙波色
齊赴雲中黃鶴樓樓中仙去已千秋白雲終古爲誰留
地臨南楚當空起人立西風最上頭濤聲忽湧蛟龍怒
寒煙隔斷漢陽渡欲題數字付南天只恐地下崔郎妒
崔郎縱妒何爲哉精靈久已歸山隈江天留此舊名勝
待人再展淩雲才左列麒麟之玉筆右陳鸚鵡之酒杯
銜杯舉筆對明月天風忽落座中來借問鶴飛幾時回
遨遊玉宇叉金毫何不載將仙子返相與逐日鞭風雷

坐使樓中顏色開興酣萬斛泉盡瀉上抗風騷下宋賈
壁上詩句胡爲者才名自昔推青蓮甘讓他人詩占先
世人才氣非謫仙乃欲琢句追前賢追前落後終何益
虛埽鸞箋劈素帛願公手挹江漢波一洗古今之陳迹
芳洲飄緲水澄清側身天末懷禰衡高才摧折秋風裏
芳草萋萋無限情武昌城外春煙緑樓上笛寒空斷續
不須更聽落梅花一夜春心滿江曲 孟塗前集

月夜重登黃鶴樓

黃鶴飛難覓碧天懸舊名樓空留有迹我見不勝情此

箇已千古何人聞一聲祇應江上月重照客心明 同上

國朝吳清鵬字程九號西穀晚號笏菴浙江錢唐人嘉慶丁丑進士殿試一甲第三名由翰林御史歷官順天府府丞著有笏菴詩集

和黃鶴樓詩

崔李不可作何人復此樓如聞玉笛弄令憶錦袍游渺渺雲過渚蕭蕭月映洲惟應千載後猶是昔時秋 本集

國朝黃釗字穀生一字香鐵鎮平縣人嘉慶己卯舉人官內閣中書著有讀白華草堂詩鈔

登黃鶴樓

漢水自東流天光四面收乘雲空際想繫日古時愁才

子何嘗歎神仙似可求羽衣吹玉笛前夜夢黃州 篤舊集

國朝袁渭鐘字介菴丹徒人官梧州知府著有郵程吟草

登龜山望黃鶴樓

雄關遙指武昌門屹立危樓閱曉昏不識何人吹玉笛梅花未落已銷魂 蘭言二集

國朝吳文鎔字[redacted]號甄甫道光[redacted]進士官湖廣總督謚文節著有吳文節遺集

題黃芳谷至棠黃鶴延秋圖

江空樓矗壯且陡縮入生綃倩子久畫中幾輩寫詩人叔度汪汪風雅首登樓上挹騎鶴仙遙向雲中爲拍手

浮邱結侶洪崖友詩成百篇酒一斗吟聆忽縱吟思深睥睨塵寰皆下走翩然已欲淩虛空況復颯爽當秋風蒲帆低曳天蒼茫雁行斜破煙冥濛秋色涵來波渺渺秋稜瘦出山重重四圍貯入虛窗間一時得句恣豪雄我來吹笛落梅裏披圖急欲相追從玉梯十丈拾級往巨練一幅聲流洶對此鄙吝藉開拓雲夢八九吞諸胸柔毫三寸一饞吻且隨詩虎與酒龍 本集

國朝周樂清字文泉海甯州人以父廕由州判累官湖南山東知縣陞同知著有靜遠草堂集

黃鶴樓

明月渾無恙青山一色秋斯人久不作今我獨登樓蹟認黃初舊身從碧落游舉杯酹狂士鸚鵡有荒洲 本集

國朝楊季鸞字紫卿甯遠人國子監生咸豐元年舉孝廉方正主講永州濂溪書院著有春星閣詩鈔

黃鶴樓

豈徒黃鶴乘雲去不見崔郎與謫仙今古登臨同悵望後先憑弔一茫然但聞江上數聲笛吹落梅花何處邊我欲飛觴盡高興醉呼明月照晴川 篤舊集

國朝官文見卷六

題黃鶴樓

費公過此已昇仙百尺樓高海內傳鸚鵡洲連金口樹
晴川閣對漢江煙山河襟帶三分國翼軫星躔半壁天
千載白雲踪跡杳名流黃鶴鄂城邊 敦教堂詩鈔

國朝 陳瑞琳 字九香羅田人貢生官河南府經歷有食古研齋詩集

十六夜偕陶笵之 金冶 張角山 其英 劉莘農 天民
王子壽 柏心 舍弟竹坪兩玉登黃鶴樓望月

鳳凰山上月忽照鶴樓前萬古此明鏡團圞在碧天羽
衣何處笛白浪一江煙大醉向空嘯無人知謫仙 本集

黃鶴樓獨坐得句柬熊兩溟國博丈 士鵬

樓上仙人去不回樓前終古白雲堆無聊且作千秋想
有用方爲一代才斜日遠浮襄樹出大江橫截蜀山來
詩成欲寄蒓灣老浩浩天風又落梅 本集

國朝 宗稷辰 字滌甫一字滌樓會稽人道光辛巳舉人官至山東運河道著有躬恥齋詩鈔

初登黃鶴樓

跨鶴尋眞駕屢迴文禕仙去叔禕來瓊樓高處飛明月
玉笛聲中按落梅我欲排雲翔六翮誰還把酒酹重臺
勝區獨被回翁占孤負當年李與崔 本集○按費禕字文偉荀瓌字叔偉此作均作平聲似誤叶再考

登黃鶴樓有懷蔡黃樓已還荆州悵然寄別

一歲此重遊懷人獨上樓雲中望孤鶴江上繫扁舟久
與班生別難禁杜老愁七年回首迴詩夢在蠻州
曾讀雲中子荆南薦士書 雲中薦君於光粟原分巡 君才誰不識時
命竟何如家難悲初定 尊甫令兄連年俱喪 音郵望久疎寒天唳
歸雁渺渺目愁予 同上

國朝 徐榮 原名鑑字南榮一字鐵孫漢軍正白旗人駐防廣州道光丙申進士官至福建汀漳龍道未赴任卒於軍著有懷古田舍詩鈔

黃鶴樓放歌

天蒼蒼雲浪浪八百里湖波渺茫英雄割據事反覆壁
赤洲青吁可傷陶庾風流又哀歇黃鶴一聲煙水長黑
貂之裘白接䍦我來欲和崔公詩桼傭屠酤盡白眼摧
有樓上回仙知勸我以酒我醉不能持授我以笛我懶
不能吹青天白日不覺遠仰視高空雲氣晚不知何意
戀紅塵璇室瑤房不思返前水後水相續流南樓月色
何悠悠詩情寂寞桃花廟書札荒唐橘樹洲君不見白
銅鞮中花滿頭漢江壘土成糟邱詩成擲筆水雲裂驚
破萬頃琉璃秋 本集

國朝劉　湄字孝長天門人嘉慶丙子舉人官教諭五上公車不第雄才博學閉鍵著書海內知名士爭相見之著有雲中集

登黃鶴樓放歌贈別馬柏坪大令

鴻翼摧折龍門死孤舟來泊秋煙裏武昌何人識復雄惟有吹笛之仙柏坪子吹笛仙人淩九霄尚有幻影留纖毫數百年來擅此地不減靈山法座高其上飛樓百尺亂雲日其下長江萬里生波濤此翁睡倒不復問焉知人世有二豪長嘯登樓開碧牖呑若雲夢者八九興發欲問費道人低眉不肯一開口神仙能鍊丹砂成黃

金不能分靈氣與土偶如此仙人安用哉邯鄲夢熟何時回久溷黃塵豈無累沒盡鞭霆逐電之奇材索莫無言含之去走尋柏坪開闢處柏坪作吏屢摧藏意氣如前不可當縱談十二萬年事酣飮三千六百場王蔡都是入幕賓脫手千金贈故人解組蕭然只琴鶴朝衣典卻甘長貧故將軍恒不快意醉後難恕灞陵尉憶君天末爲君愁忽慢相逢心已慰英雄不遇終飛昇旦夕榮落何足計費仙或恐非眞仙仙者心清骨自異訣頌紛紛舐耳繁此中豈是久留地我若得道深入十洲三島間安能復爲兒童刻畫作游戲柏坪聞此歎未終又聞我當之江東慷慨氣欲成白虹海上釣鼇遠相寄君勿蹉跎憂思中　本集

黃鶴歌送陳仲久

君昔探勝香爐峯腳踏片片青芙蓉歌成飛出雙白龍豫章諸子盡傾倒至今秀色羅胸中歸來笑傲江城裏高揖吾黨二三子黃州冲逸荆州豪走爲其間奉牛耳十上空隨計吏車羨君南訪武陵花我轅始南君又北風流雲散天之涯司空持節臨天台妙選英翹幕府開

得君雙眸炯巖電搜出東南金箭才千里飛瀑石梁落八月驚潮海上來遊盡天下奇山水交盡天下奇男子咳唾珠玉不自矜擁鼻行爲蒼生起黃鶴磯頭雪亂飛樓上仙人橫笛吹我乘扁舟破巨浪仙人招手雲中歸飮一斗歌一曲六逸不能如我狂三公不能使我屈送君匹馬之長安朔風蕭蕭天苦寒舊遊憶我如相問萬里滄波一釣竿　本集

國朝張維屏字子樹號南山番禺人道光壬午進士官黃梅知縣調補廣濟丁外艱歸服闋需次江西以郡丞權知南康府事未一載乞歸年八十餘卒著有松心集

秋夜登黃鶴樓

萬古碧天月三秋黃鶴樓仙人不可見江水自東流玉笛吹何處風帆去未休浮雲與孤客身世兩悠悠本集

重登黃鶴樓

昔年樓上客天外忽飛來江水去不盡仙人安在哉晴川芳草合鄂渚曉煙開回首動離思笛聲聞落梅本集

黃鶴樓

仙人去後詞人去但見長江日夜流江上白雲應萬變樓前黃鶴自千秋滄桑易使乾坤老風月難消今古愁

惟有多情是春草年年新綠滿芳洲本集

李藩張德昉兩孝廉余楚闈分校所得士也是日觴余於黃鶴樓即席詩

頭陀寺外轉風輪鸚鵡洲邊幾度春一去仙乘何代鶴十年吾是再來人滄桑過眼談塵劫雲水浮蹤悟客身且喜提壺逢舊雨此間三醉亦前因本集

國朝彭崧毓字于蕃號漁帆江夏人其先世溧陽人幕游楚北僑居會城道光壬辰舉人乙未進士改庶吉士散館知縣揀發雲南官至永昌府署池西道乞歸現年七十二著有求是齋集

重建黃鶴樓落成有作

[illegible]底居然突兀成雲窗霧瑣費經營鳳皇天半翔應下蛟蜃江心見亦驚幕府不勤陶侃甓梯航爭識鄂州城仙人比歲遊何處騎鶴歸來倍有情

不堪回首憶前遊風月依然聚一樓但使凌虛闕象緯都難忘遠廢邊籌荆襄自古高瓴建江漢於今順軌流帆檣往來無慮險仗他雄傑壓潮頭本集

國朝方濬頤字子箴定遠人道光甲辰進士授編修現官兩淮鹽運使著有二知軒詩鈔續鈔

黃鶴樓用少陵韻聯句

神仙那在塵寰外謙齋狂士難留宇宙間子箴一笛梅花辭

漢渚叔平孤洲芳草怨荆山燕昭才生亂世終何補謙齋羽化雲霄竟不還子箴勝地於今息烽火叔高樓依舊峙津關燕本集

國朝楊澤闓一名潛字白民號石汸甯遠人道光甲午舉人景山官學教習山東知縣著有石汸詩畧

登黃鶴樓題呂仙睡像

昔年夢到黃鶴樓大江東去雲西流置身天半俯無地斗牛光激風颼颼騎鶴仙來拍掌笑兩人相隔千餘秋朗吟飛去久不返年年湖畔多句留手把鸕鷀杓足踏鸚鵡洲人生祗有消閒好爲君吹笛空牢愁君不見邯

鄂枕洞庭舟霜寒一劍酒百榼昔日少年今白頭我飲君當醉我詩君應酬世人於我既無與我於人世復奚求笛聲吹罷梅花落波光月色相洸浮我時睡覺紅塵際仙凡境界畫鴻溝欲插兩翅奮天表眼底紛紛無與儔今年浪迹過湖口身閒如鶴輕如鷗飛甍縹緲高百丈重來此地澄雙眸江城歲晚多風雪我方豪興君鮮歡能詩莫學襄陽隱能畫莫學少文遊青蓮低首崔顥句才氣空夸橫九州前有古人後作者誰能袖手窮雕鎪氣吞江湖動星斗醉餘一夢六合周夢中來夢中休

仙乎仙乎抑夢爾茲樓萬載依山陬 本集

國朝 黃燮清 字韻珊一字韻甫海鹽人道光乙未舉人官湖北松滋宜都知縣著有倚晴樓詩詞集

俞叟石庵老而健畫以二丈餘紙寫梅一本爲黃鶴樓補壁乞予題之

江上老龍怒起蟄化作蟠柯勢騰擲墨鱗散落萬梅花一夜東風滿雪壁高城俞叟老益健生無他好惟畫癖解衣磅礴好意興縱筆淋漓動心魄紙二丈餘墨一斗目無全牛矜腕力元章冬心高格韻若論雄奇或未敵橫斜疏影妙入神來與江樓鬬日色此花不落春四時一任仙人吹玉笛 本集

國朝 樊雨 字古香南昌人其先世浙江秀水人客遊南昌愛東湖之勝遂家焉著有五之草堂詩稿

登黃鶴樓

但聞仙人騎鶴去不見仙人騎鶴來仙人一去杳難覯高樓十丈何雄哉平生不信神仙事楚水吳山恣遊戲東西奔走豈憚勞風塵磨盡縱橫志偶上茲樓望太清樓頭鐵笛無餘聲夕陽遠挂晴川樹白雲天上作煙霧野風吹酒正未醒不見神仙獨來去 本集

國朝 葉名灃 字潤臣漢陽人道光丁酉舉人由內閣侍讀官浙江試用道著有敦夙好齋詩集

送人之武昌

明月烏啼黃鶴樓蕭蕭殘柳渚宮秋扁舟一笛橫江去好趁西風下鄂州

國朝 張際亮 字亨甫一名亨輔建甯人道光乙未舉人著有松寥山人初集婁光堂稿南來詩錄

黃鶴樓

日落楚雲白天清江漢秋千帆出樊口萬里盡滄洲我欲乘黃鶴重尋崔李游風塵更無地獨醉此高樓 篤舊集

國朝 張開霽 見卷七

登黃鶴樓

黃鶴歸來未有期凭欄正值峭寒時城頭雪色千帆映
江上梅花一笛吹芳草空埋名士恨晴川不入謫仙詩
客懷欲寄今何處雲樹陰邊颺酒旗本集

國朝 徐 瀛字海年黃陂人道光戊戌進士翰林院庶吉士散館改廣東英德令累浙江温州嘉興知府被議左遷江西同知以年老乞歸今官候選道現年八十有二著有藤薇室詩文稿

夢遊黃鶴樓

仙人何時乘鶴來黃鵠磯頭古城隈一曲玉笛天地曉
酒樓酣飲三百杯仙人何時乘鶴去十洲三島不知處
萍蹤或似踏雪鴻塵心不同沾泥絮仙人已去此樓存

窗前大江雪浪翻千里山水一望盡永奠南紀作屏藩
登臨好攜碧玉杖羽翼飛騰扶搖上俯視煙波兩茫茫
尚有詩人頻來往本集

國朝 徐儒楠字香石蘄水人諸生著有望雲閣詩集

登黃鶴樓

絕頂樓荒幾度秋吹來鐵笛楚江頭風清月朗邀紅友
江色湖光壓白鷗四面雲煙通隴蜀千年壁壘想曹劉
青蓮畢竟非才子崔顥題詩在上頭本集

國朝 何國琛字白英海甯人道光辛丑進士官湖北候補道著有白英遺稿

鄂城懷古

翼軫分疆枕上流熊渠錫爵冠通侯當年歌舞橫江出
是處樓臺載酒遊龍角峰高天外削虎頭雲起坐中收
興亡自昔無成局畢竟英雄讓仲謀
舳艫千里已消沈鐵板銅琶思不禁黃鵠摩空春雨瞑
白羊來下暮煙深更無人物誇吳蜀只有江山自古今
醉後獨看鸚鵡賦一輪明月滌煩襟本集

國朝 王柏心字子壽晚號螘叟監利人道光甲辰進士官刑部主事以母老乞歸主講荆南書院著有樞言漆室吟等編

舟望黃鶴樓時重建甫落成

高樓拔起倏崔嵬傑構重收杞梓材平楚江山隨鏡滿
中天闌檻倚雲開三淪凶竄悲焦土百戰湘軍挺異才
城郭人民還似昔故應黃鶴再歸來
山城秋色俯蒼茫天塹依然帶楚疆自是清時銷戰伐
可無雄略固金湯丹梯迴拓風雲氣朱拱森垂翼軫芒
欲倚危闌愁極目浮天何策靖懷襄本集

國朝 陳 濬字心泉閩縣人道光丁酉舉人丁未進士翰林院編修官至湖北鹽法武昌道著有心泉詩鈔

鄂城懷古

鄂帳牙旗據上游雄藩形勝拱神州雙流水滙雲濤壯八字山分劍壁秋半世勳名勞運甓滿天風月快登樓銅琶休唱江東曲惹得周郎一顧愁

楚澤行吟有瓣香騷壇從古盛文章禰衡作賦誇鸚鵡崔顥題詩壓鳳凰木葉亭邊山月小梅花笛裏水風涼仙人一去無消息我輩登臨興更長 本集

國朝 張炳堃 字鶴甫號鹿仙平湖人道光庚子舉人丁未進士翰林院編修現官湖北補用道著有抱山樓詩鈔

鄂城懷古

舳艫千里勢方張誰使曹瞞意沮傷畢竟孫劉能得士東風原不與興亡

晉代衣冠久寂寥欲將何物認前朝南樓北渚都消歇惟有城西柳萬條

黃鵠磯頭載酒頻江山如舊客愁新龍洲一曲無人和寂寞騷壇七百春 借杜句詠胡文忠公祠

宗臣遺像肅清高日日靈風捲怒濤爲報吳中殘寇盡寒泉一匊薦溪毛 殘寇踞吳中是先帝與藎臣彌留恨事湘鄉使相挽文忠句也

國朝 伍肇齡 字崧生臨邛人道光丁未進士翰林院編修

初至武昌上小宋中丞

昔聞黃鶴樓頭勝每憶風流在武昌況近登臨三五夜肯辜歡笑百千觴庾公已約胡牀憩謝客猶留鄂渚旁引領氷輪佳夕滿還攜玉笛縱清狂

余屢登黃鶴樓筱翁和詩以道氣二字貺余和之

三疊前韻

自從鐵笛來仙侶明月清風屬武昌逸興超騰思控鶴奇情鬱勃快銜觴三庚大伏不知暑六甲靈飛儼在旁一笑斯樓搥碎後未容崔顥減吾狂 樓燬惟遺址故云

釋量雲 字蓮衣漢陽人工詩詞善書法卒年八十

鄂城懷古

形勝東南說武昌雄圖霸業幾稱王三家僅有楚人炬九郡偏教吳氏強赤壁風流猶未歇西山亭館總荒涼今朝恰好團欒月共上城樓一眺將

國朝 彭瑞毓 字子嘉號薑畦江夏人其先世江蘇溧陽人幕游楚北遂家焉咸豐辛亥舉人壬子進士二甲第一翰林院編修入直南書房同治間官雲南鹽法道年六十後歸居會垣著有賜

龍堂詩稿

登黄鶴樓

春雨晚方霽春山面面開茶煙依鶴去鈴鐵語風來岸遠人都小碑殘字待猜江聲與笛韻落盡嶺頭梅本集

于鑄兒以鶴樓又見詩書盛恆山扇上且跋云持示家弟因次韻奉寄

堪笑仙人跨鶴遊再遊應亦愧斯樓空傳紫馭闆三扣不救紅羊展一籌大別幾經迷漢渚長江依舊向東流歸來未信滄桑事但恨扶筇雪滿頭本集

國朝李樹瀛見卷七

西歸不果夜登鶴樓

故鄉杳何處相憶路漫漫皓月當窗出征人掩淚看江光千里碧秋色一樓寒不作陽山客誰知跋涉難本集

登黄鶴樓四首

危樓百仞立嵯峨每到清秋輒數過風雨半空排檻至江山千載閲人多壁間題詠都陳迹客裏光陰感逝波誰道謫仙曾擱筆我來偏欲倚欄歌

吳頭楚尾路如何東去茫茫萬頃波截水舟輕浮似鷁滿城山碧小於螺夕陽臺閣當窗見遠岫風雲拂檻過直到夜闌看不厭一天星斗浸秋河

隔江山欲渡江過奈此層樓砥柱何蜀楚帆檣金口下東南天地水鄉多洲邊芳草千年憾笛裏梅花五月歌愁絶畫欄憑弔處幾朝宫殿鎖煙蘿

檀板清筝唱奈何樽前重聽雪兒歌神仙愛向高樓住風月端宜勝地多千里河山供指顧百年世事歎消磨平生慣學嵇康懶到此纔能幾度過本集

曉過鶴樓兼訊堂兄曉樓及應耕雲周月峯來省消息

飛雁高樓過影忙晴川山色曉蒼蒼朦朧煙樹迷金口歷亂風帆下漢陽清磬一聲黄葉寺懷人千里白鷗鄉茶棚酒幔添多少又是清秋選佛場本集

國朝車元春字竹君，儀徵人。咸豐時歲貢生，署江甯高淳溧訓導。著有蔗餘軒詩鈔

登黄鶴樓故址有感

鵠磯扼江江怒吼，不使長江直東走。春撞搏擊聲成雷，倒擊驚濤奔夏口。我來一覽大江橫，石磴孤蟠千尺陡。樓前昔日駛戈船，越甲吳犀好身手。碧眼孫郎一再傳

赤烏霸業今何有齊梁六代遞消沈倏忽浮雲變蒼狗
神仙從古好樓居玉笛梅花傳不朽莽莽紅羊劫火飛
春風不綠新蒲柳破瓦黏苔血戰餘女牆列戟烽煙後
即今痛定撫瘡痍尚恐垂楊生左肘鄰境兵諱餘氛未熄十年重
到感興衰舊游振觸空回首隔江傑閣對晴川晴川閣新落成
依舊煙嵐通戶牖手招黃鶴問前因顧我鬢眉還記否
本集

黃鶴樓新修落成作詩以告來者

中原掃蕩煙塵空乾坤整頓欽膚功餘力江漢標仙蹤

追摹宸翰光熊熊宮保爵相李秉節是邦鶴樓觀成故頌之杙幹栝柏梓漆
桐蟠根錯節深山中輪囷磊砢靈秀鍾巖搜所斷生蛟
龍九柯十匠勤磨礱經營相度倕般工四十八棟高崇
隆呼吸上與穹霄通老鶴一聲零露濃仙人來去蓬萊
宮排雲御氣光溟濛頃刻變幻竟何從回憶此樓罹兵
烽烈燄燒徹江波紅即今啟闢荆榛叢浩劫纔銷心忡
忡刮楹達嚮牕玲瓏敢徒攬勝開心胸達官高吏訏謨
同大恢仁宇愁憑蒙慈航寶筏招哀鴻設局遣送散勇苦無破
屋遮秋風帶牛佩犢入歸農熙熙皞皞登堯封樂民之

樂無終窮乃不負此梅花玉笛吹下碧簾櫳本集

黃鶴樓次彭漁叟原韻

紫府丹黃未易成況於劫後苦經營蟠空雕鶚天無際
倒影魚龍浪不驚依舊攀援爭捷足任誇雄秀稱江城
詩蓮一去騷壇寂賴有新詩寄遠情
棟花風裏記曾游便抵神仙十二樓大好憑軒談往事
那容借箸運前籌隔江樹遠青仍合排闥山多翠欲流
憐我登臨獨惆悵鄉關遙在海西頭同上

和胡月樵都轉黃鶴樓落成原韻

金科玉律歌陽春江山文藻爭鮮新青蓮擱筆公握筆
拂袖不染元規塵絲竹音諧叶綿土提唱騷壇建旗鼓
名臣觸處寓深心轉因豐樂思艱苦此日蓬壺放鶴歸
此時楹桷羨翬飛幾輩壺觴延夕月幾人簾幙做朝暉
朝暉夕月煙波渺無復鶴音空際擾劫復循環一剎那
機緘未許凝兒曉公也恢恢智有餘流光自昔止須臾
凌滄搖嶽豪情遠獨立蒼茫一歎吁吁嗟乎德裕籌邊
眞有道置身百尺元龍造先生峻望與樓齊憂盛危明
急須早憶我初登鄂渚山頹垣廢址懶追攀即今重展

好圖畫蘆雪蕭疏脱葉殷神仙度世來何暮下界蒼生勞眷顧斯樓倘化千萬間大庇中澤哀鴻住（時被水災難民露處）誰歟當軸宏遠謨螺旋百磴中縈紆陽侯肆虐怒未已高原大阜成江湖江湖九月秋風起擕句問天天尺咫氣吞吳楚浪花渾灩奪夔巫暮山紫砥柱中流稱此邦憑軒汩汩聽飛淙驪珠獨得壓元白愧煞巴人下里腔

同上

國朝 徐同善 字子取一字公可號季鐵一號竹君漢軍正黃旗人駐防廣州著有小南海詩集

黄鶴樓

江樓玉笛倚雲吹黄鶴重來未可知洗盞無人能進酒東流西日兩遲遲 本集

國朝 譚溥 見卷七

過黄鶴樓廢址二首

皓月冷江風蛇山嘯鬼雄遺基空代謝招鶴問窮通謀醉知何地興懷此鄂中神仙不可接搔首悵蒼穹

此地曾逢黄鶴仙樓高分據楚雲巔蛇山沽酒負良約（與王孝鳳約重遊未果）襄水迴舟空昔緣萬古奇情銷漢月百年清夢冷湖天問誰更擫江城笛吹落梅花何處邊 本集

國朝 恭釗 字仲勉號養泉滿洲正黃旗人由蔭生官戶部郎中授甘肅西寧道現官湖北候補道著有酒五經吟館詩草

黄鶴樓

江山蒼莽鬬神宮樓閣巍峩接碧空時有天風起蘋末每疑黄鶴在雲中晴川不斷煙波綠夕照曾經劫火紅懷古論文最高處詩才崔李漫雌雄

極目雲帆錦繡程振衣濯足兩關情荆門遠近螺鬟岫漢水東西犄角城桂露金莖流倒影梅花玉笛變新聲元龍老去豪情減縱上江樓意氣平

草長平蕪岸腳低城樓高與碧天齊祇今冠蓋臨江閣終古帆檣泊石隄仙蹟往來湘水上游人瞻望洞庭西乘風我欲窺雲漢安得淩霄百級梯 本集

國朝 程之楨 見卷七

七月既望偕春石笛樓仲雅三茂才登黄鶴樓酒罷述懷六首

大江流不去終古此高樓浪打晴川閣風號鄂渚秋關山千里共天地一尊浮試聽梅花曲飛鴻唳遠洲

宿雨江城霽登臨興有餘櫓聲金口驛潮信武昌魚玉

問知己黃粱悟子虛樓中有盧生像白雲看不盡千載渺愁亭

蕭蕭木葉下莽莽夕陽屯天曠秋鳴鶴山寒夜叫猨乾坤控巴蜀波浪泝荊門萬里浩無際憑闌一舉樽

晴峰層榭外秋色古亭中山鬼時吹火江豚忽拜風舳艫消戰氣蘭茝弔孤忠悵望天涯客懷人此夜同

長嘯天風壯欄干北斗橫漢江一片月飛渡岳陽城老子胡牀夢仙人鐵笛聲何當重九日攜手話平生

安期不我遇棗實老仙鄉且盡一杯酒高風千古狂問

天搔短髮拂袖落新霜賢宰籌飢溺蒼生壽可望時秋潦盛漲〇本集

亂後還鄂尋黃鶴樓故址

倚棹重尋鄂渚津夕陽高處幾堆塵傍城鬼哭聲皆楚賣酒人家舊姓辛故老驚心看鬢雪戰場積血亂秋茵江南多少樓臺好朱雀烏衣跡總陳

畫檻雕櫺俯大川巍巍百尺控蠻煙秦灰拉雜悲三戶銅狄摩挲閱幾年始信古今多浩劫誰言天下有神仙蒼茫玉笛知何處欲聽梅花已惘然

東征將帥肅龍旂日月江頭試鐵衣兵氣尚橫威順塔戍帆仍下禹功磯榛荒金爵殘碑少觜啄城烏落葉稀贏得倚闌話仙棗西門楊柳綠成圍

飲酒昔年樓上客黃壚今日半蒿萊禰衡作賦年方盛季札還鄉意轉哀月好不隨人散去江空恐誤鶴歸來登高欲叩蒼天問再起乾坤作棟材本集

重九日登黃鶴樓感賦

獵獵驚風拂敝袍登樓試俯漢江濤寒催彭蠡千帆迴秋老衡陽一雁高城郭荒涼悲過客朋儕零落怕題糕

傷心買得黃花釀酹爾詩豪並酒豪本集

國朝　張杲見卷五

雪霽登樓及陪小鍾先生黃鶴樓之作二首

晚來新雪霽獨客下西樓遠樹嶺頭滅長江天外流風光異疇昔身世感浮漚佇望情何極茫茫今古愁本集

萬家日落上燈時過雨尋秋景益奇樓閣倚天爭得勢江山絕頂轉難詩鶴飛夏口乘雲早雁怯衡陽作陣遲玉笛梅花常結憶古懷一片有誰知同上

國朝　胡志章字稚楓安陸人優貢生官江蘇知縣改發安徽署和州知州

憶舊游行奉懷月樵都轉在皖御寄

黃鶴樓前江水流黃鶴樓上仙人遊仙人騎鶴去不返高樓矗立三千秋青山歷歷漢陽縣倒影江光如匹練憶我登樓方少年酒酣題句呼青蓮卅年不歸今老矣樓亦過眼空雲煙鸚鵡洲晴川樹都是平生夢遊處襟上猶題傾蓋名卷中但有懷鄉賦江山文藻須人傑楚國風騷仰前哲羨君三載駐襜帷可有芷蘭供采擷君詩神骨濯冰雪君家世德光閥閱想見騷壇莅敦槃定使羣材奉圭臬坐上清言字貫珠門前流水輪消鐵擁

鼻爭爲謝傅吟解頤又聽匡衡說君不見楚地茫茫橫天下祇今三戶遺民寡但見青紅蜃結樓誰憐雲夢鴻嗸野持籌飲水知君才召父杜毋期君來綠章早達通明殿繡斧榮登御史臺人生久客思鄉里何況故鄉有知已雁足頻傳錦字書豬肝那及蒓羹美仙人費文偉詞客禰正平精爽萬古長如生我欲趁此江月明布帆一葉秋風輕與君仙東亭邊路共話傷今望古情　本集

國朝　陳建侯　字仲耦闔縣人咸豐乙卯舉人現任德安府知府

黃鶴樓小飲月樵都轉以詩見贈奉和呈政

黃鵠高飛志千里燕雀樊籠安可擬江上何年化作磯白石巖巖呼不起　黃鶴樓在黃鵠磯上　危城百雉居上游虎踞龍蟠控九州舊時豪傑今安在披襟坐對湖山秋湖光山色當樓好羣仙雜遝來蓬島略分渾忘鴝鼠譏爭雄翻似蠻觸討觥籌交錯聲模糊醉後狂歌擊唾壺昔人老去黃鶴杳今我不樂胡爲乎酒闌人散日將夕楚水茫茫楚山碧鸞箋一幅忽飛來幻作佳章紀陳迹不才强欲和君詩愧乏江郎筆一枝枯腸芒角不敢出江上浮雲那得知　本集

國朝　王家仕　字信甫監利人柏心第三子穎悟過人有文名以太學生兩應鄉舉不得志得疾而沒年僅二十九士論惜之著有彤雲閣遺詩

登黃鶴樓

斜陽江樹渺無極鸚鵡年年芳草碧危闌俯瞰窺塵寰隱約梅花橫玉笛畫棟淩虛跨彩虹般倕巧與神爲功鳳翥龍騫出霄漢呼吸已覺太微通興廢有時淚瀟灑況復當時蹋銅馬飄零三戶等晨星天邊黃鶴飛難下庾亮陶公事偶然繁華電捲速江煙江山文藻煥仍新東海近已桑爲田蜃窟蛟宮迷漢水胥火積薪胡致此

賤前風景可憐朝乾坤莽蕩悲歌裏 本集

國朝 錢桂林 字香一號薌逸江夏人廩貢生候選訓導

初冬登鶴樓見題詠殆遍佳者寥寥戲書樓柱以

博噴飯

今我不樂登鶴樓坐看紅日銜山陬乾清坤夷絕纖翳
金碧照曜滄江流是時水落魚龍蟄沙際但見翔羣鷗
盪胸湖海斂豪氣舉目風景殊前游憶昔樓成當盛夏
招攜攬勝歡朋儔酒人一散各天末太息蹤跡如雲浮
何物過客偏好事紛紛汚壁不能休鉋宣瓦奏互響答

乃與崔李爭千秋我欲九淵召龍伯怒鼓洪濤高山邱
一洗斯樓還眞面無令異代猶蒙羞狂言逆知招眾吠
快論或點仙人頭仰天大笑冠纓絕干卿甚事胡吹求
且去江邊翫新月沽取香醞銷閒愁 本集

國朝 胡鳳丹

黃鶴樓赴飲

丙寅八月五日涼風微扇江水不波牟皓升 嗣龍 陳仲耦 建侯 兩太守招飲黃鶴樓之具美堂李玉階 明墀 何芷舠 維鍵 楊笠生 儷珍 三觀察均在坐王夢崧 熙湘 觀察因疾不至即席賦贈

同人

我如倦鶴游天末一飲一啄討生活我本野鶴性未馴
翺翔江漢秋復春牟陳二公招鶴侶引我黃鶴樓頭看
鶴舞黃鶴一去幾千年賸有危樓矗高渚主人款客開
瓊筵鳳髓麟脂玉液泉一杯一杯互酬勸高談幽賞娛
羣賢謫仙才調冠千古萬丈文光誰與伍衡湘自昔爲
屏藩鶴有餘糧實天庾 李玉階由湖南糧道晉署藩司 維揚何遜鶴丰
姿水部改爲農部司今日持籌莫全楚挽粟飛芻裕度

支 何芷舠由戶部改官楚北現辦軍需局務 吏部文章中郎隸淵源本出子
雲系清白傳家守四知與我同舟期共濟 楊笠生工詩善隸 王
子養鶴絭山隈籠中枯坐招不來餐粟不肥偏善病同
羣望鶴心徘徊 謂王夢崧 吁嗟乎羣鶴迴翔不常住一舉冲
霄來復去當年黃鶴樓中棲問鶴於今在何處斯樓浩
劫罹紅羊鶴不歸來樓亦荒世變滄桑百感集疑有老
鶴華表翔羣公仙骨如鶴淸我不能飛復不鳴安得一
琴一鶴相與和聲競鳴盛但願絃歌比戶不聞風鶴聲

退補齋詩存

次稚楓舊游行原韻

樓上仙人第一流，仙人一去何人游。黃鶴不來玉笛咽，笛落梅花春復秋。江城如畫幾邦縣，武昌城外帆飛練。我來不是晉唐年，手持斗酒招青蓮。青蓮擱筆已千載，高樓灰燼埋荒煙。江東雲渭北樹，雙鯉迢迢渺何處。芳草天涯客不歸，靈光古殿人誰賦。郢中自昔鍾靈傑，況復君才超往哲。曹倉鄴架勤搜羅，宋豔班香忝擷。我魏巴人君白雪，月旦當年互評閱。同時健者推延陵，今擁節旄昔陳臬。詩牌酒盞相招邀，如漆投膠磁引鐵。竹吳莊中丞前任安徽臬司時，余與君先後游皖。別君容易見君難，項斯到處逢人說。君不見往古來今盛名下，能副虛聲蓋亦寡。豈無游說傲王侯，那有勳名震朝野。江左夷吾天下才，一麾一鶴翩然來。來暮紛歌皖山麓，去思遠繫姑蘇臺。君初官江蘇，今改留皖省。老驥雄心日千里，好憑肝膽酬知己。冰銜皎映冰心清，史才詩才擅兩美。蒼茫吳水闊，縹緲楚山平。一夜相思白髮生，贈我新詩照眼明。何以報之瓊瑤輕。樓成寄語南飛鶴，黃鶴樓現已鳩工。何日歸話平生情。同上

頌叔約張鹿仙、劉魯汀、陳伯雙及余游黃鶴樓，時將南歸，行有日矣，作此贈別

憶昔黃鶴馱君來，江城五月梅花開。今日黃鶴送君去，漢水湯湯流不住。瀕行招我登高樓，白蘋風起寥天秋。煙波浩渺莽無極，乾坤俯仰生閒愁。帆檣來去紛如織，對此難爲樓上客。浮鷗空有萬里心，飄泊爲家歸不得。看君指日乘長風，吳淞東下何匆匆。應須魏闕繫念吾黨朋，使日斷南飛鴻。呼僮煮茶沁肺腑，清談不辨誰賓主。坐中忽見斜陽頹，天上何時德星聚。君不見大別山、小別山，山前柳色青可憐。物猶如此不忍別，爲君高詠河梁篇。同上

黃鶴山志卷十終

男宗彝校字

黃鵠山志卷十一目錄

藝文 古今體詩

黃鶴山志卷十一

永康胡鳳丹月樵編纂

藝文 古今體詩

宋黃庭堅 字魯直洪州分甯人庶子舉進士爲葉縣尉歷祕書丞紹聖初坐修神宗實錄失實貶涪州別駕黔州安置建中靖國初召還知太平州復除名編管宜州卒自號山谷道人者有山谷集

鄂州南樓書事四首 崇甯二年鄂州作

四顧山光接水光凭闌十里芰荷香清風明月無人管
并作南來一味涼

畫閣傳觴容十客透風透月兩明軒南樓槃礴三百尺
天上雲居不足言

勢壓湖南可長雄胸吞雲夢略從容北船未嘗覩巨麗
複閣重樓天際逢

武昌參伍幕中畫我亦來追六月涼老子平生殊不淺
諸君少住對胡牀 山谷集

南樓畫閣觀方公悅二小詩戲次韻

十年華屋網蛛塵大旆重來一日新五鳳樓中修造手
箇中餘刃亦精神

重山複水繞深秋一見高賢獨倚樓手拂壁間留恨句
淩波微步有人愁 同上

南樓

江東湖北行畫圖鄂州南樓天下無高明廣深勢合抱
表裏江山來畫閣雪筵披襟夏簟寒胸吞雲夢何足言
庾公風流冷似鐵誰其繼之方公悅 同上

宋 鄭 震 爵里未詳

鄂州南樓

湻熙六年冬十月我來獨自上南樓曉霧江山都不見

霧收日出城東頭照見漢陽樹照見鸚鵡洲浪濤江漢
出岷峽洞庭雲夢天共流大船如龍捲雲碧小船如葉
飛鴻瀟湘靈霞珮跨黃鶴洞庭玉笛橫清秋泬寥突兀
不可狀閶闔風雨晴煙浮空中一一都照見今來古往
絲粟無限愁夜郎逐客心膽大醉欲搥碎醒又休此山
此水長不老英雄消盡山水留何當大雪夜明月摩挲
老眼看九州春風吹雪變紅錦牛羊被野邊無憂 清雋集

再登南樓

客中南上倚層臺天闊雲收四面開雁帶岳陽秋曉過
浪涵巴峽影西來諸營種柳今何在老子登樓得幾回
自是江山雄壯處興亡不必問寒灰 同上

宋 范成大 見卷七

鄂州南樓

誰將玉笛弄中秋黃鶴飛來識舊游漢樹有情橫北渚
蜀江無語抱南樓燭天燈火三更市搖月旌旗萬里舟
却笑鱸江垂釣手武昌魚好便淹留 石湖集

宋 陸 游 見卷七

南樓

十年不把武昌酒此日闌邊感慨深舟楫紛紛南復北
山川莽莽古猶今登臨壯士興懷地忠義孤臣許國心
倚杖黯然斜照晚秦吳萬里入長吟 劍南集

宋 王十朋 見卷七

南樓

江漢西來於此會朝宗東去不須分銀濤遙帶岷峨雪
烟渚高連巫峽雲鸚鵡洲悲狂處士蛟龍池化故將軍
登臨長願如今日塵靜元規楚不氛 梅溪集

宋 戴復古 字式之天台人嘗登陸游之門以詩鳴江湖間所居有石屏山因以爲號遂以名集著有

石屏集

南樓

鄂州州前山頂頭上有縹緲百尺樓大開窗戶納宇宙高插闌干侵斗牛我疑腳踏蒼龍背下瞰八荒無內外江渚鱗差十萬家淮楚荆湖一都會西風吹盡庾公塵秋影涵空動碧雲欲識古今興廢事細看文簡李公文 本集

宋 柳開 字仲塗大名人初慕韓愈柳宗元爲古文名肩愈字希元後改焉開寶六年進士第歷官環邠曹代忻滄六州終於京使自號東郊野夫又曰補亡先生著有河東集

楚南樓

洗盡蠻烟几案空登臨直見楚山雄坐當鴻鵠高飛處身在乾坤灝氣中木落有情瞻北闕霜輕無夢入西風凭闌自是蓬瀛客獨對瀟湘興未窮 宋詩紀事

國朝 陳大章 見卷八

春霽偕諸子登南樓

庾樓春暖柳新灣懷想風流不可攀畫棟光浮千樹色碧窗晴映一峯間巫雲遠向三湘出衡雁遙從七澤還極目重簷望江北片帆何處是燕山 江夏志

國朝 徐乾學 字原一號健菴崑山人康熙庚午進士第二官至刑部尚書著有憺園集

南樓

南樓月上時元規甚瀟洒長嘯踞胡牀縱橫命觴斝是時方清晏江介無戎馬物望殷深源清言褚季野賓佐堪留連山川足吟寫千古庾征西流傳入風雅一朝召寇至宮省入亂蓬滕屈陶太尉心愧鍾侍中狼狽尚征鎮茂宏愁西風負荷棟梁任終無分寸功猶餘清興發差與名士同 本集

國朝 舒峻極 字嵩嶽號漸鴻廣濟人康熙時諸生著有草園詩集

南樓

炊烟斷處有危樓曾說庾公舊此遊但使姓名存異代何堪城闕伴荒邱牛羊晚下霜前草鷹犬晴驕郭外洲羌笛悲笳吹不徹天涯明月是中秋 本集

國朝 桑調元 見卷七

南樓

睥睨飛淩屐響遒剛逢明月滿南樓昔人曾發清宵興今我還爲勝地游杯到千巡孤影醉笛當三弄萬家秋鼠鬚飽漬留題處可有人傳老子不 衡山集

國朝王文治見卷九

登南樓偶憶貫休詩觀心未到無心處之句

又拂清風上庾樓貫休當日可會休觀心便到無心處依舊千般逐水流夢樓詩集

國朝李鼎元見卷九

登武昌城南樓

山川簇錦上城頭記得當年客夜游明月烏啼黃鶴嶺春風鷗泛白沙洲南湖樹色空中漾西塞嵐光眼底收今日武昌誰作鎮肯從殷浩暫登樓師竹齋集

國朝蕭致艮字伯和常甯諸生

南樓遠眺

危樓高峙倚雲空檻外帆檣萬里通江水遠來巴子國雄風高壓楚王宮鳳皇欲下簫誰引鸚鵡無言賦敢工直擬憑虛馳八極雲雷何日羽毛豐沅湘耆舊集

國朝張家榘字靜安一字容常別號蓉裳湘潭人嘉慶辛酉舉人道光丙戌挑發知縣改官新化縣教諭著有蓉裳詩鈔

武昌阻雪登南樓眺望

南樓獨上暫憑闌客思無聊觸歲殘萬里風塵悲短劍武昌暮雪擁征鞍燕雲北望金臺迥鄉樹宵昏丙舍寒向夕鐘聲人散盡慈烏將子入林端同上

國朝朱琦字伯韓臨桂人道光辛卯鄉試第一乙未進士由翰林歷官福建道御史在籍辦團練議敘道員後遊浙浙撫檄委總辦團練局督守清波門咸豐十一年城陷琦死之奏聞於朝蔭卹如例著有怡志堂詩鈔

武昌南樓

洞庭一瀉八百里孤鶩冥冥銜遠天鄂渚荒涼半蘆荻釣臺悵望空雲煙我思美人不可見每歌黃鵠徒爾憐南樓取酒且獨飲何當報我瑤華篇本集

國朝譚溥見卷七

登南樓寄懷羅仙舸

襄山何蒼茫襄水亦悠悠寸意觸瞻覽縹緲登南樓華屋忞初意不及悲山邱氣會成遷移天地艮懷憂如何人間世物理難相求悵望西方人日夕空夷由本集

國朝顧景星見卷五

凍雨登八極樓招西印昌云樓在江夏黃鵠山今廢

白日照綠草飛雨溺芳洲涼風一披拂可以登茲樓孤高搤地勢縹緲凌雲浮乳雀直上下行雲爲去留朱甍

出劫火仙蹟還千秋昔日章華臺於今猶在不錦袍弄明月玉笛乘扁舟曠觀冀來哲逸事景前修願與庾公暇放神八極游籌邊有餘力高觴時當投 白茅堂集

國朝 程之楨 見卷七

登楚觀樓

巨靈切石如棗梨穹窿劃斷成長蹊高觀其東黃鵠西一樓插雲雲光低上有螺旋蟻磨青天梯下有摩肩擊轂往來不絕轟輪蹶天遣石城扼腹背山河蜿蜒蟠虹霓萬家烟火在指掌半空沙鳥懸榱題大江東折東如

帶落日倒射紅玻瓈樓之故址始有唐高閣建自牛奇章越明宏治歲己未方伯請命從藩王歸然特起勢壯麗煌煌一記書東陽鐘鼓鏜鞳聞四野幅員廣袤安蠻貙漢京備盜此遺製豈徒選勝供徜徉明代迄今歷年所斯樓橫亙天中央康熙重建閱乾隆誰嗣葺者秋帆公公昔秉鉞制荊楚召伯之棠將毋同樓中風月長不死古人往矣悲塡胸青楓葉落楚江冷黃巾銅馬聲洶洶鯨鯢若山走淮海邊疆鼓啞無李崇安得漁陽三撾起樓上輥雷殷殷風隆隆一豁人境萬古千秋聾 維周詩鈔

宋 袁說友 字起巖建安人寓湖州乾興元年進士嘉泰中官至同知樞密院參知政事著有東塘集

同鄂州都統制司登壓雲亭

一帶城頭四望全壓雲亭上更無邊手攀北斗輕飛肉目盼南樓僅及肩城郭千年高復下江湖萬里後還先 大江在前東湖在後 平生頗負昂霄志便欲乘風送上天 本集

宋 王十朋 見卷七

登壓雲亭贈趙都統

早將忠義立殊勳鄂渚登臨氣壓雲他日雲臺觀畫象須臾壓盡漢將軍 梅溪集

元 郝經 見卷七

壓雲亭

重嶺繚郭峻高亭下臨鄂艨艟斷江流甲騎壓城腳拒命始進攻鐵面長圍合顱已無頭陀徑欲椎黃鶴謁王登巉巖再拜瞻日角王氣壓江山曠朗天宇豁十月汗沾裳敷奏初不覺詔賜金巨羅禮酒焉敢嚼絲綸重開喻滿面春風著撫膺還自頌不負生平學須臾動金鉞猛士徹虎幄龍起皆雲從青山萬馬落 郝文忠公集

宋 戴復古 見卷七

鄂州戎治靜憩亭

幽亭何處尋巖樹碧森森獨坐生雲石少安經世心仵人雙鶴立多事一蟬吟提劍翻然起中原秋草深 石屏集

宋 王十朋 見卷七

一覽亭

危亭頂鄂渚欲上初不敢肩輿躡崢嶸眼界驚坎窅青山繚江湖煙雨扶濃淡千帆破滄浪萬里照菡萏大澤胸可吞秀色手宜攬形勢控上游天險卦侔坎登臨吹帽追秋聲在葭菼銜杯情有欣懷古意多感雨雄孫與

劉壯志鯨鵬啖赤壁去阿瞞功業炳鉛槧黃鶴去何之靈竹色猶慘樓餘庾公興洲遺正平憾北望舊中原激裂壯士膽何由登太山一快天下覽 梅溪集

國朝 熊化龍 字芴山湘陰人太學生著有白雲詩草

一覽亭

乾坤歸一覽倚檻武昌城雲樹邊關冷風濤晝夜聲英雄空萬古歌苦信餘生獨酌斜陽裏銷磨不世情 本集

國朝 楊澤闓 見卷十

一覽亭

飛亭縹緲接層空樹影嵐光一望同但聽人聲潮水上似隨鶴語人雲中江從東去流初大風自南來勢亦雄鸚鵡洲前芳草地落霞空襯夕陽紅 石汸詩略

元 陳 孚 見卷七

呂仙亭

昔日呂仙遊洞庭玉簫吹裂蘆花汀秋空一劍忽飛去夜月千山煙寞寞天地茫茫烏兎急波濤洶洶蛟螭腥起呼老樹欲與語濕露亂灑苔痕青 交州稿

元 余 闕 見卷七

呂公亭

鄂渚江漢會茲亭宅其幽我來窺石鏡兼得眺芳洲遠岫雲中沒春江雨外流何如乘白鶴吹笛過南樓 本集

明 管 訥 見卷七

呂仙亭

道人高坐朗吟亭古蹟因知此地靈劍氣飛來湘水白笛聲吹入楚山青階前丹棗何年熟枕上黃粱幾日醒快我登臨塵事隔摩挲蒼蘚讀碑銘 松風餘韻

明 郭正域 見卷七

仙棗行

仙棗千年不肯實一朝結果大如瓜何來小吏偷啖之
須臾白日飛紫霞我聞火棗不可得無乃秦王海中黃
布之舊花不然安期所遺之故核朱繪紅玉圍青紗又
聞王母降漢室玉門仙棗紛如麻蕊珠滿樹皴絳雪金
丸綴葉團丹砂神仙靈藥各有分我欲剝棗手難拏亭
子高高僊飛雨鱗甍碧瓦搖風沙至今巖畔多老棗殘
根剝落纏枯槎蠐螬古籐支絲蟻蜂飛暗葉藏青蛇那
知不有神仙至再看老枝生萌芽安得纍纍撲滿地飽

食江城百萬家 江夏志

明 任家相 字白甫江夏人爲諸生時有聲庠序間學使金省吾憐其才貢於廷試第一萬厯戊子舉北闈鄉試甲辰乞署婺源學博升翰林院待詔充福王講官乙卯卒於官崇祀鄉賢著有雲龍閣集

和郭太史仙棗行

仙人手自種仙棗森如赤玉甘如瓜磥磥孤榦排文石
纂纂繁枝絢綵霞崪嵂萬歲膏方實海上千秋葉始花
太真玉門餐絳雪神女香廚護碧紗半服通靈蛻凡骨
坐看滄海成桑麻小吏豈是東方兒偷啖勝食光明砂

仙蹤恍惚不可見惟餘空亭老棗奇樹幹枝相紛拏天
風時吹仙籟響月明石鏡映江沙偶披蒙茸據棗下疑
泛銀河捫巨槎莓苔錯落綴星斗根荄盤互糾龍蛇不
逐羣芔爭物色潛回春色努靈芽上林十四株非異那
得移根帝子家 陶園詩集

國朝 張九鉞 見卷七

呂仙亭棗樹

草木稟元化一氣爲枯榮奈何仙亭棗狡獪殊羣英如
瓜實已歸杈枒臥前楹酣嬉曠劫中不滅亦不生靁霆

避杇骨日月扶孤撐皴皺蒼龍皮笑怒黃鵠精將毋玉
門核金液潛鍊形乾坤寂無言菁華戒其盈我逐寒笛
飛來往嶠上城不知身將老摩抄思勾萌種者非荒唐
胡爲隱姓名我欲問白雲雲空大江橫 同上

仙棗亭同蔡芷衫作

我從海上來不見安期棗卻逐寒笛聲同上武昌嶠當
時回道人狡獪毋乃巧太守不能仙小吏安足道如瓜
一飛去蔚藍天浩浩空餘兩槎枒茫然對人老沈吟萬
年中何以閱昏曉昔人此亭作今人此亭保短牆繚繞

之冠蓋笙歌擾其上罡風吹其下白雲埽誰窮九地根誰酌三漿飽徒臥乾坤凝不受江山槁黃龍縮其皮郝肯露鱗爪素月一迎之鶴影瘦夭矯我思金精液不敵一樽醥心為玉門核骨作崆峒寶神女笑於人摩挲亦草草會當擲其餘使子顏色好棋譽若有人種者自三島吒吒先生來請問實多少 同上

國朝 桑調元見卷七

仙棗亭

悲歌徒纂纂枯榦矗巖嶅遥想幽人剝甯隨禹貢包亭

基餘石甃月影亂枝交秋實偕梨栗村翁瀉斗筲投懷見心赤入口兔牙膠絕少如瓜樣搖來古樹梢吏隨黃鶴駕人望白雲坳未得羅盤案空思佐酒肴仙踪多杳渺楚語自紛淆方士留徵信荒唐一解嘲 恆山集

國朝 王文治見卷七

仙棗亭

仙棗枯來似古槎廢闌荒砌臥煙霞只今黃鶴樓頭月曾照當年一樹花 夢樓詩集

國朝 舒正載見卷九

仙棗亭

迢遞亭子俯江波江上風帆日日過佳樹極能留客坐名山初不厭詩多仙家酒市招黃鶴漁父煙村著綠蓑共是人間行樂地桑麻到處有絃歌 竹根齋詩集

國朝 徐儒楠見卷十

仙棗亭

仙棗亭中一睡仙長眠此地幾千年人間煙火羞同食海上安期別有天 望雲閣詩集

國朝 李樹瀛見卷七

仙棗亭晚眺

最高亭上暮天晴紅燭清樽列席明檻外江山搖秀影樹頭風雨變秋聲戟門官鼓初更定水艦銀燈萬點生直待層霄涼月起一輪相照夜街行 棲雲山房詩鈔

國朝 毛會建字子霞別字客山武進人少寓越補錢唐弟子員以副貢除樂昌令國初避跡嶺海歷黔入楚僑居江夏工文善詩尤工書法年七十餘卒

西爽亭 庚子初夏余西崖夏人淑於黃鵠之西巖得西爽二字石碣書法遒古非近時人筆相期結亭其上因賦此以贊決之也

天高地下河山遶齷齪滿前人易老何當一氣相周旋

惟有長空淨如埽此氣四空同不磨長庚映之益光皦
有時逼人眉宇間霜稜曰角常矯矯有時注人胸臆中
氷壺玉尺常皎皎我遊黃鶴凡幾年鵠城石鏡恣探討
曾聞巖畔有奇字西爽勒石當空宵蘚蝕蟲斑字剝落
土花瘞影不可考余子夏子日搜奇忽然見之白雲表
削壁周遭如劃方照人光潔同裂縞兩字崢嶸不盈尺
漏痕釵腳都完好不書一作盡人地不書一作盡年一片精
醲成紹繚信如此氣堅不磨入石千齡靜相保二公好
事復躭詩大言小言皆絕倒更許他時爲結亭翼然端

不讓仙棗我昔岣嶁訪禹碑摹刻大別稱工巧湧月高
臺近咫尺曹公落筆非草草從此隔江還鼎峙沐日浴
月是三島白雲黃鶴任去來永爲河山作琛寶詩成與
爾傾百觴目光四射天地小江夏志

國朝 金德嘉見卷七

石鏡亭

有物胚胎萬象先一輪皎潔自中天照殘今古姸媸事
歷盡乾坤大小年雲夢春星低共曙洞庭秋水遠生煙
從茲直上崑崙頂探取河源銀漢邊江夏志

明 游士任字眉吾世爲嘉魚人徙江夏萬厤庚戌進士仕長興知縣遷廣西道御史

湧月臺

登臺一長嘯鶴驚雲欲徙極目盡太虛太虛正一作盡如
洗光浮石骨寒沫噴金沙起蕭然見短碣錐畫逼籀史
蒼蘚石斷紋古香從荒圮一作靡依稀聞鐵笛梅花落其
裏北下豁古洞可有青泥髓湖廣通志

國朝 顧景星見卷五

湧月臺石上三大字在黃鶴樓左舊傳曹孟德書誤也

不見卻月戍鮑明遠詩夏口樊城岸曹公卻月戍虛傳湧月臺月來照石

鏡月去暗蒼苔有客攜樽至何人吹笛來浮雲何處所
嘗傍大江隈本集

國朝 桑調元見卷七

湧月亭

月輪起東海亭勢壓南邦浩渺明遙夕團圞湧大江疊
身渾絕地豁眼不安窗窣堵波移影陽阿曲換腔蛟螭
回遠鑿商旅下連艭鶴駕飛仙過鯨鐘羽士撞漢陽凝
翠靄湖口激奔瀧隔岸山如簇沿磯樹似幢行踪長落
落事業謝摐摐但以持螯手從教倒酒缸詩憐少陵杜

人是鹿門龐涷鵲枝栖百鶩魚浪躍雙巖城磬宵析古院閃冬缸獨立耽佳景清暉憶石淙 恆山集

太白亭

太白曾遊覽危亭俯水涯詩篇崔顥在身世禰衡乖樓上閒雲影洲中宿草荄梅花飛五月玉笛響層厓夏口風情暢長沙日色霾登臨聊寄興遷謫不縈懷空翠遙山疊枯枝古樹排官軍簇鑣轡游女墮簪釵勝概留茲土深情屬我儕千秋去黃鶴一輛過青鞋嘯傲滄洲獨歌呼下里皆清灟翻自漢濁酒倒如淮久忘頭盈雪甯

須腰繫綰遠游浮楚艇晏坐卽蕭齋憑弔孤懷迥流觀雙眼揩霜空澄萬象景物最清佳 恆山集

唐 岑參 南陽人文本之後登天寶三年進士由帥府參軍累官右補闕改起居郎尋出爲虢州長史復入爲太子中允代宗總戎陝服委以書奏之任由庫部郎出刺嘉州杜鴻漸鎮西川表爲從事以職方郎兼侍御史領幕職使罷流寓不還遂終於蜀

送費子歸武昌

漢陽歸客悲秋草旅舍葉飛愁不埽秋來倍憶武昌魚夢魂只在巴陵道曾隨上將過祁連離家十年恒在邊劍鋒可惜虛用盡馬蹄無事今已穿知君開館常愛客摴蒱百金每一擲平生有錢將與人江上故園空四壁吾觀費子毛骨奇廣眉大口仍赤髭看君失路尙如此人生貴賤那得知高秋八月歸南楚東門一壺聊出祖路指鳳皇山北雲衣沾鸚鵡洲邊雨勿歎蹉跎白髮新應須守道勿羞貧男兒何必戀妻子莫向江邨老卻人

唐 王昌齡 字少伯京兆人登開元十五年進士第補祕書郎二十二年中宏詞科調汜水尉遷江甯丞著有江甯集六卷今編存四卷

送人歸江夏

寒江一作天綠水楚雲深莫道離憂遷遠心曉夕雙帆歸

鄂渚愁將孤月夢中尋 全唐詩

唐 劉長卿

鄂渚聽杜別駕彈胡琴

文姬留此曲千載一知音不解胡人語空留一作愁楚客心聲隨邊草動意入隴雲深何事長江上蕭蕭出塞吟

唐 劉禹錫 字夢得彭城人貞元九年擢進士第登博學宏詞科從事淮南幕府入爲監察御史著有劉賓客文集外集

武昌老人說笛歌

武昌老人一作將七十餘手把庾令相問書自言少小一作

（年少）學吹笛早事曹王曾賞激往年鎮戍到（一作征鎮戍）蘄州楚山蕭蕭笛竹秋當時買材恣搜索典卻身上烏貂裘古苔蒼蒼封老節石上（一作山）孤松飽風雪商聲五音（一作商音五聲）隨指發水中龍應行雲絕曾將黃鶴樓上吹一聲占盡秋江月如今老去語尤（一作興猶）遲音韻高低耳不知氣力已微心尚在時時一曲夢中吹（全唐詩）

鄂渚留別李二十一表臣大夫

高檣起行色促柱動離聲欲問江深淺應如遠別情（同上）

始發鄂渚寄表臣二首

祖帳管絃絕客帆西風生回車已不見猶聽馬嘶聲

曉發柳林戍遙城聞五鼓憶與故人眠此時猶晤語（同上）

唐 武元衡（字伯蒼河南緱氏人唐建中四年登進士第知其才召授比部員外郎歲內三遷至右司郎中尋擢御史中丞順宗立罷爲右庶子憲宗即位復前官進戶部侍郎元和二年拜門下侍郎平章事出爲劍南節度使八年徵還秉政早朝爲盜所害贈司徒謚忠愍）

鄂渚送友

雲帆淼淼巴陵渡煙樹蒼蒼故郢城江上梅花無數落（一作發）送君南浦不勝情（全唐詩）

唐 朱慶餘（名可久以字行越州人受知於張籍登寶厯進士第）

鄂渚（一作夏口）送白舍人赴杭州

豈知鸚鵡洲邊路得見鳳皇池上人從此不同諸客禮故鄉西與郡城鄰（同上）

唐 呂巖（見卷三仙釋）

鄂渚悟道歌

縱橫天際爲閑客時遇季秋重陽節陰雲一布徧長空膏澤連綿滋萬物因雨泥滑門不出忽聞鄰舍語丹術試問鄰公可相傳一言許肯更無難數篇奇怪文入手一夜挑燈讀不了曉來日早纔看畢不覺自醉如恍惚恍惚之中見有物狀如日輪明突兀自言便是丹砂精宜向鼎中烹凡質凡質本來不化眞化眞須得眞中物不用鉛不用汞還丹須向爐中種玄中之玄號眞鉛及至用鉛還不用或名龍或名虎或號嬰兒并姹女丹砂一粒名千般一中有一爲丹母火莫燃水莫凍修之煉之須珍重直待虎歔折顛峯驪龍奪得玄珠弄龍吞玄寶忽昇飛飛龍被我捉來騎一翥上朝歸碧落碧落廣濶無東西無曉無夜無年月無寒無暑無四時自從修

到無爲地始覺奇之又怪之全唐詩

又記

數載樂幽幽欲逃寒暑逼不求名與利猶恐身心役苦志慕黃庭殷懃求道跡陰功暗心修善行長日積世路果逢師時人皆不識我師機行密懷量性孤僻解把五行移能將四象易傳余造化門始悟希夷則服取兩般眞從頭路端的烹煎日月壺不離乾坤側至道眼前觀得之元咫尺眞空空不空眞色色非色推倒玉葫蘆迸出黃金液緊把赤龍頭猛將驪珠吸吞歸臟腑中奪得

神仙力妙號一黍珠延年千萬億同途聽我吟與道相親益未曉眞黃芽徒勞遊紫陌把住赤烏魂突出銀蟾魄未省此中立常流容易測三天應有路九地終無厄守道且藏愚忘機要混迹羣生莫相輕已是蓬萊客同上

宋劉過 字改之自號龍洲泰和人以詩俠稱湖海間宋紹熙中上書爲一時推重與陳亮陸游辛棄疾相交好晚年客崑山尋卒著有龍洲道人集

憶鄂渚

我離鄂渚已十年吳兒越女空華鮮不如上游古形勢四十餘萬兵籌邊中原地與荆襄近烈士烈兮猛士猛灑遶雲夢寒打圍城接武昌曉排陣書生豈無一策奇叩閽擊鼓天不知卻思仙人白玉笛胡牀醉倚南樓吹貂蟬兜鍪兩岑寂若耶溪傍還作客空餘黃鶴舊題詩醉筆顚狂驚李白本集

宋戴復古 見前

鄂渚張唐卿周嘉仲送別

武昌江頭人送別楊柳秋來不堪折漢陽門外望南樓昨日不知今日愁英雄握手新相識人情政好成南北酒闌人散最關情一雁西飛楚天碧中興羣公吟藁

鄂渚煙波亭

倚遍南樓到鶴樓小亭瀟洒最宜秋接天煙浪來三峽隔岸樓臺又一州豪傑不生機事息古今無盡大江流凭欄日暮懷鄉國崔顥詩中舊日愁同上

明方孝孺 字希直一字希古世居臨海侯城里建文朝召爲翰林博士進侍講靖難時以死殉著有遜志齋集四十卷

江山萬里圖

我昔奉勅辭金闕西下巴川持使節仙槎二月出龍河萬里春風掉晴雪吳江茫茫入杳冥櫂歌初過蛾眉亭

錦袍不見李供奉白雲遮斷三山青烟蕪漲綠知何地
白鳥雙雙沒淮樹片帆風滿疾如飛矯首驚看泝流去
大孤小孤橫雪波匡廬五老青嵯峨九江秀色嘆奇絕
半空飛瀑懸銀河推篷□閑吟倚瞬息舟移洞庭水
君山如黛壓中流十二烟鬟鏡光裏好山遠自峩眉來
瀟湘練明天際開疑峯九點落空翠重華孤墳安在哉
武昌地轉多遺迹隔岸鳥鳴瞻赤壁烟焰旌旗魏武兵
綸巾羽扇周郎策扶醉曾登黃鶴樓漢陽城對鸚鵡洲
郎從鄂渚櫂明月泝流直上窺荆州夷陵山勢多重疊

楚樹蠻雲遠相接欲向夔城入錦城還於巴峽穿巫峽
神女峯前路欲迷瞿塘灩澦聞猿啼五溪越盡見雪嶺
但見青天鳥道低萬里橋西看立馬足跡經遊半天下
愧無草檄擬相如笑擲橐金輕陸賈今年詔許臨丹邱
夢中往往驚羈愁江山誰寫入圖畫眼中歷歷如經游
岸中一覽發長嘯滿襟爽氣高堂秋 列朝詩集

明 李夢陽 字獻吉慶陽人徙扶溝宏治癸丑進士官至江西提學副使著有空同集

夏口夜泊別友人

黃鶴樓前日欲低漢陽城樹亂烏啼孤舟夜泊東遊客
恨殺長江不向西 列朝詩集

明 蔡汝楠 字子木德清人嘉靖王辰進士年十八除行人遷南京刑部郎出守衡州官至兵部侍郎改南京工部

自岳陽泛舟下武昌呈姚嚴二使君

炎天征路洞湖邊聯駐油幢訪洞仙徒從便隨漁客棹
烟波誰認使君船鴨欄落水沙痕出魚浦濃陰樹影連
行望江樓黃鶴近白雲如待意悠然 列朝詩集

明 王叔承 初名光胤以字行更字承父晚字子幻吳江人少孤受博士業悲歌縱酒徧游吳越湘楚遺書數千言爲王元美所推服

鐵笛歌 有序

陳生楫家本武昌始祖以開國功官海上祖有鐵笛名鐵龍失之且二百年矣有客自海上持來生解裘贖之制古聲冽因沽酒弄梅花調余歌焉

武昌老笛名鐵龍洪武之間來浙東江湖萬里忽相失
當時哭死陳家翁流落人間二百秋蒼龍化去青天愁
子孫異世覓宗器漢家寶劍周天球或言檇李豪家得
夜夜龍光射南極十年空費陳生心購問慚無萬金值
一朝海客持相換生脫貂裘婦釵釧合浦重歸明月珠

精魄似識先人面太古琅玕輕欲折孔竅參差頭尾裂丹砂錯落水銀花苔痕蝕盡并州鐵薄如藤紙枯如木燈前三弄秋聲蹙萬點梅花灑席寒半夜空山叩哀玉羌兒虎踞嗚塞鴻怪蛟人立吹烟竹憶昔汝祖浮洞庭瀟湘片月開黃陵純陽眞人坐黃鶴漢江綠酒傾瑶瓶飄然將笛下東海鐵龍聲斷江風腥汝今與笛竟何適楚水吳山愁客星汝祖從戰鄱陽濆佩刀曾佐高皇勳歎汝飄零把孤笛丹青竟作曹將軍半生我亦懷青蘋袖來不用生龍鱗不如黃鶴樓前換酒聽吹笛與君醉

殺湘江春 列朝詩集

黃鶴山志卷十一 終

男宗彥校字

黃鶴山志卷十二目錄

藝文 古今體詩

黃鶴山志卷十二

永康胡鳳丹月樵編纂

藝文 古今體詩

國朝 彭崧毓 見卷十

擱筆亭

擱筆伊誰搆此亭癡人說夢幾時醒竟忘斗酒詩無敵直信花生管不靈捉月何曾江上見落梅爭忍笛中聽（五月落梅遷客寓言非佳語也今人乃以爲鶴樓故事）廓清賴有如椽筆淨埽煙雲睹日星 本集

國朝 李樹瀛 見卷七

擱筆亭

空前絕後一枝筆除卻杜陵世無匹萬丈光芒照古今筆之所到風雨疾搥碎黃鶴樓踏翻鸚鵡洲放筆長歌溢宇宙崔顥何人敢與儔有亭屹立樓下路言是謫仙擱筆處上頭有詩不再題想見虛懷斂抑時天地生才無時無妄自尊大胡爲乎介甫誤國由自恃睥睨當時無一是不循故轍矜私智任意更張敗厥事況復雕蟲祇小技驕吝罔顧識者鄙古來堅僻自用人白眼相士

者如此偉哉青蓮曠代才黃河之水天上來上軼屈宋凌漢魏百家俱在包羅內譬之東海納百川不嫌倣作鳳臺篇（世謂鳳凰臺詩倣崔作）本集

國朝 張開霽 見卷七

雨後登黃鵠山呂仙閣眺望

高閣憑虛俯綠櫺坐看烟霧遠冥冥浪頭都被風催白山色從教雨洗青江上鷗盟真自負檐端燕語好誰聽凝心欲借仙人鶴騎上橫飛過洞庭 寄巢集

國朝 程之楨 見卷七

月夜偕黃春石李仲雅汪笛樓小憩留雲閣

檻外碧雲落高秋河漢橫天風吹玉笛隨夢過江城湖湧燈無色帆飛月有聲言招古時鶴矯首問長庚 維周詩鈔

國朝 戴毓瀛 見卷十一

六月十九日大風登黃鶴樓斗姥閣（時同游陸葆恬將有黃州之行）

長風捲水勢奔雷傑閣登臨亦快哉兩岸人家見燈火半江雲氣失樓臺我來尙憶瓜皮艇別後難忘李白杯此際豪情增百倍何勞江雨爲詩催

鸚鵡才名天下重鳳凰山色晚來青黃州此去同招隱
采筆何年更乞靈風過湘蘭迷曉露月明漢柳帶秋星
滄江一棹煙波遠愁盼征鴻下蓼汀 湘花館燼餘詩草

國朝 李樹瀛 見卷七

登斗姥閣

崔嵬傑閣動高秋縹緲仙雲曉未收金口峯巒煙際合
漢陽城郭樹中浮數聲疏磬諸天靜一線長江劃地流
自古登臨遷客意狂歌濁酒半句留 本集

唐 李宗孟 江夏人年十一以茂才舉召試舍人院見江夏縣志選舉

費禕洞

空遺費仙跡不見庾公遊草木有新色江山餘故愁 全唐詩

宋 蕭德藻 字東夫閩人紹興二十一年進士嘗令烏程後遂家焉所居屏山自號千巖老人有千巖擇稿

呂公洞

復此經過三十年唯應巖谷故依然城南老樹朽為土
簷外稚松青拂天枕上功名秪擾擾指端變化又元元
刀圭乞與起衰病稽首秋空一劍仙 宋詩紀事

明 楊基 見卷八

呂仙祠

兩頰方瞳漆有光紫髯眉綠面如霜千年一笑來黃鶴
三度長吟到岳陽日月自隨天地老江山不為古今忙
又攜鐵笛瑤池去亂插桃花笑一場 眉菴集

國朝 王柏心 見卷十

謁胡文忠公祠

碑並羊開府祠同葛武鄉風雲仍壁壘江漢復金湯疇
昔叨咨訪迂疏許激昂英靈今始接揖客晚升堂 漆室吟

國朝 胡兆春 字東谷漢陽人道光乙未舉人著有尊聞堂詩鈔

胡文忠公祠感懷

肅肅宗臣遺像留雲旗縹緲楚江頭十年籌策吞吳會
百世烝嘗戀鄂州誰似信陵能下士人憐李廣不封侯
畫船簫鼓爭南去幾輩停橈問鶴樓 本集

國朝 車元春 見卷十

謁胡文忠公祠

凜凜鬚眉肅拜瞻大儒循吏一身兼艱難籌餉瘡痍振
痛哭論兵鼓角嚴麾下偏裨多將帥匣中遺墨盡韜鈐

當年首創東征議士卒於今惠澤霑 本集

國朝 胡鳳丹

讀益陽胡文忠公集

海水橫飛坤維裂大江南北無完堞誰歟隻手迴狂瀾益陽胡公光日月昔游京華聞公名簪筆供奉蜚英聲今來楚水讀公集謀國誠心貫金石武庫胸中無不有算無遺策展抱負焚香爲士酬主知最難肝膽相傾剖公之經綸始守黔經文緯武才相兼 聖主用賢破常格福星一路韜圍襜公之勳名在撫楚是時半壁皆豺

虎誓師江上仗忠義立變羸軍成勁旅公言保楚必征東不分畛域不爭功興疾討賊何慷慨一腔熱血殷如虹公曰我病不言病精力雖枯氣猶勁枕戈日夜治軍書死生身外聽天命黃鶴樓頭落大星武昌柳色歎凋零百萬軍民齊墮淚嗚咽江聲不忍聽 退補齋詩存

明 管 訥 見卷八

北榭

舊家行樂小亭臺珠箔青山罨畫開花月當時人已散柳風今日燕還來舞鈿猶委宮牆草步障曾過輦路苔一代繁華易銷歇白榆霜冷雁聲哀 松風餘韻

國朝 嚴 觀 字子進江甯人嘉慶初客武昌依畢督部幕中著有湖北金石詩七十八首馬通守紹基各爲之案以附於後

鄂州重修北榭記

北榭碑初見芳蹤何處尋隨隄思往蹟一徑繞山陰空見南樓月中懸照茂林高飛見雙鷺歸去有餘音循良欽太守觸景發慈心減賦省刑罰能祈甘霈霖斯風應再得盼室我情深重過豐碑側披襟一朗吟 湖北金石詩

鄂州雜詠 行書在黃鶴樓

夢得天孫錦裁成隱士衫翱翔倩黃鶴何意出塵凡費褘心思訪逢仙認呂巖臨風揮玉麈談笑啓金函雲布青山窣星離照錦帆乞仙示名字不肯署頭銜一笑翻然悟新詩見石鑱拓來黏素壁勤免日開緘 同上

勝像寶塔

一塔峙磯頭氣與岑樓接豈思鎮洪濤願人總利涉至今楚江前來往舟如蝶乘風破浪行未見人心慴念彼威順王命子何妥帖具此濟川功失名未允協按史名雖知四人豈共楫臆斷我如斯興闌因涉獵 同上

國朝 車元春 見卷十

具美堂觀弇山尚書小照并稚存學士詩石刻

尚書畢卓鬢眉在弟子洪厓涕泪橫海內龍門誰繼起空將遺碣拜先生 本集

國朝 王柏心 見卷十

偕漁叟過江城別墅留題

高樓鶴化杳難攀游墅新開石磴間亂定江山憑堞壯天晴花柳送春還空嗟射獵將軍老但許圍棊太傅閒（謂蓮峯）谷口商巖隨處是何須高蹈出塵寰 深室吟

國朝 彭崧毓 見卷十

江城別墅爲袁蓮峯作

舉目河山未盡非宦遊人竟及時歸安排茶竈新棋墅料理漁竿舊釣磯成竹在胸圖畫好焦桐未製賞音稀隔江興廢知多少閒倚闌干看落暉

與君同長大江濱獨羨神仙近結鄰長有因緣成善果（君有興善莊度地搆居規模式廓人謀既臧天亦助焉）斷無名勝委荒榛眼前風月原公物亂後琴尊幾舊人笑我歸來仍逆旅杖藜幸是四朝民 求是齋詩存

國朝 車元春 見卷十

江城別墅留贈袁蓮峯觀察

鵠磯高處鎖煙鬟解組歸來興未闌窈窕軒窗水晶域逍遙風月列仙班詞塡茶熟香溫候韻在銅琶鐵板閒如此才華如此福使君眞不負江山 本集

唐 李涉 濟陽人初與弟渤同隱廬山後應陳許辟憲宗時爲太子通事舍人尋謫峽州司倉參軍太和中爲太學博士復流康州自號清谿子著有詩集二卷

早春發頭陀寺寄院中

紅樓金刹倚晴岡雨雪初收望漢陽草檄可中能有暇

迎春一醉也無妨 全唐詩

唐 項斯 字子遷江東人會昌四年擢第終丹徒尉著有詩一卷 按江夏志誤載許彬作全唐詩係項斯作

頭陀寺上方

高步陟崔巍吟閒路惜迴寺知（一作從）何代（一作方）有僧見（一作是）梵宮來暮靄蓮沙積餘霞徧檻開更期招靜者長嘯上南（一作方）臺 全唐詩

唐 李頻 字德新睦州壽昌人大中八年擢進士第調祕書郎累遷建州刺史著有棃岳集

鄂州頭陀寺上方

陀寺上方無不見天涯行客思迢迢西江帆挂東風急
夏口城銜楚塞遙沙渚魚歸多溼網桑林蠶後盡空條
歲時歎物尋僧話惟有禪心得寂寥 本集

唐 來　鵠 豫章人咸通中舉進士不第

鄂渚清明日與鄉友登頭陀山

冷酒一杯相勸頻異鄉相見一作遇轉相親落花風裏數
聲笛芳草煙中無限人都大此時深悵望豈堪高處一作境
更逡巡思量費子眞仙子不作頭陀山下塵 全唐詩

唐 錢　珝 字瑞文吏部尚書徽之子善文詞宰相王溥薦知制誥進中書舍人後貶撫州司馬著有

舟中集

舟行

乘舟維夏口煙野獨行時不見頭陀寺空懷少婦碑 本集

宋 黃庭堅 見卷七

頭陀寺

頭陀全盛時宮殿梯雲級城中空金碧雲外僧䫫䫫八
亡經藏盡屋破龍象泣惟有簡栖碑文字巋然立 山谷集

宋 陸　游 見卷五

頭陀寺觀王簡栖碑有感

舟車如織喜身閒獨訪遺碑草棘間世遠空驚閱陵谷
文浮未可敵江山老僧西逝新成塔舊宇東歸正掩關
笑我馳驅竟安往夕陽飛鳥亦知還 劍南集

宋 賀　鑄 字方回衛州人元祐七年薦承事郎判泗州又判太平州遷奉議郎復遷朝奉郎著有慶湖前後集

登頭陀寺峯頂庵

磴道淩虛挂白虹頭陀上方黃鵠東滄溟五夜沐新日
老木三伏來凄風北夢南雲展張闊縱江橫漢并吞雄
楚鄉絕境此其一付與微吟多病翁 本集

國朝 胡作舟 江夏人康熙庚子舉人

頭陀寺中過夏

清風禪院滌塵襟盡日匡牀偃息深蠹豈知書偏愛字
蟬非有韻卻高吟與僧久住形常懶待客忽來快不禁
爲語鍾期先洗耳好將山水入鳴琴 江夏志

國朝 舒峻極 見卷七

頭陀上寺

山根古寺矗晴暉大比從前更數圍此外更無僧一個
久行惆悵舊禪扉 韋園詩集

頭陀下寺

[illegible]蓋松篁臏古藤支撐瘦骨碧雲層日斜影落空階內
閱走龍蛇見佛燈 同上

頭陀寺雲公房步李子俟韻

躭奇特與伴相求啼鳥深林一徑幽霹靂當空飛布下
晴江遠帶暮雲流分題草閣荷裳冷入夜松門雨氣秋
[illegible]我廿年懶一宿天風吹袂欲還留 同上

明 錢桂林 見卷十

偕孫莽諸友由黃鶴樓出漢陽門訪古頭陀寺遺

址寺僧小石留飲不果

天風吹我下高樓古寺尋詩輒小留蓮社偶從諸子結
書堂舊是謫仙遊撲簾山翠當軒立繞郭江聲傍枕流
頑石三生偏不記飯鐘依舊似揚州 本集

明 楚端王 諱榮滅正德五年嗣以仁孝著稱武宗表曰彰孝之坊嘉靖十三年薨

宏治庚申父王展祀寢園率昆季恭迓駐蹕

恭迎寶輅郡城東宿衞森嚴霧雨中雲薄層巒連寶剎
秋浮叢樹動金風法堂有象三生悟精舍無塵萬象空
瞻企靈泉起天末松楸遙望鬱葱葱 湖北舊聞錄

宏治壬戌奉迎睿駕再駐洪山

仙仗山行日未還趨迎破曉出重關遙瞻雁塔撐斜漢
又為祇園到此山石洞飛花蒸霧潤春城過雨長苔斑
笑看昔日留題處不用紗籠護壁間 同上

正德癸酉恭祀寢園還經洪山用前韻

寢園展祀駕言還卻訪高僧正閉關雨後新犁耕野隴
春晴好鳥叫空山塵埃不到地偏淨竹院初看筍脫斑
延佇渾忘歸去晚斜陽半閃翠微間 同上

嘉靖甲申歲偕嫻家吳世賢都閫游山分韻得風

字

命駕偶游山郭外探禪因訪梵王宮禾稼及時逢好雨
閭閻解慍有薰風遠郊但見雲連水幻境因知色即空
花草含煙饒暮景霓旌遙影月明中 同上

再過洪山

久不過方丈山花傍輦迎閒鐘來法界帶月出宮城江
郭鳥初渡溪橋水漸生參詳師惠遠一笑已忘情 同上

明 武岡王 諱顯槐端王第三子愍王弟嘉靖四十三年上書條藩政後以攝藩事為撫臣所奏削祿

嘉靖丙午歲一首

欽承寵命謁親園便道來臨不二門滿路好花開野隴一犂新雨足孤村雲房清梵音初落草砌荒碑迹尚存何處煖風吹不斷諸天遊罷近黃昏 同上

聖天子仁篤親親無間存歿吾先妣蒙追封次妃以戊申歲四月十有九日焚黃禮成藩臬諸司咸與其事祭畢還謝於洪山漫賦二詩用紀一時之盛

輪輿出郭動和鈴隴麥黃秋稻正青謚典光華同曉日翠公揖讓集文星徑深花竹禪房靜地勝雲山仙跡靈

盛事躬逢知不偶願歌天保答虞廷

步入招提思爽然一時冠蓋集英賢南開殿閣初長日西看江山欲暮天尊酒醻仙臨鶴舞鉢雲聽法待龍還芳村田鼓聲高下膏雨應知是稔年 同上

己酉歲一首

地遠人行少山空菊吐花龍涎焚石鼎蟹眼歠團茶僧定午無梵鴉口口帶霞重過舊遊處慷慨憶年華 同上

庚戌歲一首

禪門一徑寂勝日漫追游不雨山長潤無風雲自流目三楚潤林密四時幽到此忘塵慮勞勞愧未休 時予再上疏不允故云 同上

明 管訥 見卷八

贈洪山龍門海禪師侍者眞淨

祝髮名眞淨從今淨已眞誦經常作佛持律定過人江月空中夜山花物外春龍門多寶藏種種是奇珍 松風餘韻

夢遊洪山寺

不到東巖閣重來又一年無緣能離俗有夢祇棲禪客坐茶香裏僧行竹影邊夕陽天未晚幽思滿歸船 同上

和鶴年丁先生宿東巖韻兼呈洪山海禪師

借榻東巖第幾層山中玉舍佛圖澄浮雲過眼甯非夢清苦前身本是僧齋罷雲扃時聽講詩成雪屋夜懸燈虎溪有約仍三笑自愧爲官老未能 同上

清 葉澤森 字蕭九 崑山人

洪山寺影牆雙龍歌

楚江江上山嵯峨蜿蜒詰曲周盤陀東有一峯更蒼潤金輪宮殿淩滄波滄波千頃互匹練迴眺長江瀕如線紺宇丹樓一徑通雕牆峭壁雙龍現借問此龍胡爲來

云是前朝朱邸開養就神池吞日月呼吸帝座走風雷錫璧蒼黃祖龍死塵灰沈沒土花紫瓦礫榛蕪棄道旁山僧舉手勞相從憶昔眞龍起沛豐手提三尺定群雄鯨鯢斬盡封京觀雲夢來游歌大風宮中時報生龍子錫圭胙土當於此方城爲城漢水池千秋萬歲神明址朱甍繡瓦倚斜曛楚舞燕歌鎮日聞才人梁苑朝朝雪神女高唐暮暮雲爲雲賦雪無窮已離宮別館連天起玉砌金鋪輝日明銅烏鐵鳳飛煙裏一朝蟻賊滿江關龍去江流竟不還賸有丹青鐫舊壁敗鱗殘甲落人間

洪山古寺千年築佛火青燐互相續中丞詫現宰官身塗金鑿碧輝林麓卻傳此物委沙泥拂拭牽攜共寶擎從今諦聽空王法此後應忘帝子家嗚呼龍種當時絕石馬銅駝總荊棘東平樹色秋風靡蜀國鵑啼春雨血獨有雙龍護法筵晶熒鮮采炫青蓮任他赤豹元熊鬬只伴青獅白象眠　江夏舊志

明　許大定　爵里未詳

洪山寺

武昌之山甲荊楚左有鳳凰右鸚鵡山勢蜿蜒出東郭堆雲翠屏更嫵媚樹間殿閣隱嵯峨遙望洪山秀如許憶昔臨濟未開林荊榛雜穢地荒蕪山精木怪紛叫嘷麏馳虺竄鼪鼯舞一自卓錫卸瓢笠紺碧翬飛結靈宇莊嚴法象坐蓮臺幻想諸天列廊廡有唐如今千歲遙世運滄桑歷可數斯寺旋廢復旋興刹竿巍然峙今古支公演偈集緇流夜諷晨參響鐃鼓余偶來遊興勃發登臨石磴勇可賈清幽法界倚巖壑瀟灑沖襟絕塵土肅瞻古佛憩龍堂欲尋奇境捫磵戸山椒亭子啓窗牖縱目遐觀獨延佇南湖水接湯孫湖泛泛漁舟泊洲渚

九宮峰迴阻層霄獅嶺崔嶟堪爾汝展眺移時意不窮躡屐高岡趁亭午松篁壓疊翠交加崒嵂浮圖鐸鈴語瞿曇邀坐語支那細酌甘泉勝鍾乳爐香一炷篆煙微禪榻蕭閒任容與到此思欲脫朝衫踴躍人間亦何苦留連曛黑始言旋回顧天花落如雨　江夏舊志

明　袁中道　見卷八

游洪山

醒卻穠華夢來爲冷石游紆迴緣綠嶂枕藉見紅樓雪淨江天靜林煙沙渚浮倚闌神頓爽信矣癖山邱　本集

國朝馮廷櫆見卷七

游洪山

岸幘臨楚崖攜筇入雲岫土潤泉水肥木脫山容瘦江郭多葦蘆人家閟圭竇花放黃州菊果熟雲夢柚到山蠻童迎入寺僧雛候粥鼓響諸天法雨飛晴晝古碑龜趺鉄老樹龍鱗皺宛轉達山脊突兀淩雲搆峯高千盤曲徑危兩崖鬬石裂蒼蘚合草枯古藤壽陡覺蹤跡絕自闢古今宙下瞰南湖山歷歷入吾彀萬馬爭翻決羣龍相奔湊鴻濛列畫屏造物工雕鏤頓悟法界寬一洗

井底陋孤興逸無極勝事恐難入獨坐上方燈俛首聞梵咒 湖北舊聞錄

國朝施閏章字尚白號愚山宣城人順治己丑進士官江西布政司參議康熙己未召試博學鴻詞官翰林院侍讀著有愚山詩集

登江夏洪山寺塔

峯頭開古寺塔下俯浮雲山勢龜蛇鬬江流沔漢分柳荒陶侃廟風競伏波軍南望湖光白鴻歸渡夕曛 本集

國朝陳廷敬見卷八

雪中獵洪山

使君千騎獵圍長雪夜風流在武昌為報襄陽耆舊語呼鷹臺上笑劉郎 本集

國朝阮玉堂見卷八

庚戌仲冬偕吳陛瞻洪山

人影小亭外蒼茫對夕暉山明寒月上樹靜晚風微斷草迷樵逕荒煙暗野扉離愁終莫釋把酒且休歸 本集

國朝熊賜履見卷八

洪山

鄂渚東迤山勢偃長江瀑練帶溪灕四圍翠嶂迴南紀

一抹巒烟下塞鴻亂後同悲湘水咽老來歸夢楚雲遙萬松阿閣風翻否布襪何年上九嶷 經義齋集

國朝劉朝英字千夫三韓人知江夏縣事廉明清慎捐貲課士刊有楚雄編康熙二十二年重修邑乘以疾卒於官

登洪山寺

手板朝朝興未窮秋來躡屐到龍宮金銀氣色寒郊外樓閣參差暮靄中墖勢欲飛初罷磬禪心方定一聞鐘誰言世出蓮花國郤是城頭姑射峯 江夏志

國朝崔應階字若升號拙園江夏人以父相國官處州總兵二品蔭生官至山東福建巡撫閩浙總督

進太子太保卒年八十有三著有拙園詩草

上元同友遊洪山寺限韻

天際青浮一抹山琳宮遙在翠微間尋芳人共春攜屐習靜僧常晝掩關檻外雪消湘水綠簾前鶴睡楚雲閒於今鐵鎖開魚鑰雁塔何妨趁月攀 同上

國朝顧景星 見卷五

上元日同婣兄燕邸兒子昌訪洪山巖公山在城東南五里寺名寶通大司馬三韓張公方伯石城徐公脩於康熙丁巳戊午歲金碧洪麗武昌

五里浮圖嶺精藍訪惠師路乾春雪後到及午鐘時間

諸剎第一

法天親共山陰寒溪輪公適在呼朋野興宜散燈明瑞相咒鉢具威儀軍旅仍工庀經綸嘆爾爲護生緣佛力浩劫自僧祇似谿湖山麗如蓬瀛地奇花拈迦葉座草放苾蒭池嗜酒陶元亮能詩江總持何當塵累盡空濶任吾之 本集

國朝陳大章 見卷八

洪山四詠

寺門古松何贔屭云是鄂王手親植虬枝累劫未成灰鐵幹參天原自植六陵花鳥久成空剩水殘山夕照中莫更南枝分背向蕭蕭大樹總悲風

逢逢鼓聲聞十里江濤怒捲蛟龍徙自從遼海到天南萬里腥風匝初地寶宮法物故依然金戈鐵馬記當年試向雲林開淨梵一時花雨滿諸天

創始傳自貞觀朝騎虛鑿空結構牢仰穿漸出幽撐杪俯瞰忽與浮雲高渺渺廢興知幾代目擊橫流滄海外徑須搔首叩青天愁聽風鈴語茫昧

出郭聊爲一日閒禪宮高倚翠微間濤聲遙撼三江口

嵐氣平開八分山古殿龍蛇昏白晝中田雀鼠走頹闌晚來更躡浮圖頂咫尺青霄路可攀 玉照亭詩鈔

國朝舒峻極 見卷七

洪山寺

雨餘芳草踐成泥鶯嶺春深信杖藜松憶岳飛前代樹寺有岳武穆手植樹今不可考苔荒洪武御碑題風塵車馬人無盡寂寞樓臺日易低極目洞庭波浪闊楚雲多處更淒淒 章園詩集

登洪山寺塔

何代浮屠倚碧岑亭亭十仞此登臨雲間帆影來湘漢樹外僧鐘自古今晴望遠峯斜雨腳江含白日動波心應知呼吸通帝座吹盡風煙萬里雲 同上

國朝 韓 奕 字竹里漢軍人累官江西督理糧驛道

洪山寺遠眺書懷

春初花見嶺頭梅檻外雲飛去復回涔口風聲穿樹出荊門山色隔江來瀕湖野燒連烽起落日孤帆帶霧開天塹自經多戰後不堪更聽楚猿哀 熙朝雅頌集

國朝 王爲壤 字青原龍陽人康熙癸酉副貢著有臨沅集

登洪山寺塔和黃碧村太史

振衣直上七層巔碧檻憑危四望懸鳥負青雲來繞足人同白晝去登仙霸圖南服餘三戶勝概西樓只一拳極目長空何所繫判將身手欲支天 沅湘耆舊集

國朝 吳元俊 字千人號鹿泉江夏人乾隆丁酉副貢授辰溪教諭年八十卒於官著有香浮堂集相規堂集鹿泉集等書

洪山寶通塔後石壁所勒趙清老遺文 有引

癸酉歲春王子元士偕友登眺洪山步過石壁見其上鉤畫濛漫摩視久之因浣剔積蘚細加揣想由半字而推全字隨上義以貫下義遂得完篇仍還舊跡計一百八十畸六字梓之以傳予覽而嘉之爰賦此詩以俟後之採山者

古人鍾奇情山谷結永好歲改十餘世苔蝕字未耗予昔攻制科僧房借炊竈殿塔頻經行此壁罕一造因緣荊榛荒尚囿識器躁每便東巖趨閒行鶴樓眺雲根諸佳名無復曉者告今賴一人知庶足千年報樓亭俱幾起慶元西漢號慰彼趙右軍精英久彌邵何日續勝游身往酬老耄片石鐫塔前奚啻若口道邑乘雖缺然後

賢補其要 江夏舊志

國朝 劉 湋 見卷十

登寶通寺

罡風吹到九霄來塔頂搖搖勢欲摧疊嶂有靈橫地出長江如線畫天開吾生幸得觀三楚此筆曾經賦五臺久客悲秋殊潦倒盛年空負菊花杯 本集

國朝 徐儒楠 見卷十

偕陳芝亭 抗希 陳彤階 星煒 兩茂才遊洪山寶通寺弔彭烈婦 有序

彭黃氏江夏人其夫彎翠錮夫死之後矢志栢
舟父母欲奪而嫁之一日洪山勝會烈婦挈女
伴往遊行至中道忽大步如飛上寶塔第七層
墜地而死其舍生取義至今人猶能言之
寒食花飛共賞春羣知塔上有傳人洪山一片淒涼月
照見當年血化燐
楚江一帶水長流烈婦芳名永不休爲問貪生忘義者
至今誰道姓名不 本集

國朝 譚 溥 見卷七

次韻胡嶰樵登洪山有感兼贈蔣香泉二首

時艱振策此攀留草樹荒涼起客愁雲裏尚餘殘塔影
吟邊空對古城秋 羅羅山方伯殉難 關山有夢收羣醜 香泉前夜事
文酒何心紀勝游計日危崖摩字去聲威應併在峯頭 刊蔣香泉屯兵處六字於北山石壁
戎軒多少舊班行楚國掄才接古狂隴首擒狼舒酒待
山根盤馬逐雲忙三邊武帳千屯肅十載雄心一劍霜
西路使兵乘夜出茶山葛店想飛揚 是夜剿賊至葛店乃止 本集

國朝 伍肇齡 見卷十

五月廿三日月樵都轉邀同鹿仙白英兩觀察遊
長春觀寶通寺卓刀泉諸勝再疊前韻

朋簪間日尋佳勝蕃廡郊原閱百昌翠巘浮圖標石級
琳宮小院汎霞觴江雲鬱起迎初伏湖水漣漪匝四旁
更試卓刀泉一勺風生兩腋興增狂 本集

國朝 何 璟 字小宋香山人道光丁未進士由翰林轉御史官至山西江蘇巡撫署兩江總督

崧生復遊長春觀寶通寺卓刀泉諸勝作詩見示
再疊前韻

城東景物堪遊覽浩蕩郊原百卉昌繞郭山橫青步障

登樓人醉紫霞觴風飄梵唄諸天上雲護靈泉大道旁
連日雨餘炎暑退多應仙佛助清狂 本集

國朝 彭瑞毓 見卷十

楊柳橋范符堂兩先生置酒於洪山寶通寺邀費
雲階袁筱菴范衡甫及余作踏青之遊歸途遇
雨得詩四首

麥田閙蛙鼓綠柳藏朝暾幽人載美酒約我出東門入
寺鐘猶寂登塔雲可捫山僧知客到方丈具雞豚
開軒挹爽氣把酒話滄桑作賦推唐傑 謂柳橋先生 長歌笑

楚狂子醉後放歌有舟思共隱謂范氏昆仲無雪臥猶涼謂袁筱菴恰似登高日邀來費長房謂雲階先生
隔岸聞鳩喚輕雷傍九霄雲來花影寂雨過水聲遙樹密炊煙杳涼生酒力消肩輿過隴畔簑笠隱烟苗
冒雨行不得僕夫道上譁相將越隴畝避入野人家輕袷侵肌溼方巾折角斜老農迎客笑甘雨賴隨車本集

國朝　劉國香見卷六

九日游黃鵠初阜按大洪山即黃鵠初阜宋荊湖制置使孟珙隨人奉大洪山靈濟慈忍師佛足於此遂僑名焉而黃鵠山僅屬高觀山一節六百年來山靈叫屈矣懵懂地師乃謂阜系大洪出脈則尤不值一噱詩以正之

洱海來龍三萬里北抵桃尖還迤邐陂陀蜿蜒直西駛八分靈泉隨鞭箠阰跳雙峯入雲裏勁氣磅礴鵠磯觜江漢交并脈劃止省垣三面中流砥全楚形勝了可指古今王霸據者幾何物紅羊洪秀泉楊秀清粵中起嬰城營紛蚤蟣鼠牛虎兎龍躔尾前攻曾塔後羅李眾踣其足文忠掎禽獮草薙腥臊洗是山寸寸皆壁壘呀谷谽㟧塡萬鬼佛力不救劫灰死鼉鼓遁逃壁龍徙紺宇珠宫委礮矢宋碣元碑無完理九日同人訪故址碎礫斷鏃鏟榛杞疏寮補葺觕可以刹竿禿立風旛纚衲眾鐃鼓佛前禮梵唄駴空猶潮水浮圖去天尺有咫陗壁捫行石齒齒著磴外垂二分趾草樹冒額蠓入耳一上再上人益累如木升猱磨附蟻置身其巔心狂喜俛視鶴樓翻在底四山木葉飛紅紫南湖水淺清且泚鳧雁墨點洗菰米迴頭破碎見梁子奈何塞竇禁行履自厓而返爲龍已吁嗟乎寶通寺名錫楚邸崇甯萬壽古如此大洪喧奪黃鵠恥文人廓摧武無比初阜擘窠書大紙還山眞面從此始本集

國朝　錢桂林見卷十

辛未九日偕同局諸子出小東門自東獄天齊行宮尋岳廟遺址遂登洪山絕頂追弔羅忠節公而返小憩長春觀日晡入城痛飲會仙酒樓極數年重陽未有之樂即事率賦示同人

丈夫四十不擁旄陳編竊盜徒餔餟佳節荏苒逢題糕少昊行秋日月慆有山負郭遲吾曹屐齒不到非人豪精神抖擻驅輪尻扶攜老稺步東臯哀鴻送響寒螿號纖埃不動碧天高初尋獄廟覽週遭鬼物刻鏤紛蝟毛

樹攢長劍山橫刀到此難爲莽與操岳侯遺像翳蓬蒿
牧豎躑躅狐狸嘷一盞疇蔫澗溪芼摩挲殘碣心忉忉
眼前突兀撐嶇嶆東巖雙挺大小勞靈濟古塔冠巨鼇
滅頂曾經兵火鏖琳宮草樹鬱橚槮耳根髣髴鏗雲璈
賈勇誕登氣不撓趫於俊鶻捷飛猱藤枝刺眼石鉤袍
蒼鼠驚竄山魈逃高處立腳難堅牢俛瞰下界窮秋毫
天風泿泿聲刁颾依稀古松翻銀濤側身四望增鬱陶
愁緒絲棼不可繅鼉鼓龍鼙英光韜青冥欲問首頻搔
憶昔逆氛張楚檮元戎駐軍屬鞬櫜士飽而歌馬騰槽

江城立見滌腥臊禍機潛發傷伏弢遺黎先笑終號咷
隴西踵起如連鑣（謂李壯武）遂拔其柵堙其壕蟊賊屏除蕭
稂嬦至今始息役車轄比戶按堵狗生氂緊公之德吾
儕叨詔卽其地祠以褒村翁伏臘獻魚羔年深棗置等
弁髦梵宇乃反塗金膏世俗貴佛賤夔咎頹波振古流
滔滔回首斜照滿青蓊下山俯仰如桔槔歸途廻邅翔
且翺儇觀重訪元都桃人生稊米寄連敖圍腰底用錦
垂縧酒樓菊釀熟香醪右手把盃左持螯徑須爛醉從
酕醄明年此會復誰料（本集）

國朝胡鳳丹

游洪山八疊前韻

古寺荒涼經浩劫雄城高築勝韓昌（山畔土城如帶藍朗亭軍門所築也）
林泉變作干戈地金粉摧成瓦礫場空際層嵐新雨後
燼餘焦土夕陽旁無情芳草連天碧惹得蜂狂又蝶狂
退補齋詩存

國朝王柏心（見卷十）

過長春觀鹿萍鍊師乞詩

山川俯仰刼灰餘傑觀重開閬苑居紫府瓊臺仍縹緲

元都金闕故淸虛眞人天際蒼龍佩羽客雲中白鹿車
欲乞仙靈功度世大千兵氣與銷除
神仙自有揚州鶴（師維揚人）詞客原非柱下龍擬叩延年丹
竈訣相邀留句白雲峰氛塵不變蓬萊境霄漢誰窮汗
漫蹤名姓煩師按眞籙可能金骨換凡庸（漆室吟）

詞附

宋王　質字景文興國人紹興三十年進士官至樞密院編修出通判荊南府改吉州著有詩總聞二十卷雪山集十六卷

水調歌頭中秋飲南樓呈范宣撫按吳船錄此詞乃范成大作

細數十年夢十處過中秋今年清夢還在黃鶴舊樓頭老子箇中不淺此會天教重見古今一南樓星漢淡無色玉鏡倚空浮　帶秦煙縈楚霧㪅江流關河離合南北依舊照清愁想見姮娥從笑我歸來霜鬢空敝黑貂裘把酒問清影肯去伴滄洲雪山集

宋無名氏

漢宮春武昌瀕江有黃鶴樓一日有題漢宮春於其上不知何人所作或言洞賓語也後二年己未大元渡江

橫吹聲沈倚危樓紅日江轉天斜黃塵邊火澒洞何處吾家胎禽怨半夜乘風元露丹霞先生飛空一劍東風猶自天涯　情知道山中好早翠崗含隱瑤草新芽青溪故人信斷夢飈車乾坤星火歸來兮煮石煎砂回首處幅巾蒲帳雲邊獨吠桃花盛庶齋老學叢談

黃鶴山志卷十二終　男宗彥校字

荆楚文库

〔同治〕鸚鵡洲小志

〔清〕胡鳳丹 編纂

《荆楚文庫·方志編》編纂組

組　　長：賀定安　陽海清（執行）

副 組 長：劉傑民（執行）　王　濤　謝春枝　范志毅（執行）

參編人員（以姓氏筆畫爲序）：

王　濤　李云超　宋澤宇　范志毅　馬盛南　陳建勛

梅　琳　張　晨　張雅俐　陽海清　彭余焕　彭筱溦

賀定安　楊愛華　劉傑民　謝春枝　嚴繼東

編　　審：周　榮

顧　　問：沈乃文　李國慶　吴　格

前言

《〔同治〕鸚鵡洲小志》，清胡鳳丹編纂。清同治十三年（一八七四）永康胡氏退補齋刻本。四周雙邊，黑魚尾，九行二十一字，版心下鐫『退補齋藏板』，内封面鐫『同治甲戌秋退補齋開雕』。

胡鳳丹，初字楓江，後字月樵，浙江永康人，著名藏書家及刻書家。其藏書處曰『退補齋』『紫藤仙館』。以附貢入貲爲兵部員外郎。於同治五年（一八六六）出任湖北候補道，加鹽運使銜，次年主持崇文書局，後以事解歸。著《退補齋詩文存》《聞見録》《鄉賢録》等。編刊有《金華叢書》。

胡鳳丹宦游湖北前後達十二年，在公務之餘，常游歷於武漢三鎮的山水名勝之間，龜蛇二山、晴川閣、鸚鵡洲諸處都留下了他的足迹。其間有關於山川人物、古迹掌故者多所留心，悉加采録，終編成《黄鵠山志》《大别山志》和《鸚鵡洲小志》，是爲武漢地區三大山水專志。

本志卷二藝文中，胡鳳丹《辨裘慎甫大令鸚鵡洲考》一文詳細考證了鸚鵡洲的歷史變遷。略謂古鸚鵡洲在江夏縣，即今武漢市武昌城外江中，此洲約在明末被衝毁消失。到了清乾隆年間，漢陽有新洲淤出，歸隸漢陽，此即今鸚鵡洲。

本志卷首有張蔭桓序，胡鳳丹自序，鸚鵡洲古今圖各兩幅。正文輯成四卷，卷一彙録各書記載鸚鵡洲者，卷二爲藝文，有表、傳、賦、論、記、考、辯等内容，三、四卷輯自唐至清的古今體詩，以朝代科第先後爲序，共計五十一人五十八首。據凡例，因古今詞人題咏甚多，未能旁搜。該志詳列引用書目，從宋至清，達一百一十六種，多係其家藏本。

據《中國地方志聯合目録》，是志北京、南開、武大等館有藏。此次據清同治十三年刻本影印。（袁静）

目録

鸚鵡洲小志

卷二

鶴鳴州卜辭卷一　　　一　　退補齋

鶻鶻
鵃鵃

同治甲戌秋
復通州開雕

序

江夏古洲有禰衡墓焉衡賦鸚鵡洲因以名後之攬者攄情振藻日以繁矣當夫㓕刺南服喻情厠賓千秋落漠鴻文雕蔚歧路之阨婦孺哀之修名之永江漢共之湛湛逝水悠悠頽雲撫景遐矚滌慮衡古旣賢孔融且弔黃祖尋跡可悲亦誠爹幸夫楚客能文燦被鍾石騷國善諷助以江山野鷹吻鹿浩倡於季漢赤烏黃龍嗣響乎江東氣盛者詞舉情摯者韻逸涂局者志放才健者旨遠盖其閱歷成敗感激交際蘊之胸臆發爲文章

輒能借物肩懷因端竟委至於處士言浹則握手成懽死公嫚呼則徒跣罔救閎天衢之虹蜺毁瓌寶於雀鼠固已齊烈憤籠之帖均恨酒旗之戕矣夫詞飾郊天而位終別駕望著楚國而考及從者逼兒之皃固待騁於高衢白犯之謀空收効乎宗賊鎮南羣彥乃復抑鬱以衡方之益爲蹇矣然使子射之說行方伯之權畀屛翰兩京翼衞吳楚白衣不死青州何封而乃子矣羈孤並命於一烏無情煙墨駈使於荒洲奇麗之觀委此豺吻卓犖之製壽茲龜趺渚花銜碧疑似互參宿草旣湮辨難方闠譬諸謫宦而賦鵩懼妖而賦鵄歲月遙殊先後若契何待碑識顏子託况張衡爲足證其神思昭斯淑質哉月樵都轉撰黃鵠山志成更哀鸚鵡洲小志余爲序之陵谷且遷篇籍不沬狀激楚揚阿之容緬岑牟單絞之服慿弔剩碣引證舊聞低徊往復曾不可任若夫肩瓊斷金感遠匠冶幽光潛德美灼圖識援精据審擐閎探博但爲不没古人已足迪惠來學云爾同治十三年歲在閼逢奄茂月建乙亥南海張蔭桓

自序

鸚鵡洲以禰賦得名其忤黃祖遇害也遂葬於此故其地尤著後之人游覽憑弔悲歌躑躅輒不忍去甯爲芳草紅葉點綴江天景色已乎誠哀正平之懷奇才負壯志不幸而不能自免於濁世也雖然古蹟久湮空名竊冒是不可以不辨洲舊隸江夏嘉慶間江右裘愼甫作守漢陽謂漢陽南紀門外之荒洲爲鸚鵡並作攷以伸其說由是士人幾不知江夏有鸚鵡洲矣道光初武康徐芸峴孝廉力駁愼甫之誤謂鮎魚套即古鸚鵡洲故

處正平祠墓在焉較裘說似爲可據然攷唐宋以來地志均指鸚鵡洲在江夏城西大江中尾直黃鵠磯陸放翁入蜀記云宋時老吏且謂黃鶴樓正對鸚鵡洲范石湖出蜀記云予至鄂渚泊鸚鵡洲前南市堤下南市在城外與漢陽平湖二門毘連以此知裘固失之而徐亦未爲得也嗟乎陵谷滄桑代無常局又況江流日下驚波怒濤衝盪齧噬更千百年莫之或息能保是洲之不爲蛟龍宮黿鼉宅乎間嘗登鶴樓望大江但見風帆沙鳥煙波無際求所謂禰處士之祠墓而父老不能言其處矣烏虖惜哉余以長夏無事既取黃鵠大別二山並誌之恐斯洲之久而愈晦也爰檢古人紀載之書吟咏之什彙錄一編命曰鸚鵡洲小志用質當代博雅君子

同治甲戌夏六月胡鳳丹月樵識於鄂垣之退補齋

鸚鵡洲小志總目

凡例

一是志輯成四卷首卷彙錄各書紀載斯洲者次卷藝文先表而後考三四卷輯古今體詩仍以朝代科第先後爲序

一藝文中有與各本歧異者於某字下注明一作某字至志書中有舛錯者均依各人本集更正附按語於下

一洲在大江中至明末漸淪於江考水經注云鸚鵡洲尾直黃鵠磯則與江夏界近而今洲在漢陽南紀門外故繪古圖今圖以備參考

一是志繼黃鵠大別山志而作僅就家藏各本採錄成書古今詞人題詠甚夥未能旁搜遺珠不免闕者諒之

一校書如掃落葉詳校再三不無亥豕博雅君子幸匡不逮

鸚武洲小志　卷首

藏板

鸚鵡洲小志　卷首
圖
二
退補齋
玉簫墓
威順太子塔

黃鵠磯前頭陀寺外有鸚鵡之芳洲與崔樓兮相對秋紅葉而著緋春芳艸以如帶緬正平之流風蒞千載而未艾傷千古之難容遭末世而見害留黃土兮一坏供憑弔於異代何岸谷之變遷歷明末而奔潰幸圖志以長存考斯洲之所在

鸚鵡洲全圖

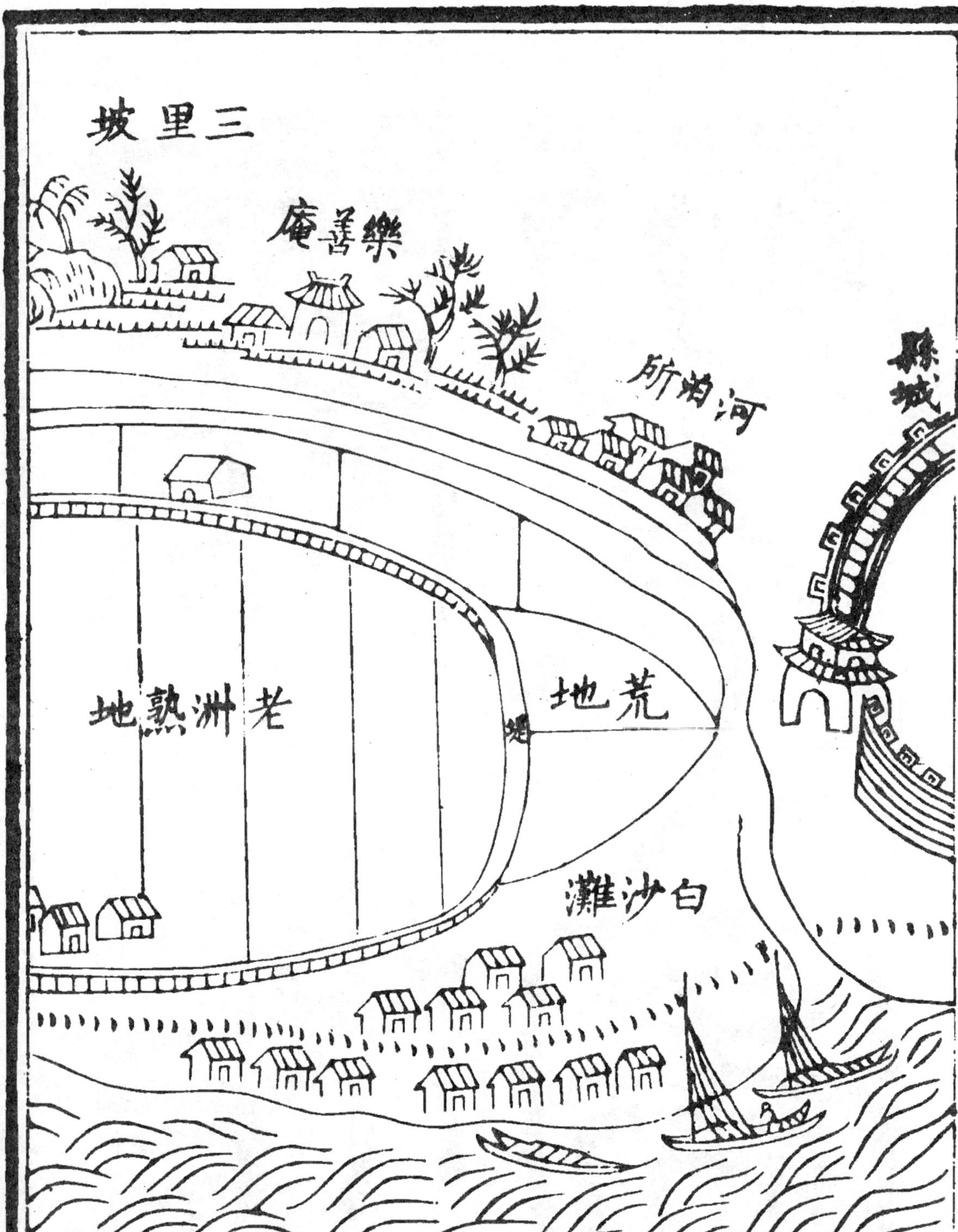
三里坡
樂善庵
河泊所
縣城
老洲熟地
荒地
堤
白沙灘
大

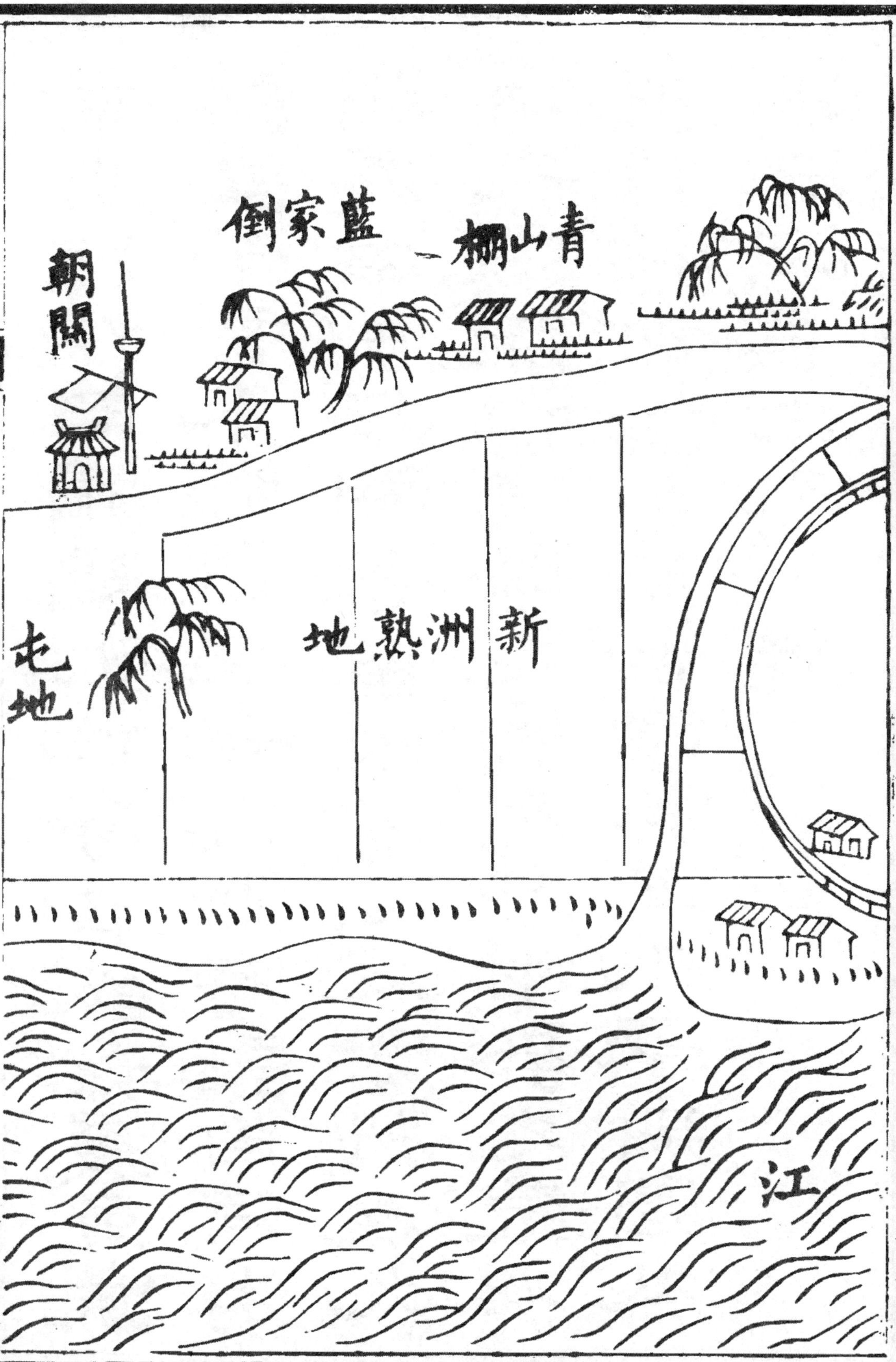
藍家倒
青山棚
朝關
新洲熟地
屯地
江

南紀門外曰鸚鵡洲作考者誰始袞是俟辨論千言未暇旁搜僅樓對峙記自陸游駢連南市石湖句留采萋萋之芳艸在大江之中流何漢陽之圖志郎附郭之荒邱更時移而世易問古蹟其奚求摹斯圖以訂訛庶黑白之不侔

藏板

鸚鵡洲小志引用書目

宋　梁

後漢書范曄　昭明文選蕭統

後魏

水經注酈道元

唐

南史李延壽　元和郡縣志李吉甫

雲溪友議范攄　太白集李白

孟襄陽集孟浩然　劉隨州集劉長卿

錢仲文集錢起　劉賓客詩文集劉禹錫

白氏長慶集白居易

宋

太平寰宇記樂史　輿地紀勝王象之

太平御覽李昉等　入蜀記陸游

鄂州小集羅願　石湖集范成大

資治通鑑注胡三省　梁溪集李綱

靈溪集王貞白　橋齋集杜旟

元

交州集陳孚　揭秋宜詩集揭傒斯

陵陽集牟巘

明

明一統志李賢等　耳談王同軌

楚寶周聖楷　海錄碎事闕名

陶主敬集陶安　眉菴集楊基

東里集楊士奇　懷麓堂集李東陽

夢澤集王廷陳　空同集李夢陽

大復集何景明　徐昌穀集徐禎卿

玉茗堂集湯顯祖　嶽歸堂集譚元春

石臼集邢昉　名媛詩歸鍾惺

國朝

大清一統志蔣廷錫等　湖廣通志邁柱等

湖北通志吳光熊等　漢陽縣志黃式度等

江夏縣志王庭楨等　行水金鑑注傅澤洪

全唐詩曹寅等　歷代賦彙陳元龍等

方輿紀要顧祖禹　事類統編黃葆貞

明文海黃宗羲　綏寇紀略吳偉業

東野樓集 蕭企昭
山雨樓集 程封
白茅堂集 顧景星
寶宸堂集 張希良
林蕙堂集 吳綺
穆堂初稿 李紱
葦間詩集 舒峻極
餐勝樓集 程洪鼎
斐中游草 秦德藩
弢甫五岳集 桑調元
歸愚集 沈德潛
小倉山房詩集 袁枚
石菴詩集 劉墉
錦纈段詩集 慶玉
立崖詩鈔 蔣業晉
鍾菴集 王崇謙
甌北集 趙翼
陶園詩集 張九鉞

白華前後集 吳省欽
竹根齋詩鈔 舒正載
賞雨茅屋詩文集 曾燠
雲夢詩存 程懷璟
白華詩鈔 薩玉衡
卷葹閣集 洪亮吉
花餘亭詩存 葉廷芳
歷朝詩軌 沈楫
大崑崙山人稿 單烺
星槎游草 劉台斗
印心石屋集 陶澍
尙絅堂集 劉嗣綰
眞如樓集 蔣湘垣
漢卿遺集 文艮策
程氏所見詩鈔 程鴻緒
沅湘耆舊集 鄧顯鶴
惕夫詩鈔 謝焱
杭郡詩續集 吳振棫

金雞山房詩鈔 韓維鏞
紅蕉山館詩鈔 喻文鏊
治塘詩鈔 邵堃
食古研齋詩集 陳瑞琳
春星閣詩鈔 楊季鸞
躬恥齋詩鈔 宗稷辰
謙菴詩鈔 張禮
李文恭公集 李星沅
胡文忠公遺集 胡林翼
通藝閣詩錄 姚椿
擊鉢吟 郭柏蔭
篤舊集 劉存仁
立齋詩鈔 李承綱
思貽堂詩集 黃文琛
石莊詩集 張開霽
松寥山房詩集 張際亮
倚晴樓詩集 黃燮淸
四照堂詩集 譚溥

國朝正雅集 符葆森
湖南文徵 羅汝懷
外丁卯橋居士初稿 劉家謀
悔餘庵樂府 何栻
山滿樓詩鈔 徐金鏡
維周詩鈔 程之楨
金華詩錄 張作楠
雲夢詩存 程懷璟

鸚鵡洲小志卷一目錄

形勝

鸚鵡洲小志卷一

永康胡鳳丹月樵編纂

形勝

黃祖爲江夏太守時黃祖太子射賓客大會有獻鸚鵡於此洲故以爲名後漢書

侯景進寇荆州元帝以僧辯爲征東將軍率軍討景有大星如車輪墜賊營去城十丈變成火有龍自城出五色光曜入城前鸚鵡洲水中南史王僧辯傳

江水又東逕歎父山江之右岸當鸚鵡洲南有江水右迣謂之驛渚三月以末水下通樊口水水經注

江之右岸有船官浦歷黃鵠磯西而南矣直鸚鵡洲之下尾同上

鸚鵡洲在江夏縣西南二里元和郡縣志

鸚鵡洲在大江東江夏縣西南二里西過此洲從北頭七十步大江中流與漢陽縣分界太平寰宇記

焦明本祠晉烈將自後致仕尋醫行至鸚鵡洲結茅而止同上

鸚鵡洲舊自城南跨城西大江中尾直黃鵠磯黃祖殺

禰衡處衡嘗作鸚鵡賦故遇害之地得名輿地紀勝
三十日黎明離鄂州便風挂帆沿鸚鵡洲南行洲上有茂林神祠遠望如小山洲蓋禰正平被殺處故太白詩云至今芳洲上蘭蕙不敢生梁王僧辯擊邵陵王綸軍至鸚鵡洲卽此地也入蜀記
黃鶴樓號爲天下絕景今樓已廢故址亦不復存問老吏云在石鏡亭南樓之間正對鸚鵡洲猶可想見其地也同上
范石湖出蜀記云淳熙丁酉歲八月壬午予至鄂渚泊

鸚鵡洲前南市堤下南市在城外沿江數萬家廛閈甚盛列肆如櫛酒壚樓欄尤壯麗外郡未見其比石湖集
又荆州記云江夏郡城西臨江有黃鵠磯又有鸚鵡洲
江夏記曰鸚鵡洲在縣北太平御覽
侯景令宋子仙夜襲江夏藏船於鸚鵡洲同上
西川韋相公皋昔遊江夏止於姜使君之館姜氏孺子曰荆寶已習二經雖兄呼於韋公而恭事之禮如父叔也荆寶有小青衣曰玉簫年纔十歲常令祇侍於韋兄玉簫亦勤於應奉後二載姜使君入關求官而家累不行乃易居頭陀寺荆寶亦時遣玉簫往彼應奉玉簫年稍長大因而有情時廉使陳常侍得韋君季父書云姪皋久客貴州切望發遣歸覲廉察啟緘遺以舟楫服用仍恐淹留請不相見泊舟江渚俾篙工促行昏暝拭淚乃裁書以別荆寶荆寶頃刻與玉簫俱來旣悲且喜命青衣從往韋以曠覲日久不敢偕行乃固辭之遂爲言約少則五載多則七年取玉簫因留玉指環一枚並詩一首遺之暨五年旣不至玉簫乃默禱於鸚鵡洲又逾二年泊八年春玉簫歎

曰韋家郎君一別七年是不來矣遂絕食而殞姜氏愍其節操以玉指環著於中指而同殯焉雲溪友議
鸚鵡洲在江夏江中禰衡作鸚鵡賦於此洲因以爲名洲之下卽黃鵠磯資治通鑑註
鸚鵡洲在府城南跨城西大江中尾直黃鵠磯明一統志
吳處厚善屬辭知漢陽軍每謂鸚鵡洲沔鄂佳處欲賦詩未就一日視事綱吏來告舟覆吳問所在吏曰在

鸕鷀堰吳州案連唱大奇徐曰吾一年爲鸚鵡洲尋一對不得天俾汝也因得末減耳談

鸚鵡洲在江夏城西大江中禰衡常爲太守黄祖作鸚鵡賦攬筆而作文無加點辭采甚麗後祖殺之葬於此洲故名或云卽殺於洲上楚寶

楊文貞武昌十景圖詩序云城南有鸚鵡洲在江之中洲之上有禰正平墓又有吳將黄蓋所屯黄金之浦與鸚鵡洲相接東里集

張君虹學士東山小隱賦云鸚鵡雖沈吳江之水猶緣

黄鶴一去汀洲之跡乃留寶宸堂集

張維樞黄鶴樓記云西行睥睨間則漢沔之雉堞鸚鵡之汀洲晴川龜山之羅拱儼如眉列明文海

姚宏謨重修晴川閣記云俯矚則鸚鵡出沒於驚湍黄鶴回翔於磯澨漢陽志

鸚鵡洲在江夏城南跨城西大江中尾直黄鵠磯卽黄祖害禰衡之地梁大寶初湘東王繹使王僧辯帥舟師襲邵陵王綸於江夏僧辯引軍至鸚鵡洲是也方輿紀要

黄金浦在鸚鵡洲下本名黄軍浦以吳將黄蓋屯軍於此而名劉宋昇明初沈攸之舉兵江陵討蕭道成引軍至夏口泊黄金浦將東下柳世隆時守郢城遣兵於西渚挑戰西渚卽鸚鵡洲西渚也亦曰南堂西渚方輿紀要

張獻忠陷武昌時先是有異人呼於途曰一羣猪屠伯至矣果驗男子十五以上二十以下錄爲兵餘連項就戮賊持刀者腕爲脫乃佯開漢陽門縱之去門偪水人囂呼蹈籍鐵騎圍而蹙之江中自鸚鵡洲達於

道士洑浮胔蟻動水幾不流綏寇紀畧

鸚鵡洲在江夏縣西南二里大清一統志

鸚鵡洲在縣西南二里湖北通志

按水經注暨湖北通志九則鸚鵡洲均載武昌府山川門蓋古之不隸漢陽也自國初江夏漢陽兩縣志並載之江夏志據一統志在武昌府城跨城西大江中漢陽志云鸚鵡洲沒於江者三百年乾隆三十四年復淤成洲時武昌民吳秀卿以江東岸白沙洲爲水所沒請以新淤補課遂易其名曰

補課洲邑人士以鸚鵡洲近在南紀門外久爲漢陽古蹟不應遠隸武昌嘉慶間具控上官前令裘行恕履勘覆丈仍歸隸漢陽惟與秀卿補蘆地冲課七十二頃業已報部者仍其舊其再有淤出歸漢陽作爲官地仍復鸚鵡名以存古蹟嗚呼此今之鸚鵡洲非昔之鸚鵡洲也考古者其知之

鸚鵡寺在鸚鵡洲畔卽黃祖殺禰衡處 湖北通志

巖頭寺在鸚鵡寺南唐全太歲禪師駐錫處 同上

礦黃公東山小隱記云鸚鵡洲爲雉堞所蔽惟見裙腰

綠草黃鶴樓遠在其右矗僅如髻 白茅堂集

明崇禎十二年己卯鸚鵡洲尚未崩土圮露唐西川節度使韋皋亥墓誌 同上

鸚鵡洲去漢陽西南二里大江中尾直黃鵠磯明季蕩滅 行水金鑑注

戴侗書金云洲聚於沙而沙轉於水也漢晉以前橫亙於鄂尾接黃鶴樓下逮國初徙於漢陽每經時復有消長華而復營或逆爲汜別爲沱隨時異狀若神物然而隱其機也 漢陽志

鸚鵡洲禰衡昔賦鸚鵡處有禰衡墓並祠 漢陽志

鸚鵡洲在武昌府城南卽黃祖殺禰衡之處 事類統編

黃祖殺禰衡埋於沙洲之上後人因號其洲爲鸚鵡洲以衡嘗爲鸚鵡賦故也 海錄碎事

漢水自襄陽安陸而下至潛江分爲二其南流逕沔陽諸湖分出青灘口沌口所謂南入于江者也其東流者逕天門漢川二縣而至漢口所謂東匯者也其南流之漢與江合其東流之漢古時尙未與江合何者水經注言江水東逕鸚鵡洲南有江水右迆謂之驛

渚三月以末下通樊口水又曰鄂縣北江水右得樊口上自谷里袁口受江津南入歷樊山上下三百餘里此古時江水支分之第一證 鄂縣卽黃岡縣 蓋鸚鵡洲據漢口之上游而樊口偭黃州之東南禹時漢水以下兩岸皆湖而江心爲洲斷續袤長數百里江水自鸚鵡洲右迆出樊口夾青山在中 武昌南岸小坡還迆俗名青山西東長百餘里又鸚鵡洲舊與漢口鎮相連明崇禎間始爲水衝斷無存 青山南有賽湖梁子湖首尾皆與相通此禹時江水所行也江北岸尤衍平漢口自後湖下通灄口陽羅各湖以東至黃岡皆

在鸚鵡洲之北此禹時漢水所行也湖南文徵

烏程范楷漢口叢談曰漢口鎮在前代一蘆洲耳卽古之鸚鵡洲明時尚未有居民漢水由後湖出江未逕其前面也迨成化間漢自上游衝開而後河遂淤然前後兩水並行尚可爲泊舟之所後又衝改而漢口遂盛甲於天下又隄防考曰漢陽之水舊從排沙口至郭師口曲折繞抱凡四十餘里然後下漢口成化初忽于排沙口衝開經過郭師口僅長十里而故道遂淤崇禎末又將鸚鵡洲衝斷漸次坍刷無存同上

武康徐芸峴孝廉作洞仙歌詞其序云武昌郡南門外鮎魚套古鸚鵡洲也正平祠墓在其上由來久矣自前漢陽守裘公修郡志時毅然以東門外荒洲當之數十年來遂沿誤成俗道光戊戌閏四月蔣村丈導游古鸚鵡寺拜禰公祠觀明人舊碑爲述本末倚此正之山滿樓詞鈔

胡文忠督師武昌正當危急之時彭玉麟在鮎魚套督戰遙見北軍退卻卽督水師登岸彭玉麟張啟基等自鸚鵡洲截賊之尾鮑超王明山等自鸚鵡洲前衝賊之中該逆狡悍異常猶復抵死抗拒胡文忠公集

署提督楊載福於十二月初二日黎明率水師十營自沌口出隊至鸚鵡洲賊船分紮鮎魚套南岸嘴壇角三處爲犄角之勢同上

張營貴之副右營周喜元之正前營紮於鸚鵡洲下以爲聲援張啟基李濟清等屢衝至黃鶴樓下更番迭進誘賊出戰賊船傍岸灣泊環以水拒船之隙處遍築小壘密安大礮我軍奮勇攻進斃賊約數百名而賊舟仍未盡破同上

鸚鵡洲小志卷一終

江夏錢桂林校字

鸚鵡洲小志卷二目錄

藝文

鸚鵡洲小志卷二

藝文

永康胡鳳丹月樵編纂

漢 孔融 字文舉魯國人孔子二十世孫河南尹何進辟爲侍御史後辟司空掾遷虎賁中郎將復拜大中大夫著有孔北海集

薦禰衡表

臣聞洪水橫流帝思俾乂旁求四方以招賢俊昔世宗繼統將宏祖業疇咨熙載羣士響臻陛下睿（一作叡）聖纂承基緒遭遇厄運勞謙日昃（一作仄）維嶽降神異人並（一作間）出竊見處士平原禰衡年二十四字正平淑質貞亮英才卓躒初涉藝文升堂覩奧目所一見輒誦於（一作之）口耳所暫聞不忘於心性與道合思若有神宏羊潛計安世默識以衡準之誠不足怪忠果正直志懷霜雪見善若驚疾惡若讎任座抗行史魚厲節殆無以過也鷙鳥累百不如一鶚使衡立朝必有可觀飛辯騁辭溢氣坌湧解疑釋結臨敵有餘昔賈誼求試屬國詭係單于終軍欲以長纓牽致勁越弱冠慷慨前世（一作代）美之近日路粹嚴象亦用異才擢拜臺郎衡宜與爲比如得龍

躍天衢振翼雲漢揚聲紫微垂光虹蜺足以昭近署之多士增四門之穆穆鈞天廣樂必有奇麗之觀帝室皇居必蓄非常之寶若衡等輩不可多得激楚陽阿至妙之容賞伎（諸本作臺牧未詳其義融集作堂牧文選作賞伎一作技）者之所貪飛兔騕褭絕足奔放良樂之所急也臣等區區敢不以聞陛下篤慎取士必須效試乞令衡以褐衣召見必（一本無必字）無可觀采臣等受面欺之罪 昭明文選

宋 **范曄** 字蔚宗順陽人車騎將軍泰少子也出繼從伯宏之襲封武興縣五等侯官至尚書吏部郎左遷宜城太守旋被內用因罪伏誅少好學博涉經史善爲文章工隸書善音律著有後漢書

禰衡傳

禰衡字正平平原般人也少有才辯而氣尚剛傲好矯時慢物興平中避難荆州建安初來遊許下始達潁川乃陰懷一刺既而無所之適至於刺字漫滅是時許都新建賢士大夫四方來集或問衡曰盍從陳長文司馬伯達乎對曰吾焉能從屠沽兒耶又問荀文若趙稚長

云何衡曰文若可借面弔喪稚長可使監廚請客唯善魯國孔融及宏農楊修嘗稱曰大兒孔文舉小兒楊德祖餘子碌碌莫足數也融亦深愛其才衡始弱冠而融年四十遂與爲交友上疏薦之又數稱述於曹操操欲見之而衡素相輕疾自稱狂病不肯往而數有恣言操懷忿而以其才名不欲殺之聞衡善擊鼓乃召爲鼓史因大會賓客閱試音節諸史過者皆令脫其故衣更著岑牟單絞之服次至衡衡方爲漁陽參撾蹀躞而前容態有異聲節悲壯聽者莫不慷慨衡進至操前而止吏訶之曰鼓史何不改裝而輕敢進乎衡曰諾於是先解衵衣次釋餘服裸身而立徐取岑牟單絞而著之畢復參撾而去顏色不怍操笑曰本欲辱衡衡反辱孤孔融退而數之曰正平大雅固當爾耶因宣操區區之意衡許往融復見操說衡狂疾今求得自謝操喜勅門者有客便通待之極晏衡乃著布單衣疏巾手持三尺梲杖坐大營門以杖捶地大罵吏白外有狂生坐於營門言語悖逆請收案罪操怒謂融曰禰衡豎子孤殺之猶雀鼠耳顧此人素有虛名遠近將謂孤不能容之今送與

劉表視當何如於是遣人騎送之臨發衆人爲之祖道先供設於城南乃更相戒曰禰衡勃虐無禮今因其後到咸當以不起折之也及衡至衆人莫肯興衡坐而大號衆問其故衡曰坐者爲塚臥者爲屍屍塚之閒能不悲乎劉表及荆州士大夫先服其才名甚賓禮之文章言議非衡不定表嘗與諸文人共草章奏並極其才思時衡出還見之開省未周因毀以抵地表憮然爲駭衡乃從求筆札須臾立成辭義可觀表大悅益重之後復侮慢於表表恥不能容以江夏太守黃祖性急故送衡

與之祖亦善待焉衡爲作書記輕重疎密各得體宜祖持其手曰處士此正得祖意如祖腹中之所欲言也祖長子射爲章陵太守尤善於衡常與衡俱遊共讀蔡邕所作碑文射愛其辭還恨不繕寫衡曰吾雖一覽猶能識之唯其中石缺二字爲不明耳因書出之射馳使寫碑還校如衡所書莫不歎服射時大會賓客人有獻鸚鵡者射舉卮於衡曰願先生賦之以娛嘉賓衡攬筆而作文無加點辭采甚麗後黃祖在蒙衝船上大會賓客而衡言不遜順祖慚乃訶之衡更熟視曰死公云等道

祖乃怒令五百將出欲加箠衡方大罵祖恚遂令殺之祖主簿素疾衡卽時殺焉射徒跣來救不及祖亦悔之乃厚加棺斂衡時年二十六其文章多亡云 後漢書

章懷太子曰文士傳云衡擊鼓作漁陽參檛蹋地來前躡馺足脚容態不常鼓聲甚悲易衣畢復擊鼓參檛而去至今有漁陽參檛自衡始也臣賢案檛及撾並擊鼓杖也參撾是擊鼓之法王僧孺詩云散度廣陵音參寫漁陽曲又自音參爲七紺反是以參爲曲奏之名則撾字連於下句全不成文其云復參撾而去足知參撾二字當相連而讀參字音爲去聲不知何所憑也 昭明文選

漢　禰衡　見本傳

鸚鵡賦　序曰：時黃祖太子射賓客大會，有獻鸚鵡者，舉酒於衡前曰：禰處士，今日無用娛賓，竊以此鳥自遠而至，明慧聰善，羽族之可貴，願先生以為賦，使四座咸共榮觀，不亦可乎？衡因為賦，筆不停輟，文不加點，其辭曰：

惟西域之靈鳥（一本下有兮字）挺自然之奇姿，體金精之妙質（一本下有兮字）含火德之明輝，性辯惠而能言兮，才聰明以識機。故其嬉遊高峻，棲跱（一作峙）幽深，飛不妄集，翔必擇林。紺趾丹觜，綠衣翠衿，采采麗容，咬咬好音。雖同族於羽鳥（一作毛）固（一作故）殊智（一作志）而異心，配鸞凰而（一作之）等美焉，比德（一作翼）於眾禽。於是羨芳聲之遠揚（一作暢）偉靈表之可嘉，命虞人於隴坻，詔伯益於流沙，跨崑崙而播弋，冠雲霓而張羅，雖綱維之備設，終一目之所加。且其容止閑暇，守植安停，逼（一作迫）之不懼，撫之不驚，甯從容（一作能順從）以遠害，不違忤以喪生。故獻全者受賞，而傷肌者被刑。爾乃歸窮委命，離羣喪侶，閉以雕籠，翦其翅羽，流飄萬里，崎嶇重阻，踰岷越障，載罹寒暑。女辭家而適人，臣出身而事主，彼賢哲之逢患，猶棲遲以羇旅，矧禽鳥之微物，能馴擾以安處。眷西路而長懷，望故鄉而延佇，忖陋體之腥臊，亦何勞乎（一作於）鼎俎。嗟祿命之衰薄，奚遭時之險巇，豈言語以階亂，將不密以致危。痛母子之永隔，哀伉儷之生離，匪餘年之足惜，愍眾雛之無知。背蠻夷之下國，侍君子之光儀，懼名實之不副，恥才能之無奇。羨西都之沃壤，識苦樂之異宜，懷代越之幽（一作悠）思，故每言而稱斯。若乃少昊司辰（一作晨）蓐收整轡，嚴霜初降，涼風蕭瑟，長吟遠慕，哀鳴感類，音聲悽以激揚，容貌慘以顦顇，聞之者悲傷，見之者隕淚，放臣為之屢歎，棄妻為之歔欷。感平生之遊處兮（一本無兮字）若壎篪之相須，何今日之兩絕，若胡越之異區。順襱（一作籠）檻以俯仰，闚戶牖以踟躕，想崑山之高峻（一作嶽）思鄧林之扶疏，顧六翮之殘毀，雖奮迅其焉如，心懷歸而弗果，徒怨（一作寃）毒於一隅。苟竭心於所事，敢背惠而忘初，託輕鄙之微命，委陋賤之薄軀，期守死以報德，甘盡辭以效愚，恃隆恩於既往，庶彌久而不渝。昭明文選

宋羅　頌字端規歙人以父汝楫廕歷官知鄂州簡易廉明獄無寃滯號羅佛子卒於官邦人巷哭著有涓菴集

鸚鵡洲賦

登黃鶴之高樓兮欣徙倚而四顧何南望而獨愁兮有正平之遺處指垂堂而示戒兮何足以知君子之度方黨禁之既解兮懍懍清議其尚存無罪而戮一介兮眾必爭起而譟讙士猶恃此而不恐兮時亦直情而徑行甯知嗾夫妄庸兮使之魚肉而甘心稽建康一作安之事勢兮魏甚菀而漢枯每不忍其綴旒兮思忠憤之稍攄

惟不擇其所發兮遂至於顛沛而闊疏當其解衣而慢侮兮坐皆驚悖而失箸吾謂死於漁陽之摻撾兮何預乎鸚鵡之一賦使英雄初無殺心兮雖頗困苦而終赦惟此客以授我兮宜相與尸祝之不暇兵在頸而追救兮奈何以此欺天下萬一僥倖而脫身兮終亦無以自全北海仗正而攖戮兮德祖以俊而銜寃三人者蓋一體兮必且脣亡而齒寒嗟繁城之佐命兮非不巧於自營挈四百之基祚兮與一身孰爲重輕來者滔滔如江水兮攘臂而議先生詆文華爲浮薄兮至或以比乎盆成荀吾言之獲信兮猶足以吐千古之不平歷代賦彙

按羅願字端良官鄂州羅頌之弟頌字端規官鄂州讀羅鄂州鸚鵡洲後賦首云乾道六年端規道鄂知荆既感鸚鵡洲之事適有以禰處士比盆成者遂慨然爲賦願覽而繼之則此賦的是羅鄂州作而歷代賦彙誤作羅願端今據鄂州小集後賦改正

宋 羅願 字端良號存齋汝楫子以廕補承務郎中乾道二年進士守鄂州著有鄂州小集

鸚鵡洲後賦

乾道六年端規道鄂如荆既感鸚鵡洲之事遇有以禰處士比盆成者遂慨然爲賦願覽而繼之其詞曰曰吾送兄溢浦兮背長江而旋反覽弔禰之新詞兮惜吾行之不遠漢數極而招盜兮睨龜鼎而欲移中不快而輒殺兮羌甚果而不疑時猶有所畏縮兮懼天下之見議嫁惡名於餘子兮蓋自以爲得計委孝章於孫氏兮曰不能救猶有辭楊公並列而見收兮可退託於不知噫

量人其何淺兮謂一世即此而可欺於正平尤不揜兮蓋顯然遺之以危方三州之傳客兮知欲免其良難念譖人者之不然兮每投畀而獲安豺虎有所不噬兮有北變其貪殘揆處士之所至兮實覽輝之翔鸞縱不知其亦已兮獨不可以少寬何所遇之一律兮爭攘臂而衝冠子猶不能得之於父兮忍絕其交游之極寬卒首難而快敵兮嗟曾獨無肺肝均斗筲其何誅兮吾將申詰夫曹瞞噫人固有一死兮庶沒世而遺榮生既輕棄其身兮死又吝與之名諷路粹以奏孔兮并追詆其平生絕天道蔑孔顏兮果誰味爲此鳴必殞滅其猶未厭兮乃今知忮心之僭於五兵意良史爲可恃兮略浮謗而存高情攷終篇其何戾兮紛笑號裸罵而相并因繁城臣子之所記兮又奚以異乎臺中之評儻遂信而弗思兮毋怪乎列之盆成賴北海之緒言兮配史魚之亮正舍斯人其誰信兮吾將案以爲程嘉南州之博衍兮挈終古之英豪賈不遇而賦鵬兮屈既逐而爲騷風流遠以莫嗣兮江漢日以滔滔迨先生之繼往兮想驂鸞而遊遨精神炯然不沒兮起風雅而相高方消搖於寥

廓兮夫豈知俗議之徒勞 鄂州小集

明李夢陽字獻吉慶陽人徙扶溝宏治癸丑進士官至江西提學副使著有空同集

弔鸚鵡洲賦

承帝皇之嘉惠兮荷在陋而明揚信枯楊而再華兮懼身微而命彰歲協洽以南騖兮觸炎日之盛陽浮江漢以長邁兮過夏口之故城洲蹇產以隥隥兮劃衝江而絕流覩佳名而中惕兮弔斯人之不修我既佩明月與寶璐何不遂淩世而高步舍玉駟而不駕兮又奚暇與豺狼而爭路惟聖人之貴時兮神龍豈人得而縻彼鸞鳳之謂瑞兮固亦以其高舉而見希何先生之靈嫮兮

獨不深藏而遠遊也何取方以損圓兮吾恐睿者之所先也繫炎鼎之既淪兮世淆濁而崩攺操梟視而虎噬兮祖又貪夫厥土荃縱不甘心於厥儔兮獨不可色斯舉也嶢嶢者將必缺兮余固知鑣之不與也矯吾棹以淹留兮情覽望而憯傷靈惝怳而如見兮聆湍瀨之淚淚山壘壘以來合兮孤墳鬱而噓唏誦英篇以沈顧兮痛琴禽之早戕物有以舌羈縛兮人有以才隕身譬用機各攸當兮恨見機之不先心屈咈以悒悒兮緊營營之不可留沛揚檝以東進兮順武昌而下舟遡巖岸以御視兮投哀些於斯洲湖廣通志　空同集

國朝龔書宸字聖來號紫峯漢陽人生平酷好杜詩註有杜詩問津詩亦蒼涼健壯著有蔗味集

禰衡論

人苟有浩然不屈之氣流行直性之內不惟光明磊落睥睨王公有不可一世之目即極之塞六合扶四維何非是氣之所磅礴昔漢曹瞞獻帝之蠹賊也負其淩厲一世之氣以摧折天下當時諸侯王以及公卿士大夫皆震慴莫敢枝梧後之讀史者見其冠履倒置盜竊太阿之罪不可勝誅不禁怒髮上指拔劍斫地欲剚刃老瞞之腹以快神人之憤至不得伸乎其志惟於千載下

啞之詈之假筆董狐誅於既死雖無益於當日宗社安危之勢而霜毫討罪嚴於斧鉞至今史冊閒猶凜凜有生氣東漢之季乾綱既倒士氣頹唐殊甚苟文若楊德祖之輩詡詡然名士也於操且北面之二子而下其如脂如韋奴顏婢膝者又何可勝道衡以一鼓吏乃能勃然震怒掀衣揚眉吐千萬人不敢吐之氣而批奸擿伏不惟觀者舌撟而上以洩漢代祖宗之憤下以快千古忠臣義士之心則漁陽一撾直與博浪一錐前後爭烈矣衡之膽力不誠有大過人者乎衡豈不知一己之力不可與操抗而敢於侮之如冥然不知顧忌者蓋有以窺夫操之平日其覷漢之庭臣蠅營狗苟於己何敢睚眦所不可知者士氣耳故其奸謀雄略嘗得帥百萬之師深入堅壘而喑啞叱咤如無人境獨不敢露刃輕加布衣者其心已概可知矣所以裸體之辱衡正欲以士氣褫老瞞之魄使知茅簷韋布中固赫赫大有人在則摻撾一擊乃衡之震聾志士藉淵淵之聲爲一則忠義檄文耳且彼操者亦常人也其安坐受辱不於衡而即加之刃想亦陰識衡有默挽厄運之意恐其義烈之激

足以搖撼人心引使去己己直孤立何能代漢而有天下而又不欲有殺士名故特借劉表耳而衡亦遂渡江依表尚冀表或可託則用表以陰除操使己志可伸在楚猶在洛也及表貽衡於祖而知祖又一操類而才識不逮者故思亦有以奪其桀驁之氣而千鈞之弩不惜爲鼷鼠發機復以詈操者詈祖祖之氣喪操亦必聞而魄奪矣乃志未成而身以死衡之不幸漢之不幸也世不諒其淵衷而徒以狂名之何哉夫以操之窺竊神器匪伊朝夕使無衡之面折廷辱以作士林之氣而操不

畀茅簷葦布中復有詈己怒己如禰衡其人者則獻帝東郊之禪當操之身而已行之不待篡丕繼志而操僅以周文王老矣然則獻帝得衡而漢祚得以稍延是衡死而存漢之志已伸衡如未嘗死耳衡豈惟不死於當時哉今之去漢幾千百年矣過芳洲而弔孤忠而英光烈烈鬚眉不磨覺江聲壯厲中猶赫然有一正平在漢陽志

明　郭正域字美命江夏人萬厤十一年進士選庶吉士授編修權禮部右侍郎掌翰林院贈禮部尚書天啟初奉遺詔加贈太子少保謚文毅著有皇明典禮志武昌江夏府縣志十三經補註

鼎建古鸚鵡寺碑記

按地志武昌城南鸚鵡洲傍有禰衡故宅居人憐之以爲寺焉則寺以鸚鵡名蓋自漢魏時往余爲童子時嬉戲往來雩壇前見空地數十畝問之故老曰此古鸚鵡寺也居人不敢居蓋數數見金甲伽藍神人旣予自京師三年來則歙縣吳善男子鮑君應鳳與其徒爲崇精

舍其中而比邱明杲如方主之未及闢地有光如連珠自西來夜盡方沒空中若有異香不散又掘地得古佛像瓶盂之類于垣之日夢大士以手東指曰是下多瓦可砌也掘之果然斯神應哉又武昌學宮中有鐘鐫鸚鵡寺字蓋宣德年間物亦爲易而請之予友閩僧勉公幻麓法中之龍象也時自蘄水來屬予紀其事夫以衡之才緣賦鸚鵡見而洲之盛又緣衡賦鸚鵡見今寺又以鸚鵡名迺衡卒累於才而洲亦淪沒於江至今不可蹤跡獨此寺經千百年煨燼之後尚有莊嚴而祇事之

者迺知文章伎倆皆幻心也山河大地盡迷妄也顧幻而不幻妄而不妄者將安在乎然則人之才不才烏之言不言洲之沒不沒寺之毀不毀其孰爲幻乎孰非幻乎孰爲妄乎孰非妄乎然則居人之震慴而不敢侵與今日應鳳飽君輩之莊嚴而贊嘆之者雖歷億萬恒河沙劫而不壞可也吾尤恨衡不聞佛法耳何至呶呶犯綺語戒持我慢心而與物搆乎彼授僧記而轉童身授心經而歸故山者非此鸚鵡也耶彼分身大悲之前與善才龍女若皈依而聽法者乃知鸚鵡慧鳥具含佛性

也含佛性聞佛法則宜與寺而俱名也而應鳳飽君捐重糈而種福田宜幷書之 江夏志

國朝 裴行恕 字慎甫新建人文達公季子嘉慶舉人官漢陽知縣七載增修漢陽郡邑志頗著循聲

鸚鵡洲考

鸚鵡洲相傳爲禰衡作賦而名也今欲辨洲之何所隸當先考衡所至之地與所依之人得有所憑始不致界於兩可而牽於他議後漢書衡有才辯孔融嘗薦之曹操操送之劉表表又送之黄祖是衡始依操繼依表終依祖也祖開閫何地衡卽在何地洲亦在何地矣三國史巴郡甘甯率僮客八百人欲東入吳黄祖在夏口甯

不得過是夏口實祖開閫之治所也資治通鑑注夏口一曰沔口或曰魯口其地在江北又黄鵠山東北對夏口城亦沙羨縣治蓋齊梁之魯山城今之漢陽軍卽其地 以上皆通鑑注語 祖治夏口衡亦隨之夏口矣地居江北爲魯山城爲漢陽軍賓從遊讌當在是文士觴詠亦在是昭明文選鸚鵡賦序祖子射賓客大會有獻鸚鵡者使衡賦之此洲名之所由起也則鸚鵡一洲理無他屬有斷然者或曰孫吳置夏口督治鄂州不又移夏口而南耶斯說是也顧不見元和志乎志載夏口實在江北孫

權於黃鵠磯築城取對岸夏口以名之而夏口之名始移於江南是黃祖治所之夏口實在江北權始移而南之祖在先權在後衡依祖不依權也洲之所在有異理歟水經注江水東逕歎父山當鸚鵡洲又東逕魯山南魯山翼際山也有郤月城黃祖所守禰衡亦在此（皆水經注語）按歎父一名炭步屬縣治之沌鎮見漢陽縣志山川門是山在漢水亦逕漢且明謂衡之在漢矣洲又安能他附乎行水金鑑注鸚鵡洲在漢陽西南二里大江中尾直黃鵠磯夫不曰他邑而曰漢陽因文見意其理甚

明且直者對待意也黃鵠磯在南岸則洲在江北其理又甚明他如崔顥之昔人已乘黃鶴去一詩細讀全作前四句似指黃鶴樓而言後四句則遠望而咏歎之也孟浩然詩昔登江上黃鶴樓遙愛江中鸚鵡洲讀遙愛二字則洲之所在其理又甚明又如庾子山賦藏船鸚鵡之洲聶炳賦呼鸚鵡以逍遙李適詩沁水銀河鸚鵡洲白居易詩紅葉林籠鸚鵡洲楊士奇六言詩鸚鵡洲中紅樹李夢陽詩鸚鵡洲邊春水生又沱水夾城鸚鵡洲悉緣鸚鵡嘉名而起如或移洲之地沒洲之名則千古才人清詞麗句將一齊抹煞乎抑懸而無薄乎揆之於理合乎否乎夫讀書所以明理合理而言書於何有且不獨此也　國家創制疆域有一定之誌道里有一定之表江夏漢陽向以江心爲界南屬江北屬漢載之公牘刊入版圖莫或逾也今洲實在江北岸距漢南門僅數武江夏則遠隔江以南似未可越定制紊舊章也考之上古史冊則如彼稽之近今功令又如此鸚鵡一洲屬漢而不屬江也其理又甚明按後漢書江夏郡統十有四城荊州舊域半歸所轄迨隋大業中始置漢

陽一縣是江夏稱名古而所統者廣漢陽則分江境而建置在後也考古者所當辨江邑判山川條分而縷析之安可牽合附會而自爲臆說哉恕譾陋不學一行作吏此事遂廢復苦無書紬繹何敢自詡爲考訂家與風雅士爭異同所惜者千古名勝韻事流傳起筆墨之雲煙助江山之典麗一經湮沒實亦文苑中之大缺陷不可不急正之且恕之娓娓陳詞者（恕已三次力陳請將鸚鵡洲頭畝租息全歸江漢勺庭晴川三書院增給館師經費及諸生膏火現奉大憲另委大員督同查辦）亦爲江漢勺庭晴川三書院增給膏火貲不負本來面目耳或是

或非於彼於此怨亦何庸剖辨哉讀此篇者諒怨之苦
心原怨之淺學是則怨之厚望也夫漢陽志

鸚鵡洲小志卷二

國朝　胡鳳丹

辨裴愼甫行恕大令鸚鵡洲考

地理書惟禹貢爲最古至漢班孟堅作地理志王隱修
晉書作地道記唐有李吉甫之元和郡縣志宋有樂史
之太平寰宇記明有一統志凡九州之大四海之遙靡
不旁蒐博考載諸史冊雖世遠代更陵谷不無變遷要
其地之所在古有是名則歷劫未可磨滅也吾讀裴愼
甫大令鸚鵡洲考而有異焉洲當漢時以禰衡作賦得
名裴謂衡始依操繼依表終依祖祖開閣何地衡卽在

何地洲亦在何地其說辯矣夫祖在夏口一曰沔口或
曰魯口其地在江北余按方輿紀要鸚鵡洲在江夏城
南裴謂黃鵠山東北對夏口城卽古之沙羨縣治祖治
夏口衡亦隨之夏口然考沙羨縣治卽今之金口離漢
陽十里許與洲相去甚遠非黃祖殺衡地也裴謂祖子
射賓客大會時有獻鸚鵡者衡賦之此洲名之所由起
是也而謂鸚鵡一洲則在漢陽理無他屬此一偏之見
也何則裴引水經注謂江水東逕歎父山當鸚鵡洲而
不引江之右岸有船官浦歷黃鵠磯西而南直鸚鵡洲

之下尾何也裘引本朝傅澤洪行水金鑑注鸚鵡洲在漢陽西南二里大江中而不引元和志寰宇記載洲在大江東江夏縣西南二里西過此洲從北頭七十步大江中流與漢陽分界又何也輿地紀勝載洲自城南跨城西大江中尾值黃鵠磯陸放翁入蜀記云三十日黎明離鄂州便風挂帆沿鸚鵡洲南行洲上茂林神祠遠望如小山老吏云黃鶴樓在鏡亭南樓之間正對鸚鵡洲猶可想見其地范石湖出蜀記云湻熙丁酉歲八月壬子予至鄂渚泊鸚鵡洲前南市堤下南市在城外沿

江數萬家廛閈甚盛即今之漢陽平湖二門外也太平御覽江夏記曰鸚鵡洲在縣北荆州記曰江夏郡城臨江有黃鵠磯又有鸚鵡洲明一統志云洲在府城南跨城西大江中與方輿紀要所載略同我　朝大清一統志湖北通志均載在江夏縣西南二里蓋古之不隸漢陽也明甚而裘謂洲在漢陽安能他附吾不解也按江夏漢陽兩志鸚鵡洲並載之不知有明時洲地倘存自天啟崇禎後漸淪於江距今三百餘年古蹟已不復見嘉慶間漢陽人具控於官以鸚鵡洲近在南紀門外裘

大令履勘其地遂歸漢陽嗟乎南紀門外與洲相隔不過數十武則大令所謂在漢陽西南二里大江中者其謂之何余纂大別山志畢復作鸚鵡洲志因喟然曰鸚鵡洲之在漢陽者今洲也鸚鵡洲之在江夏者古洲也後之遊者欲攬斯洲之形勝而察今所繪之今圖古圖則陵谷之變遷即世違代更罔不瞭如指掌當不以余言爲好辯矣

鸚鵡洲小志卷二終

潊浦舒立濬校字

鸚鵡洲小志

卷三 四

鸚鵡洲小志卷三目錄

藝文 古今體詩

唐十二人

宋三人

元三人

明十六人

國朝十八人

鸚鵡洲小志卷三

永康胡鳳丹月樵編纂

藝文 古今體詩

唐 孟浩然 字浩然襄陽人少隱鹿門山著有孟襄陽集

鸚鵡洲送王九之游一作江左

昔登江上黃鶴樓遙愛江中鸚鵡洲洲勢逶迤環一作遶碧流鴛鴦鸂鶒滿灘沙一作頭灘頭日落沙磧長金沙熠熠一作燿燿動飈光舟人牽錦纜浣女結羅裳月明全見蘆花白風起遙聞杜若香君行采采莫相忘 本集

唐 李白 字太白隴西成紀人涼武昭王暠九世孫或曰山東人或曰蜀人明皇召見金鑾殿詔供奉翰林著有太白集

望鸚鵡洲悲禰衡

魏帝營八極蟻視一作觀一禰衡黃祖斗筲人殺之受惡名吳江賦鸚鵡落筆超羣英鏘鏘戛一作振金玉句句欲飛鳴鷙鳥一作鶚啄孤鳳千春傷我情五岳起方寸隱然詎可平才高竟何施寡識冒天刑至今芳洲上蘭蕙不忍生 本集

鸚鵡洲

鸚鵡來過吳江水江上洲傳鸚鵡名鸚鵡西飛隴山去芳洲之樹何青青煙開蘭葉香風起一作暖岸夾桃花錦浪生遷客此時徒極目長洲孤月向一作爲誰明 本集

贈王漢陽輔錄事

鸚鵡洲橫漢陽渡水引寒煙沒江樹南浦登樓不見君君今罷官在何處漢口雙魚白錦鱗令傳尺素報情人其中字數無多少祗是相思秋復春 全唐詩

唐 劉長卿 字文房河間人開元二十一年進士至德中監察御史旋授鄂岳觀察使終隨州刺史著有劉隨州集

鸚鵡洲 全唐詩作自夏口至鸚鵡洲夕望岳陽寄源一作元中丞

汀洲無浪復無煙楚客相思益渺然漢口夕陽斜度鳥洞庭秋水遠連天孤城背嶺寒吹角獨戍臨江夜泊船賈誼上書憂漢室長沙謫去一作遷謫古今憐 本集

過鸚鵡洲王處士別業

白首此爲漁青山對結廬問人尋野筍留客飯一作饋家蔬古柳依沙發一作岸春苗帶雨鋤共憐芳杜色終日伴閒居 全唐詩

唐 錢起 字仲文吳興人天寶十載登進士第官祕書省校書郎終尚書考功郎中著有錢仲文集

夜泊鸚鵡洲

月照溪邊一罩蓬夜聞（一作閑）清唱有微風小樓深巷敲方響水國人家在處同（全唐詩）

唐　劉禹錫（字夢得彭城人貞元九年進士登博學宏詞科官至禮部郎中集賢直學士會昌時加檢校禮部尚書卒年七十二贈戶部尚書著有劉賓客文集外集）

浪淘沙

鸚鵡洲頭浪颭沙青樓春望日將斜銜泥燕子爭歸舍獨自狂夫不憶家（全唐詩按漢陽縣志誤作劉長卿詩今據唐詩更正詩雋類函作張籍詩）

唐　白居易（字樂天下邽人貞元中擢進士第開成初改太子少傅會昌初以刑部尚書致仕卒贈尚書右僕射謚曰文著有白氏長慶集）

鸚鵡洲夜聞歌者

夜泊鸚鵡洲秋江月（一作江月秋）澄澈鄰船有歌者發調（一作詞）堪愁絶歌罷繼以泣泣聲通復咽尋聲見其人有婦顏如雪獨倚帆檣立娉婷十七八夜淚似（一作如）珍珠雙雙墮明月借問誰家婦歌泣何悽切一問一霑巾（一作襟）低眉終（一作竟）不說

唐　李羣玉（字文山澧州人授宏文館校書郎著有詩集三卷後集五卷）

漢陽春晚

漢陽抱青山飛樓映湘渚白雲蔽黃鶴綠樹藏鸚鵡憑高送春目（一作日）流恨傷千古遐思（一作想）禰衡才令人怨黃祖（沅湘耆舊集）

唐　胡曾（邵陽人咸通中舉進士不第嘗爲漢南從事著有安定集十卷詠史詩三卷）

江夏

黃祖才非長者儔禰衡珠碎此江頭今來鸚鵡洲邊過惟有無情碧水流（全唐詩）

唐　崔塗（字禮山江南人光啓四年進士）

鸚鵡洲春眺（全唐詩春眺作即事一作眺望）

悵望春襟鬱未開重臨（一作吟）鸚鵡益堪哀曹瞞尚不能容物黃祖何因（一作曾）解愛才幽島暖聞燕鴈去曉江晴覺蜀波來誰（一作何）人正得風濤便一點輕（一作征）帆萬里迴（漢陽志）

唐　王貞白（字有道永豐人乾甯二年進士官校書郎嘗與羅隱方干貫休同唱和著有靈溪集）

曉泊漢陽渡

落月臨古渡武昌城未開殘燈明市井曉色辨樓臺雲自蒼梧去水從嶓冢來芳洲號鸚鵡用記禰生才（本集）

唐　來鵠（豫章人咸通中舉進士不第著有來公集按全唐詩鵠一作鵬通志內分作兩人文獻通

考載有來鵬集無來鵠當是一人誤爲兩人也

鄂渚除夜書懷

鸚鵡洲頭夜泊船此時形影共淒然難歸故國干戈後欲告何人雨雪天節撥冷灰書悶字枕陪寒席帶愁眠自嗟落魄一作拓無成事明日春風又一年 全唐詩

江行

唐 閨媛 魚元機 字幼微一字蕙蘭長安里家女喜讀書有才思補闕李億納爲妾著有詩一卷

大江橫抱武昌斜鸚鵡洲前戸萬一作萬戸家畫舸春眠朝未足一作猶未穩夢爲蝴蝶也尋花

煙花已入鸕鶿港畫舸猶沿一作題鸚鵡洲醉臥醒吟都不覺今朝驚在漢江頭 全唐詩

宋 李綱 字伯紀邵武人政和二年進士靖康初累官尚書右丞高宗即位累官尚書左僕射兼門下侍郎落職鄂州居住紹興中除觀文殿學士湖廣宣撫使知潭州卒贈少師謚忠定著有梁溪集

漢處士禰衡

禰生抱逸韻乃是古之狂員才頗傲物齒少氣方剛懷刺遊許下漫滅竟摧藏肯從屠沽兒借面與弔喪偉哉孔文舉國寶惜路傍上書薦一鶚欲使觀翱翔振翼雲漢間承乘虹蜺光飛冤與驟裹滅沒不可望觀其慰薦辭器識豈易量平生輕魏祖縱口成否臧召令爲鼓吏閱試當改裝蹀躞初散步摻撾作漁陽聲節既悲壯容態隨低昂岑牟與單絞裸袒易故裳卻來坐軍門畫地聲琅琅曹瞞黠如鬼嗜殺猶虎狠縮手不敢動送與劉及黃娛賓賦鸚鵡筯奏陵筆簧援筆不加點粲然已成章高才竟爲累蘭麝空餘香至今鸚鵡洲葭葦秋蒼蒼醜哉殺士名千古不可忘 本集

宋 杜旟 字伯高蘭谿人與弟仲高叔高季高幼高皆負時名稱金華五高旟從呂祖謙學淳熙開禧間兩以制科薦著有橘齋集

鸚鵡洲

平生眼底只兩兒懷中刺滅無所施長文文若一笑置衡乎汝傲誠有之兩手不耕巖下土脫衣卻擊漁陽鼓圈中跳踉亦何補況乃投身事黃祖鳳凰上翔高九千飛鳥依人眞可憐古來徵士豈其死恨汝不識魯男子 金華詩錄

元 陳孚 字剛中台州臨海人以布衣薦授翰林院編修出使安南還除翰林待制謚文惠著有交州稿

鸚鵡洲

大江東南來孤洲屹枯蘚中有千載人殘骨寄假蹇貽漢黨錮禍薦紳半摧殄況復啖葛奴盡使羽翼翦天乎鸞鳳叅乃此侶猰犬想當落筆時酒酣玉色洗鸚鵡何足詠僅以雕蟲顯我來策蹇顆清淚悽以泫尚悵迷幾先不爲無道卷賢哉龐德公一犁老襄峴 本集

元 揭傒斯 字曼碩江西富州人延祐初薦授國史院編修官天厤初授奎章閣授經郎元統初改翰林直學士同知經筵事卒諡文安著有揭秋宜詩集

夢武昌

黃鶴樓前鸚鵡洲夢中渾似昔時游蒼山斜入三湘路落日平鋪七澤流鼓角沈雄遙動地帆檣高下亂維舟故人雖在多分散獨向南池看白鷗 本集

送涂雲章訪舊武昌卻入京師

垂雲厲驚風萬里摩高圓蟠泥鼓巨浪豈顧九重淵毛生入楚庭穎脫俄頃間粲粲一 一作涂 公子長嘯起邱樊朝辭豫章臺暮過匡廬山大帆割鸚鵡極目空波瀾黃鵠錦袍仙吹笙紫霞端相顧一笑粲青春滿南天黃金築高臺更覺郭隗賢聯翩樂劇輩相逐入幽燕平明九門開劍珮蹌五千豈無一字薦傾倒平生言東風杏花

開待我薊門前 同上

元 牟巘 字獻之其先蜀人徙居湖州擢進士第官至大理少卿著有陵陽集

長江圖

漢川影落鸚鵡洲金山鐘到多景樓老龍幾載臥寒碧中間不斷萬古流晚來雪浪大如屋澎湃舞我一葉舟舟移岸轉知何處離離煙草令人愁說與渠儂莫倚柁轉帆別浦盍少休此圖此景俱可惜展玩不足空白頭家在江水發源處何時還我舊菟裘 元詩選

明 陶安 字主敬太平人至正初授明道書院山長明太祖時留置幕府歷左司郎中擢江西行中書省參知政事著有陶主敬集

晚至武昌

行至二十日來臨鸚鵡洲環城屯虎旅伐鼓衛龍舟新月羞初夜寒雲黯一樓波間燈影密穩泊且無憂 本集

明 楊基 字孟載嘉州人大父仕江左遂家吳中洪武初知滎陽縣歷山西按察副使著有眉菴集

江上

吹面風來杜若香離離煙柳拂鷗長人家鸚鵡洲邊住一向開門對漢陽

春風吹雨溼衣裾綠水紅粧畫不如卻是漢陽川上女

過江來買武昌魚 本集

明 楊士奇 初名寓以字行泰和人以辟召事建文入翰林仕至少師華蓋殿大學士卒贈太師謚文貞著有東里集

題鄂渚贈別圖送人歸廬陵 二首

鸚鵡江中紅樹鳳凰城裏青山借問來遊幾日秋水蘭舟獨還

客遊黃鵠磯畔家住金魚浦前心似波閒明月隨君先過螺川 列朝詩集

明 王靜 字永靜黟人永樂間以貢授御史升爲漢陽府知府

鸚鵡洲歌

黃祖猖狂負禰衡賦題鸚鵡擅才名芳洲有土埋遺骨流水無情洗怨聲厭聽漁翁歌滿耳每憐詞客重傷情信知老醜能容物惆悵西風百感生 漢陽志

明 李東陽 字賓之茶陵人天順甲申進士歷官吏部尚書華蓋殿大學士著有懷麓堂集

鸚鵡曲

大兒孔文舉小兒楊德祖餘子碌碌不足數著岑牟前擊鼓禰生呼老瞞沮我辱衡衡辱我我欲殺之猶雀鼠一投荊再送楚黃鵠磯頭賦鸚鵡才多爲舌誤舉世何人不相妬生莫逢仇主簿 本集

明 王廷陳 字稚欽黃岡人正德丁丑進士選翰林庶吉士出爲裕州知州著有夢澤集

楚岸吟寄牟子

楚岸長楊垂至地百鳥嬌啼春自醉晴絲冉冉墮碧空風光頗爲遊人媚我家黃子國君住鄂王城大江東下雲霧接滔滔應寫故人情憶初同領南宮宴白馬青袍花映面本期霄漢並翱翔甯知世路多更變我歸十年前君歸十年後榮華顛倒若夢中人情翻覆無不有安能顧墮甑自令心不開陰巖積古雪白日何當來我將

振衣從子遊請君洒埽鸚鵡洲遲日經行桃竹杖烟波搖漾木蘭舟須令漢水變春酒更遣大別爲糟邱蛟龍自吟鶴自舞仙人鐵笛沈高樓流連坐待明月上翠娥勸飲來沙頭竹林諸賢眞瑣瑣高陽酒徒安足儔吁嗟此會難卽得使我悵望無時休君不見楚宮寂寞臺殿荒歲歲東風開野棠三閭顦顇行吟處千古猶傳杜若香丈夫眼底安足計君行采采莫相忘 列朝詩集

明 李夢陽 字獻吉慶陽人徙扶溝宏治癸丑進士官至江西提學副使著有空同集

漢江

漢江江上鶗鴂鳴漢江遊客無限情青山日落一帆影芳草月明聞棹聲黃鶴磯頭暮雲盡鸚鵡洲邊春水生莫倚仲宣能作賦洞庭南接桂陽城

武昌城北大江流沱水夾城鸚鵡洲楚蜀帆檣風欲趁蛟龍濤浪暮堪愁青煙自沒漢陽郭新月故縣黃鶴樓無限往來傷赤壁三分輕重本荊州 本集

明 何景明 字仲默信陽人宏治壬戌進士官至陝西提學副使著有大復集

舟次漢陽

使客舟從漢口來武昌城對漢陽開千年洲在空流水

百尺樓高鎖舊臺太白未輕崔顥句老瞞元妒禰生才山川不盡豪華盡落日煙江思轉哀 本集

明 徐禎卿 字昌穀常熟人遷吳縣宏治乙丑進士除大理寺左寺副乞徙南就養會失囚降國子博士卒年三十有三著有徐昌穀集

將發夏口

鸚鵡洲邊生暮烟旅人南望思依然盡道巴陵湖水闊秋風莫渡漢陽川 漢陽志

明 湯顯祖 字義仍臨川人萬厤癸未進士官禮部主事著有玉茗堂集

鸚鵡賦

隴西千里向平原西笑時時綵羽翻不思禰生終見殺祗因能作世人言 本集

明 文翔鳳 字天瑞三水人萬厤庚戌進士除萊陽知縣調伊縣遷南京吏部主事官至光祿少卿

江上吟 泊江洲守風再宿乃發

江心繫纜蘆花渚豚拜石尤燕作雨網璹鉤貝客此灣採菱拾芡郎何處隔江漁火點流螢參差隣舟烟共語銀濤拍枕夢騎鰲膀下蓬萊欲軒舉聖臣但攀若木枝仙吏急索扶桑父兩炬雞犀代燭龍泝流犁扶夜明府道士潛譯火龍經涇畔尺書傳貫主乍聞風鬢牧雷霆

洞庭惻愴錢唐去天門直者不可通予為排闥致帝所遂命天工下沅湘重補鶴樓提玉斧太白酒星抗手過其蹈芳洲和鸚鵡君著宮錦我綺裘卻泛秦淮訪參虎咳唾六朝小晉吳眼界金陵開萬古榜人流唱擾鼉茲蓬頭颯爾擲金鼓鳴籟吹竽打槳飛追他百艘淩遠瀲燕磯霞頂兩闕情望望鍾山立天宇 列朝詩集

明 方堯治 字翁恬一字六如號元暢蘭谿人太古孫詩有乃祖風惜志乘略之莫能詳其事蹟讀所作詩有泛舟鸚鵡洲放歌示同遊諸王孫答西園宗侯問疾及武昌武陵岳州寄贈諸作大約客于楚府者也與吳明卿往來聲氣亦通七子然所作詩豪氣激越不盡規橅王李

泛舟鸚鵡洲放歌示同遊諸王孫

鸚鵡洲前鼓枻歌晴川閣下流春波長江萬里去不盡仰天大笑浮雲多憶昔人傳鸚鵡賦鄴下雄才空七步鸚鵡能言已受簽禰生殺身爲舌誤身著岑牟爲撾鼓座客色沮主憑怒夏門黃射亦愛才幕下不知仇主簿至今血恨青草間終古江聲哭君墓我今不必悲禰衡我今不必罵黃祖吳宮魏宮只邱墟大兒小兒亦塵土人生大塊風中埃賴有芳名在千古昔逢異人畫黃鶴黃鶴能調酒堪酌人隨雲去鶴不來江上高樓俯寥廓

樓中玉篴聲悠悠飛花遙送洞庭舟何人弔古煙波上琵琶風生紫綺裘李白當年開笑口搥碎仙樓仗誰手江空難招李白魂醉舞中流酹杯酒有生須寄杯酒間斂足莫向長安走長安道上冠切雲猶有向人苦低首狂來縱飲誰吾徒幾回勢欲吞江湖煙蓑雨笠傍東海鰲竿牛餌依珊瑚尊前搖筆鬼神泣水底魚龍俱辟易曾攜長篴吹君山惟有湘靈來鼓瑟 金華詩錄

明 譚元春 字友夏天門人天啓丁卯舉人著有嶽歸堂集

鸚鵡洲秋泛

西塞山漁浮可家北灣黃鶴且停槎雁知江晚徵留響蘆爲洲秋亂作花 本集

明 汪時元 爵里未詳

鸚鵡洲弔禰衡

黃鵠磯頭日夜聲似傷鸚鵡賦初成於今明月懸江上何處芳洲問禰衡古水一川秋色盡寒濤千載夕煙生臨觴忽有悲風起激楚陽阿氣未平 湖廣通志

明 邢昉 字孟貞高淳人明末詩人著有石臼前後集

鸚鵡洲

團團洲似月孤月此仍圓不爲愁鸚鵡離心自泫然 本集

明閨媛 王微 字修微廣陵人著有遠遊篇閒草期山草等集

鸚鵡洲候月

芳草如煙動幽人跡其上蒼茫平楚中喧寂非一狀暮山頹欲流長江愁方漲孤月此中生百靈不相讓忽放眼中光千里照閒曠因思作賦人忽忽動羈望乃知文章事亦復關得喪 名媛詩歸

國朝 彭而述 字禹峯鄧州人明崇禎庚辰進士授曲陽知縣入國朝官至貴州巡撫終於雲南布政使著有讀史亭詩集

漢陽晤王孝則

大別山前鸚鵡洲江聲日夜自東流旅顏乍可憐知己當道何曾問故侯客裏剛逢王處士夢中猶憶古黃州雙龍老氣淩秋水拉子同登百尺樓 漢陽志

國朝 蕭企昭 字文超漢陽人順治丁酉副貢著有燕臺制藝性理譜閒修齋稿東野樓集等編

鸚鵡洲

公子登樓歎未歸晴川極目掩芳菲飄零楚客同煙樹寂寞詩魂遶鵲磯楊孔文章應共壽曹劉豎子未堪依遼東獨有孤棲鳳不向人間炫綵衣 漢陽志

國朝 程 封 字伯建號石門江夏人順治間拔貢生授按察司經歷著有山雨樓集

望鸚鵡洲

不死曹公手其名即可傳牛黃洲上日亂綠草邊天獨我全無泣之人豈受憐何須怨殺者狂了或歸田 漢陽志

國朝 吳 綺 字園次其先由歙徙廣陵遂爲江都人順治間以明經薦入都應 詔授祕書院中書舍人掌制誥遷兵部主事員外郎調工部屯田郎中康熙丙午出知湖州府事晚年自號聽翁著有林蕙堂集

鸚鵡曲

鸚鵡賦送黃祖鄴中才子多辛苦頭風愈檄只偶然黃絹題成終見忤誰言老瞞能愛才橫槊耽耽氣如虎狂生不容早自知快心且弄漁陽鼓嗚呼王粲淒涼公幹囚鼓聲至今疑未休 本集

國朝 張篤慶 字歷友號厚齋又號崑崙外史淄川人康熙丙寅拔貢著有班范肪截五代史肪截等編

鸚鵡洲哀辭

炎精滅龍爲鼠羣雄囂烈士忤懷刺獨行徧九州誰其識者孔文舉薦士既不成翻與死爲伍鄴下小兒競學語許昌庸奴安足數禰生禰生氣如虎平生謾罵膺碪俎不可一世橫千古乾坤跼蹐歸黃土芳洲何蒼蒼哀

草何芒芒爲君一招魂魂兮歸故鄉楚國山川蘭蕙芳江聲浩蕩風悲涼風悲涼芳洲迴乘白雲兮駕黃鶴嗟嗟自鷙鳥不如一鶚鸚鵡哀世舉足妖氛惡至今血照晴川閣 歷朝詩軌

國朝 李 紱 字巨來號穆堂臨川人康熙己丑進士官至內閣學士兼禮部侍郎著有穆堂初稿

鸚鵡洲放歌

昔人援筆賦鸚鵡此地空留向江水後代才人那復來前代才人已如此文章真氣爲精英陰風濁浪洗不平楚州江上多奇山往來獨於此鍾情芳草死不生童童

當年裸體形洲今編入屯籍民居輻輳廬舍外但饒白沙絕無芳草俗呼白沙洲屯冊則仍舊名怒沫噴如傾嗚嗚當年訶罵聲漁火潮腥連七澤煌煌夜照先生魄先生英氣何處行晚水迷天江雲黑嗚呼哉漢室棟撓不可迴紛紛叔季生賢才不登陳王堂或拜受禪臺鍾繇筆妙何崔嵬華歆勸進心爲哀陳琳空草檄劉楨亦磨石七子何人屬建安北海孔融眞可惜先生知勢不可支追隨鼠兔復不爲堂堂亂賊人不識獨以謾罵彰明之孔子昔日修魯史筆罰口誅存大義先生不能誅阿瞞載之空言亦行事人謂先生涉世疏

我謂先生早見幾作賦已知言取尤此身可白不可緇荒草雖淒淒頗如商山薇黃沙亦霏霏猶可懷三閭伯夷屈平爾正平先聖後聖同一揆高節艮可慕清風百世師君不見關侯拒婚日狢子怒變色紫陽極咨嗟謂能明漢賊先生聖之徒賢者雖狂不可測我以尋兄涉楚江異鄉風雪雨茫茫尋兄不遇故人絕再拜不能持一觴煙樹去欲沒纖月落無光寒威颯颯江風强對此躊躇不能去城烏亂啼空中霜本集

國朝　舒峻極字嵩嶽號漸鴻廣濟人康熙時諸生著有韋園詩集

望鸚鵡洲

中流草色青鸚鵡自分明文士身先死汀洲浪得名墳荒蘆葉雨月冷櫂歌聲秋潦漳河上何人弔魏城本集

國朝　程洪鼎字六飛號勁齋休甯人湖北廣濟籍著有餐勝樓集

鸚鵡洲弔禰正平

狂客何爲賦鸚鵡橫戈老革豈知文不存三復金人意誰醉千年沙磧墳楊孔憐才緣氣協曹劉薦送匪情殷至今洲上萋萋草尚繞長江慘碧雲程氏所見詩鈔

國朝　秦德輶字子徧號伊莪江都人著有夢中遊草

鸚鵡洲

翠羽今何在沈沙舊有痕隴頭雲已斷江上賦誰論暮雨憐芳草荒煙夢酒尊獨留狂骨在千古泣詩魂淮海英靈集

國朝　王崇謙字咸吉一字鍾菴儀徵人諸生著有鍾菴集

禰生鼓

國賊盜神柄漢臣憤如醉年少狂書生秋空一鶚鷙丞相筵撾鼓吏漁陽三弄何淵淵賓主聞之皆惘然鼓聲死罵黃祖晴川碧血埋鸚鵡漳河七十二高邱漢水荒

茫三尺土江南江北誰千古同上

國朝 方宏鼎嘉魚人康熙間歲貢生官漢陽教諭

涉江

高岸幾爲谷江烟抱郭浮漢陽猶古渡芳草失前洲去鳥隨輕棹殘雲戀故樓不驚磯上叟安坐看中流漢陽志

國朝 桑調元字弢甫錢唐人雍正癸丑進士官工部主事著有弢甫五嶽集

鸚鵡洲弔禰處士

鸚鵡洲吾弔禰處士一杯手酹漢水頭當風起作商聲謳百鷙鳥不如一鶚斯言眞實非謬悠大兒小兒命融

修此外萬萬輩誰足入君眸筆不加點賦立就足使君文名轢萬古才藻淩九州吾不恨黃祖殺汝恨阿瞞老賊謫君爲鼓吏衣君以單絞岑牟君揚枹奮擊淵淵出金石氣高萬丈誰與儔人皆謂君狂吾獨謂君效明夷柔順不獨文采紛葩流崑山鄧林勞夢想言語悽惋情綢繆不堪世齪齪嫚罵夫何尤矯首向天仰問君此辭得與青藤老子罵曹一曲並博軒渠大快不本集

國朝 管正琮爵里未詳

鸚鵡洲懷禰正平

淵淵金石此江聲肯受人憐託幸生但爲能文無死法翻從嫚罵有榮名曹瞞轉可稱知己黃祖直堪作老兵銅雀臺空鸚鵡在槩長不敵一洲橫漢陽志

國朝 沈德潛字確士號歸愚長洲人乾隆丙辰薦舉博學宏詞己未進士官至禮部侍郎加尚書銜贈太子太師謚文慤著有沈歸愚集

鸚鵡洲弔禰處士

蟻視曹公氣不摧蘭焚玉碎劇堪哀故人慷慨推奇士亂世縱橫露俊才洲沚何妨激濤瀾文章那肯辱蒿萊祇令後代經過者煙水茫茫酹一杯本集

國朝 袁枚字子才號簡齋錢唐人乾隆丙辰薦試博學鴻詞己未進士官江南江甯知縣著有小倉山房詩集

禰衡墓

荒墳三尺掩蓬蒿撾鼓餘聲作怒濤落筆爭誇賦鸚鵡罵人何苦學山膏干將易折終非寶元豹難尋始是高知否才流生叔季揚雲一曲反離騷本集

國朝 劉墉字崇如號石菴諸城人乾隆辛未進士官至體仁閣大學士加太子太保謚文清著有石菴詩集

武昌懷古

大別山前江水横煙波江上古今情王敦不忌溫忠武
劉表翻嫌禰正平城郭人歸雲未散汀洲春緑草還生
秋風吹夢瀟湘浦回首南樓月正明 本集

國朝 慶玉 字兩峯滿洲人乾隆丙子舉人累官布政使著有錦纈段詩集

抵武昌

吳楚山川百戰場太平風景易巖疆連天草色迷鸚鵡
隔水烟光辨漢陽鄂渚秋高風淅瀝庾樓人散月蒼涼
閒情弔古休惆悵幾見雲中駕鶴翔 熙朝雅頌集

國朝 蔣業晉 字紹初號立厓長洲人乾隆丙子舉人官湖北同知著有立厓詩鈔

弔禰衡墓同人分賦得青字

名高孤鳳有餘馨草色江光入望冥亂世豈容雙眼白
芳洲猶剩一痕青漁陽鼓奪奸雄魄鸚鵡篇傳處士靈
黃鶴樓頭一懷古欲吹鐵笛起龍聽 本集

鸚鵡洲小志卷三終

男宗廉校字

鸚鵡洲小志卷四目錄

藝文 古今體詩

國朝五十六人

鸚鵡洲小志卷四

永康胡鳳丹月樵編纂

藝文 古今體詩

國朝 趙　翼（字雲崧，一字耘菘，號甌北，陽湖人。乾隆辛巳進士，官貴西兵備道。著有甌北集）

鸚鵡洲弔禰正平

清狂早占晉人先，亂世矜才豈善全。一刺不曾輕出袖，三撾何事戲當筵。禍因傲物同文舉，跡亦依人愧仲宣。洲草千年鸚鵡綠，長憐賦筆自翩翩。（本集）

國朝 張九鉞（字紫峴，號度西，湘潭人。乾隆庚辰副貢，壬午舉人，官縣令，歷江右及廣東，凡六任，卒年八十有三。著有陶園詩集）

鸚鵡洲草

鷙鳥橫天飛，孤鳳受其啄。鸚鵡閉雕籠，淚滴吳江曲。鸚鵡之賦聲悽悽，鸚鵡之洲草離離。蘭蕙不欲滋，但有蒿艾藜。嗟嗟天生此草爲阿誰，祇知地下修文郎，不知世上屠沽兒。行人未登卻月城，船官無浦霜氣腥。文人憤血洗不盡，一江煙雨長青青。色不媚襄陽刺史，香不拾荆州名士。江妃采之裙腰拂，漢女步之珠珮委。紅蘅碧杜伴纍臣，錦浪桃花浮帝子。漁燈昨夜鬼火吐，草中慘慘撾急鼓誰唱哀猿第一聲三湘七澤蛟龍苦男兒既不合適亂國又不合作賓客寡識晉刑信有之當門被鋤孰可惜揮刀劙江水刀澁水不流舉酒酹洲草草淺酒更愁草兮草兮勿向狂生泣春風萬古來蝴蝶不見大兒孔文舉又不見小兒楊德祖阿瞞刈之如刈莽斗筲之人安足數嗚呼有草不生西陵土 本集

國朝 吳省欽 字沖之號白華南滙人乾隆庚辰 召試博學鴻詞 賜內閣中書甲申成進士官至左都御史前湖北提督學政著有白華前後集

鸚鵡洲

素車遠迢迢風湍一何怒征橈慘不發釃酒古賢墓爾生推遺狂北海盛延譽方其撾鼓撾單絞體全露百年憂患餘保身頗不悟能言學鸚鵡奸膽豈惶怖魂遊漁陽昏魂復漢陽曙墓圯洲亦隤尋煙漁艇渡 本集

國朝 萬法周 字彖濂一字小莊雲夢人乾隆甲午副貢松滋縣教諭著有小莊詩集

晚次鄂州用盧綸韻

迢遞疏鐘出鄂城木蘭舟泛晚潮平夕陽鴈影雲邊下客路春愁笛裏生黃鶴樓臺淩水動漢陽燈火隔江明停橈待問當年事鸚鵡洲前芳草橫 雲夢詩存

國朝 韓封 字桂舲元和人乾隆丁酉拔貢生官至刑部尚書著有還讀齋詩稿

鸚鵡洲懷古

淩雲詞賦世無敵埋骨榛蕪恨不平天爲建安存一士我哀江夏殺無名秋風落日低帆影夕浪奔江咽鼓聲七十二墳迷處所更無人爲訪幽城 國朝正雅集

國朝 舒正載 字伯厚號酉樵溆浦人乾隆丁酉拔貢官沔陽州州判著有竹根齋詩鈔

鸚鵡洲懷古

炎方致靈禽高會飛羽觴公子躭文藝爾生意慨慷文成不加點矢音何抑揚鬱鬱樊籠悲羽翰旋云亡畸士多骯髒濁俗誰包荒北上棲鳳巔東眺黃鵠翔伊人不可覯流峙空鬱蒼英雄俱塵土墟墓委荒涼一洲芳草綠半江春水黃徒令千載下洄溯懷孤芳 本集

國朝 曾燠 字庶蕃號賓谷南城人乾隆辛丑進士官至貴州巡撫巡視兩淮鹽政著有賞雨茅屋詩文集

武昌懷古

釃酒臨大江江春綠茫茫芳草怨黃祖東風憶周郎遭逢有不幸年命有不長請得問東風草何爲而芳 本集

國朝 薩玉衡 字檀河閩縣人乾隆丙午舉人著有白華詩鈔

弔禰衡墓

非關懷刺渡江來歷歷晴川楚樹開堰近鸕鷀誰得句洲荒鸚鵡恨無杯孔融不薦眞知已黃祖能容豈俊才猶見青青舊時草誰憐七十二墳灰 國朝正雅集

國朝 洪亮吉 字君直一字稚存號北江陽湖人乾隆庚戌進士殿試第二人及第官翰林院編修著有鮒鮚軒卷葹閣更生齋等集

鸚鵡洲

七子才著建安三士奇不獲全才人易與忌者奇陳琳不誅非偶遺雄謀生殺人頃刻斷皆果平原書生無一

可世能殺之不必我狂生不殺示有容持刀乃早及孔融宏農少年亦融伍峻網肯寬楊德祖咄哉禰正平奇足與命讐生作鸚鵡賦死葬鸚鵡洲君不見大兒與小兒一死尚等倫君逢傖父亦殺身惜哉已辱薦禰人 國朝正雅集

國朝 孫以華 字奕堂號藻川仁和人平生困於小試三上長安一游荊楚暇即吟咏有詩千餘首

鸚鵡洲

莫辨由來鸚鵡洲千年故蹟幾沈浮金沙有樹俱懸望赤壁無人記再游水面光搖天半月江心飛過浪中舟遙知此地埋名士漠漠烟波動客愁 杭郡詩續輯

國朝 孫繩武 字念旃善化人乾隆中貢生

鸚鵡洲

鸚鵡洲前長芳草春來没盡行人道行人過此暗傷心冥漠重泉已枯槁大別山頭斜日明漢陽渡口風浪生一夜羌笳怨楊柳瀟瀟寒雨武昌城 沅湘耆舊集

國朝 葉廷芳 字廷松其先金陵人上世客游漢口遂家焉以子繼雯官封中憲大夫曾孫名琛官大學士累贈光祿大夫著有花餘亭詩存

鸚鵡洲

千古英雄恨微茫此一洲忠難回國是狂不爲身謀薄命憐鸚鵡牢籠類楚囚至今江上過芳草息閒鷗 本集

國朝 段而聘 字儒珍號竹塢江夏人附貢生官衡山縣訓導著有竹塢偶錄殖學堂詩草

鸚鵡寺和周鈍夫韻

寺傳鸚鵡最多情樽俎隨時薦正平一世高才偏就死千秋傲骨恍如生殘碑蔓掩人爭拭古樹春深鳥亂鳴不是當年曾作賦愚夫那得盡知名 江夏縣志

國朝 覃 熉 字曜靈一字青俟高密人乾隆己未進士官貴州銅仁府知府著有大崑崙山人稿

漢口

岷江不盡漢江開江上秋風畫角哀浪裏船從天半落城頭山自雨中來空憐鸚鵡連洲沒不見仙人駕鶴迴落日蒼茫煙水闊故鄉何處一登臺 國朝正雅集

國朝 龐載 爵里未詳

鸚鵡洲

諸生莫漫弔禰衡禍以胸中文字成舉世自難容曠士孤身何苦負微名鼓檛草草骷髏哭賦就琅琅鸚鵡鳴從古高才多慧業洲邊精舍一燈明 江夏縣志

國朝 劉台斗 字建臨號星槎寶應人嘉慶己未進士官江西同知著有星槎游草

楚江秋興

潦盡寒潭江水清楚天寥落不勝情禰衡何事依黃祖賈誼無端弔屈平萬古悲秋惟此地百年佳日幾新晴萋萋芳草停舟處黃鶴樓頭玉笛聲 國朝正雅集

國朝 陶澍 字子霖一字雲汀安化人嘉慶壬戌進士官至兩江總督太子太保謚文毅著有印心石屋集

鸚鵡洲

大江西南來灝然不可收銀濤三萬頃湧此鸚鵡洲鸚鵡飛已去鸚鵡洲猶名大兒小兒目中在搖毫一賦可縱橫我來落帆黃鵠浦憑弔憐君心獨苦亦知避患託腥臊亦知重命惜毛羽奈何株守樊籠間一鶚坐受鵰鶚侮吁嗟乎亂世草竊殊洶洶擇木無地依長松阿瞞奸雄猶棄士區區祖腹安能容 國朝正雅集

國朝 蔣湘垣 字師大湘鄉人嘉慶乙丑進士著有莫如樓集

鸚鵡洲

目中不見岑牟衣耳中不聞漁陽鼓淋漓大筆照人間寂寞荒洲一坏土吁嗟禰生氣如虎不死阿瞞死黃祖景升殊自媿英雄何況千鈞爲鼷鼠避世當爲龐德公戮死甘爲孔文舉千秋孤鳳擲鴻毛落日憑闌淚如雨

沅湘耆舊集

國朝 文艮箴 字對三一字漢卿益陽人嘉慶丁卯舉人著有漢卿遺集

夜次鸚鵡洲

不從大道遠襄陽已報前頭是武昌江漢夜寒春似夢樓臺人靜月如霜賦成鸚鵡終無命立向煙波一斷腸擬把孤墳較疑冢年年草長問誰芳 沅湘耆舊集

國朝 劉嗣綰 字東之一字醇甫號芙初陽湖人嘉慶戊辰進士第一官翰林院編修著有尚絅堂集

禰衡鼓

禰衡天生奸鸚鵡身在籠中心故土脫衣突出罵曹瞞
驚向當筵一撾鼓一撾鼓客起舞天下英雄何足數大
兒孔文舉小兒楊德祖 本集

國朝 韓維鏞 字鍘士平湖人嘉慶丁卯舉人甲戌進士以教習選湖北穀城知縣遷武昌府通判著有金鑾山房詩鈔

舟發漢臯 癸巳

鸚鵡洲邊鸚鵡游西風吹上木蘭舟昨宵兒女燈前話
今日煙波江上愁十載宦情遲夕照一帆雪影下中流
人歸未準春歸早香在梅梢月在樓 本集

國朝 謝 焱 字惕夫黄岡人嘉慶癸酉拔貢著有惕夫詩鈔

鸚鵡洲弔禰正平

正欲問天公荼毒何太苦從來生才難胡爲乎芳洲一
坏埋鸚鵡作詩有識賦亦然洲草如油淚如雨欲借先
生鼓再撾曹瞞曹瞞爾瞞正平瞞劉表瞞黄祖避殺才
名直欲瞞千古我今來弔先生魂英靈不死何無言狂
能損福才必斂而況遭際皆昏昏漢陽三月春風早綠
楊兩岸月湖曉君不見桃花夫人不肯言到今人盡稱
好好 桃花夫人即不言之息夫人也漢陽令裘愼甫先生近爲修祠頗極華麗曲蕙之士多薄之余以爲月湖名勝借色桃花未爲不可但正平先生無祠堂未免爲古蹟之缺篇末及此留俟採風者

國朝 喻文鏊 字冶存號石農黄梅人恩貢生竹谿縣教諭著有紅蕉山館詩鈔

武昌秋望

雨深風急遠鴻鳴歷歷雲煙一望平楚水未沈征士恨
秋山還伴酒人行折戈斷鏃遺荒土破帽疲驢傍古城
芳草已埋鸚鵡冢千秋空弔禰先生 國朝正雅集

國朝 葉敬昌 字芸卿閩縣人嘉慶己卯進士

鸚鵡洲懷古

奸雄豈有憐才意名士空餘傲世高江月魂歸呼不醒

萋萋芳草滿平臯 擊鉢吟

鸚鵡洲玉簫墓

芳草洲邊瘞綺羅指環再世受恩多西川他日油幢返
曾否香墳酹酒過 擊鉢吟

國朝 邵 堃 字安侯號冶塘甯波人著有冶塘詩鈔

鸚鵡洲弔禰處士

禰處士氣如虎懷刺行莫與伍賞音者孔文舉彼曹瞞
何足數殺身禍以此買忍借刀恨黄祖漁陽操三撾鼓
識或寡才千古墓沈江失鸚鵡 禰墓在洲今沈於江 本集

國朝 陳瑞琳 字九香羅田人貢生官河南府經歷著有食古研齋詩集

鸚鵡洲

漢陽城外走江聲斜照荒荒弔禰衡一碧最憐芳草老千秋難得此才生能言鸚鵡終非福撾鼓漁陽太不平何處曹黃一抔土濁醪沽向暮洲傾 本集

國朝 李承綱 字憲三號立齋甯遠人嘉慶間貢生著有巽江草立齋詩鈔

鸚鵡洲

當塗事去卯金休鸚鵡名傳尙此洲芳草千年迷漢渚平沙一帶接巴邱多才自合身爲累不罵須知世亦仇

對景無端思屈賈茫茫楚澤總堪愁 沅湘耆舊集

國朝 楊季鸞 字紫卿甯遠人諸生著有春星閣詩鈔

鸚鵡洲弔禰處士

一片斜陽波淼淼烟樹蒼茫青未了行人空對楚天長天長不見西飛鳥撾鼓當年何處來吳江賦罷紅蘭摧吁嗟大兒小兒並寡識曹瞞黃祖何論哉君不見丹山有鳳翔八極匪梧不棲竹不食偶逢聖世一來儀歸入神州斂羽翼又不見弋人徧地設網羅鴻鵠高飛將奈何可惜才高累鸚鵡留下洲前一抔土 本集

國朝 宗稷辰 字滌甫一字笛樓會稽人道光辛巳舉人官至山東運河道著有躬恥齋詩鈔

鸚鵡洲弔禰生

千秋豔誦禰鸚鵡成就高名仗黃祖曹瞞不假黃祖刀留爾虛生更酸楚文若死漢曲筆全周生抱節人罕傳楊修小兒不足惜堂堂誰與衡比肩吁嗟乎鼓聲咽咽亂臣懼白水青天從此去苟活還憐草檄人江東草緜夷齊墓 本集

國朝 張禮 字兼山湘潭人道光間絕志仕進吟咏自適著有謙庵詩鈔

禰衡墓

氣奪阿瞞志不摧江流嗚咽鼓聲哀荒洲有冢空埋骨亂世無人解愛才怒氣今猶吞漢沔文名幸不掩蒿萊我來朗誦狂生賦幾欲停橈奠一杯 本集

國朝 許冠瀛 字鶴儕侯官人道光壬午進士

鸚鵡洲懷古

一墳三尺千秋恨我過荒洲首重搔天下憐才人有幾惜君風格太孤高 擊鉢吟

國朝 李星沅 字子湘號石梧湘陰人道光壬辰進士選庶吉士授編修出爲陝西漢中府知府官至雲貴總督調兩江總督以病歸起爲欽差大臣辦理廣西軍務卒於軍加太子太保予謚文

恭著有李文恭集

鸚鵡洲懷古

一江破浪走驚雷猶聽漁陽伐鼓來文舉有書能薦士阿瞞何物肯容才洲迴芳草殘霜勁閣倚晴川暮雪開故院蕭條賓客散隴西鸚鵡不勝哀 本集

國朝黃文琛 字海華湖北漢陽人道光乙酉舉人官湖南知府著有思貽堂詩集

鸚鵡洲弔禰衡

久矣斯人死才名直到今我來弔孤鳳恨與大江深玩世無全理臨文徒悔心荒洲覓芳草酹酒獨哀吟 本集

國朝張開霽 字曉峯永綏人道光辛卯舉人由安陸知縣官至湖北候補道著有石莊詩集

鸚鵡洲謁禰正平墓

名士從來死殉才至今鸚鵡有餘哀九原試向漳河望銅雀荒涼何處臺 本集

國朝張際亮 字亨甫一名亨輔建甯人道光乙未舉人著有松寥山房初集

鸚鵡洲

閒吟鸚鵡賦莫漫詰曹劉芳草年年長行人怨此洲 篤舊集

國朝黃爕清 字韻珊一字韻甫海鹽人道光乙未舉人挑取謄錄議敘縣令官湖北松滋宜都知縣著

有倚晴樓詩集

鸚鵡洲弔禰正平

鸚鵡洲前芳草青狂奴文采久飄零生才亂世天多事埋骨名山地有靈賦筆光芒爭日月鼓聲慷慨激雷霆英雄割據今何在孤塚猶明處士星 本集

國朝姚　椿 字春木婁縣人著有通藝閣詩錄

鸚鵡洲晚眺

東漢風流剩酒狂平川無限恨茫茫客中倦眼憐芳草江上愁心易夕陽已笑曹劉虛戰伐久嗟屈賈誤文章何人會得悲歌意吹笛空江爾許長 篤舊集

國朝潘　諮 字誨叔號少白會稽人著有少白詩文集

讀太白鸚鵡洲詩

太虛影下鸚鵡賦昔人淚溼鸚鵡洲後人花前呼鸚鵡愁滿楚江春水流詩成天上白玉闕酒醒人間黃鶴樓匡山片月留不得雲安杜鵑回白頭 篤舊集

國朝劉家謀 字芑川候官人道光[redacted]舉人官教諭著有外丁卯橋居士初稿東洋小草觀海集

禰正平鼓

不能殺賊當罵賊鳴鼓而攻怒雷疾秋風一領岑牟衣

滿座冠裳黯無色烏虖火井燄已殘神器早識歸曹瞞然猶到手不敢取而復徘徊待五官豈非鼓聲能褫魄排擊中有風霜雪大兒孔文舉小兒楊德祖請客弔喪半屠估四百災靈繫此鼓 外丁卯橋居士初藁

國朝 何栻 字廉昉號悔餘江陰人道光丁酉舉人辛丑進士由吏部郎中出爲江西建昌府知府著有悔餘菴詩文稿及樂府

漁陽撾

大兒孔文舉小兒楊德祖餘子紛紛何足數交遊不肯從屠沽刺字漫滅無可與一書薦之入死地岑牟單絞

署鼓吏漁陽參撾音節異壯士之聲才士氣何如擊筑高漸離入聲釁鼓當取梟獍皮撾殺亦可何罵爲坐者爲冢臥爲屍屍冢之間能不悲漢臣死漢悲可知奇才壓人人盡怕奇氣震天天亦訝夜光照乘原無價隨珠彈雀眞堪詫不交荀趙交黃射黃祖小人何足罵 悔餘菴樂府

國朝 譚溥 字仲牧號荔仙湘潭人客遊楚粵間著有四照堂詩集

登黃鶴樓望鸚鵡洲弔禰正平

盤旋紆曲艱眉上九霄眞見雲程廣黃鶴仙人何可攀千秋祇此虛無間何況滄桑自昔有更變達者眺睇空塵寰我狂拔劍不敢觸萬古乾坤一粒粟海嶽豈足大螻蟻亦何微半生眼孔明精軸君不見亙古人來萬千百衆皆題詩浮雲未埽胸中訾才人間世不易出禰衡禰衡今在茲蒼茫鸚鵡洲落日深遐思 本集

國朝 程之楨 字維周江夏人咸豐辛亥舉人黃岡縣教諭著有維周詩鈔

鸚鵡洲懷古

少年多難才絕倫懷刺漫滅追風塵氣尙剛傲不得志文采遂以殺其身大兒孔文舉小兒楊德祖眼中豈復有阿瞞雙桴雷動漁陽鼓單絞岑牟兩眥裂罵賊幸有

三寸舌詞鋒快如青銅刀滿腔熱血磨鵜膏開口能使漢氣吐臥尸坐塚誰敢驕舉國附曹不知辱華歆陳羣尤逐逐鸚鵡紅嘴鬭聰明千古才人同一哭黃祖惟解殺人耳不殺奸人殺國士鴟梟摩空雕鶚死孤負孔融一知己我道孔融非惡祖非仇先生不死不千秋方寸雖見五岳起英風請聽長江流洲草萋萋岸花明尙有文章繞廢壑青山爾何獨慷慨容得傲骨埋書生 本集

禰正平鼓

鼓吏蹀躞來擊鼓漁陽三撾氣如虎眼底曹魏小於鼠

薦士可笑孔文舉此才合遇劉先主登壇一鼓蛟龍舞
殺身何必賦鸚鵡同上

鸚鵡洲阻風

正平不可作芳洲峙鸚鵡天風怒未平撾破曹瞞鼓同上

鸚鵡洲訪玉簫墓

美人淚灑春雲熱江上青山葬碧血一朵鴛鴦塚上花
千秋鸚鵡洲前月姜家綽約小青衣生長蘭閨十歲時
學詩恰似康成婢鬬巧能纖織女絲韋郎流寓正年少
書帷喜侍芙蓉貌戲持紈扇乞揮毫閒倚吟箋解索笑

茫茫塵海可憐宵種得情根卽恨苗已從畫檝迎桃葉
爭忍章華棄柳條指環嬌挽檀郎別地角天涯留不得
八載難灰一寸心銀釭雨暗鮫綃溼門掩酴醾春不眠
首陽高餓屬嬋娟紅絃聲斷猶橫影紫玉香沈不鎖煙
十二樓空鈴自語桐棺倉卒瘞荒渚郎身好似逐浪萍
妾懷獨抱卷葹苦傳聞持節錦江風路隔蓬山幾萬重
從此離鸞飛不到五銖深閉廣寒宮翠羽忽送仙軿下
丹鳳翩翩立花榭去日惟餘破鏡存朝雲卻向陽臺化
阿儂薄倖太無情小別居然隔死生書斷鯉魚空繾綣
詩留黃雀尚分明步障花語喁喁泣驀地罡風吹轉急
後期算到十三年離恨人間添萬疊揮霍八座數東川
不贈黃金贈阿鬟豈是靈芸來夜半可能崔護認從前
捻帶牽衣嬌楚楚娉婷掌上春風舞依稀妙藥擣藍橋
宛轉明珠還合浦絮果蘭因問短長玉環繞指悟眞孃
桃花不隔仙源路螺子仍描時世妝漢皋本是鍾情地
身後身前兩行淚再遺金蟬定何年三生石上從頭記
極浦尋詩酒正醺坐聽山鬼唱秋墳棠梨夢影仍埋碣
蛺蝶香魂不上裙蛾眉小謫天工巧定有夙根託青鳥

羅襪何人拾白沙靈犀終古惜芳草芳草淒迷夕照幽
杜鵑聲裏過汀洲江流化作焉支水一片煙波瀠舊愁
同上

鸚鵡洲玉簫墓

國朝　郭昌年　字昌波侯官人道光戊子舉人己丑進士官山東知縣

黃土漢陽傷翠蛾指環生世受恩多十三年後花身現
八座盧家又執柯　擊鉢吟

國朝　林藩　字說樵侯官人道光甲午舉人大挑分發湖北知縣

鸚鵡洲玉簫墓

國朝周麟章字少紱閩縣人咸豐辛亥舉人同治乙丑進士官山東知縣

禰正平撾鼓

一鸚公然應薦書當筵磅礴目無餘常山舌與司農笏迸入先生作氣初 同上

國朝程光溥字道南侯官人咸豐己未舉人同治壬戌進士官河南直隸州

禰正平撾鼓

大兒僅見孔文舉名士羞稱華子魚作氣筵前憑一鼓不教節義委簪裾 同上

國朝許樫蕃字柳丞侯官人國子監生官工部主事

鸚鵡洲玉簫墓

豔骨成灰玉不灰洲前香爇返魂來可憐名士終黃土辜負當年作賦才 同上

國朝郭　溶字鹿泉侯官人咸豐辛酉拔貢同治甲子舉人官戶部雲南司郎中

鸚鵡洲玉簫墓

漢皋下馬幾徘徊紅葉林邊酹一杯普願有情成眷屬再生莫遣誤投胎 同上

國朝舒立浯字柳泉潡浦人諸生著有鏡心石屋詩存

鸚鵡洲懷古

一抔土卽三生石絮果蘭因總不訛夫壻前身諸葛相蜀中恩亦再來多 同上

國朝陳崇砥字澤藼福建人道光丙午舉人直隸河間府知府

禰正平撾鼓

霆擊雷轟震耳初阿瞞膽落已無餘此聲足抵陳琳檄更把頭風一埽除 同上

國朝李世綰字荷紳侯官人道光[redacted]舉人工部主事

鸚鵡洲玉簫墓

荒塚埋香喚不回指環再世總疑猜漢南芳草萋萋地剩與人間唱可哀 同上

國朝鄭守廉字仲濂閩縣人咸豐壬子進士吏部考功司主事

鸚鵡洲玉簫墓

無情芳草土成堆一縷塵心總未灰葬近才人死何恨玉環多事再生來 同上

國朝林拱樞字心北侯官人[redacted]舉人刑部湖廣司主事

禰正平撾鼓

叫閽氣欲走雷車不惜岑牟雜吏胥此卽春秋聲罪例援枹勝讀董狐書 同上

漢陽城外草萋萋古塚荒涼夕照西濁世未甘苟趙伍才名獨與孔楊齊賦鸚黃祖心先折氣懾阿瞞首肯低傲物由來多賈禍空留碧血灑江隄本集

國朝錢桂林字香一別字薌逸江夏人候選訓導

鸚鵡洲弔處士禰衡

天與高才本不羈生逢濁世更何之懷中名刺誰知己眼底人材半小兒紅葉林深霾傲骨白沙江冷枕荒祠文章自古爲身累鸚鵡前頭最可悲

五嶽胸中最不平漢廷睥睨魏公卿三撾膽已孥姦落

千載墩猶兩地爭洲本隸江夏後人誤以漢陽南紀門外地當之故云北海神交留薦表西陵朽骨付春耕老瞞泉下應乾笑輸與狂生浪得名本集

國朝閨媛畢慧字智珠號蓮汀鎮洋人尚書沅女陳觀光室著有遠香閣詩草

鸚鵡洲

當年埋玉此江頭詞客多緣鸚鵡留豈但才高驚一世由來命薄始千秋萋萋芳草不勝綠冉冉白雲空自愁今日我來春又暮煙波極目有沙鷗國朝正雅集

詞

國朝徐金鏡字芸峴武康人道光壬午舉人著有山滿樓詩鈔

洞仙歌詞

文章太守漫耽奇成癖移去嘉名一江隔怪平沙淺渚寂寞荒郊誰與證往日圖經傳刻　問尋到此地斷碣依然獨有前朝舊遺蹟古墓易沈湮三十年來問沿誤幾人能識但認取洲邊禰公祠笑安石新墩不須爭得本集

鸚鵡洲小志卷四終

男宗彥校字